文化自信视角下中华优秀传统文化的传承和创新性发展研究

沈晓奎 ◎ 著

群言出版社
QUNYAN PRESS
·北京·

图书在版编目（CIP）数据

文化自信视角下中华优秀传统文化的传承和创新性发展研究 / 沈晓奎著. -- 北京 : 群言出版社，2024.4
ISBN 978-7-5193-0936-7

Ⅰ．①文… Ⅱ．①沈… Ⅲ．①中华文化－研究 Ⅳ．①K203

中国国家版本馆CIP数据核字(2024)第081724号

责任编辑：胡　明
装帧设计：李　君

出版发行：群言出版社
地　　址：北京市东城区东厂胡同北巷1号（100006）
网　　址：www.qypublish.com（官网书城）
电子信箱：qunyancbs@126.com
联系电话：010-65267783　65263836
法律顾问：北京法政安邦律师事务所
经　　销：全国新华书店

印　　刷：河北万卷印刷有限公司
版　　次：2024年4月第1版
印　　次：2024年4月第1次印刷
开　　本：710mm×1000mm　1/16
印　　张：13.25
字　　数：228千字
书　　号：ISBN 978-7-5193-0936-7
定　　价：78.00元

【版权所有，侵权必究】

如有印装质量问题，请与本社发行部联系调换，电话：010-65263836

前言

文化自信是一个国家文化繁荣发展的前提条件，五千年来，中华民族秉持文化自信的气度，坚持自我、吸纳外来、生生不息，形成了独特的中华文化。中华人民共和国成立后，中国共产党领导建设社会主义文化，改革开放以来，中国共产党领导建设中国特色社会主义文化，将中华文化推到前所未有的历史高度。文化自信是高度的文化自觉，是实现文化自强的前提。

坚定中国特色社会主义文化自信意义重大，它是新时代中国特色社会主义文化理论创新的深切呼唤，是改革开放以来中国特色社会主义取得伟大成就的必然诉求，是中国特色社会主义文化作为先进文化的使命担当，是促进中国特色社会主义文化繁荣发展的思想基础，是实现中华民族伟大复兴的中国梦的价值支撑和精神动力。

中华优秀传统文化是中国特色社会主义植根的文化沃土，是中华民族凝聚力和创造力的不竭源泉。对中华优秀传统文化进行传承，是使中华文化在世界文化激荡中站稳脚跟的根基；对中华优秀传统文化进行创新，是让中华文化绽放出新时代光彩的重要路径。对中华优秀传统文化进行传承和创新，对于全面提升人民群众文化素养、增强国家文化软实力、建设社会主义文化强国具有重要意义。

基于文化自信的视角，本书对中华优秀传统文化的传承与创新性发展进行了深入研究。本书共有五章。第一章对文化的本质与基本形态、文化自信中的传统与当代、传统文化的时代价值与文化自信、文化自信与民族自强等内容进行了阐述；第二章介绍了中华民族文化自信的文化资源，包括中华优秀传统文化与民族自觉、革命奋斗精神与民族自强、社会主义先进文化与民族复兴；第三章介绍了中国为提升社会主义文化自信的能力所采取的措施，包括深化文化改革、注重整合创新、吸收有益成果、维护文化安全、推动文化走出去，倡导国际文化新秩序等；第四章介绍了社会主义核心价值观与中华优秀传统文化以及两者相互交融的关系；第五章论述了文化自信与中华优秀传统文化的关系，阐述了目前我国面对文化现代化危机应采取的应对措施，即坚定文化自信，树立传统文化塑造性意识，挖掘中华优秀传统文化中的优势与价值，理性对待中华优秀传统文化，大力弘扬中华优秀传统文化，以及应对中华优秀传统文化进行创造性转化和创新性发展。

限于笔者水平，书中难免存在不足之处，敬请读者批评指正。

沈晓奎

2024 年 1 月

目 录

第一章　文化自信与传统文化的概念 / 001

　　第一节　文化的本质与基本形态 / 001

　　第二节　文化自信中的传统与当代 / 015

　　第三节　传统文化的时代价值与文化自信 / 025

　　第四节　文化自信与民族自强 / 034

第二章　文化自信的文化资源 / 040

　　第一节　中华优秀传统文化与民族自觉 / 042

　　第二节　革命奋斗精神与民族自强 / 050

　　第三节　社会主义先进文化与民族复兴 / 056

第三章　中国特色社会主义文化自信的能力提升 / 073

　　第一节　深化文化改革，提高中国特色社会主义文化生产力 / 074

　　第二节　注重整合创新，提高中国特色社会主义文化发展力 / 078

　　第三节　吸收有益成果，提高中国特色社会主义文化包容力 / 094

　　第四节　维护文化安全，提高中国特色社会主义文化防御力 / 096

　　第五节　推动文化走出去，提高中国特色社会主义文化影响力 / 098

　　第六节　倡导国际文化新秩序，提高中国特色社会主义文化引领力 / 107

第四章　国魂：社会主义核心价值观与中华优秀传统文化 / 116

　　第一节　中华优秀传统文化是社会主义核心价值观的土壤与基础 / 118

　　第二节　社会主义核心价值观要有中国元素与现实性 / 122

第三节　社会主义核心价值观的时代气质和科学内涵 / 125
　　第四节　社会主义核心价值观的历史向度和价值战略 / 133
　　第五节　社会主义核心价值观的内质遵循和文化传承 / 142

第五章　坚定文化自信，弘扬中华优秀传统文化 / 158
　　第一节　文化自信与中华优秀传统文化概述 / 158
　　第二节　面对传统文化现代化危机，树立传统文化塑造性意识 / 170
　　第三节　坚定文化自信，挖掘中华优秀传统文化中的优势与价值 / 180
　　第四节　坚定文化自信，理性对待中华优秀传统文化 / 184
　　第五节　坚定文化自信，大力弘扬中华优秀传统文化 / 185
　　第六节　中华优秀传统文化的创造性转化和创新性发展 / 193

参考文献 / 198

第一章 文化自信与传统文化的概念

第一节 文化的本质与基本形态

一、"大文化"与"小文化"

文化问题是中国特色社会主义建设中一个具有全局性、战略性的大问题，也是日常生活和理论方面的一个重大问题。

什么是文化？西方学者定义之多，令人陷于"定义困境"，中国学者也是诸说杂陈。20世纪50年代，美国学者克鲁伯、克拉克洪在《文化：关于概念和定义的检讨》一书中就统计了160多种文化的定义。20世纪80年代，美国集中大批专家编写的《社会科学百科全书》，其中的"文化"词条说："文化由思想和行为的习惯模式组成，文化包括价值、信仰、行为规范、政治组织、经济活动等，这些是通过学习而不是通过生物的遗传代代相传的。"这是一种"大文化"，或称之为广义文化。

笔者一直坚持认为文化是观念形态，是理论世界、价值世界、意义世界。这样，人们才能理解为什么说文化是民族的血脉，是精神家园。社会主义文化建设、中华民族的文化复兴，涉及的是中国传统文化与当代文化建设的关系、社会主义核心价值观的建设、思想道德的建设，以及哲学、道德、文学、艺术等，并没有把党的建设、经济建设、政治建设、社会建设、生态文明建设等包括在内。如果将中国特色社会主义道路、理论、制度的建设都归入文化建设，不仅在理论上不可思议，在实际上也必然陷于混乱。

为什么人们都讲文化，可又没有人能明确地说出什么是文化？这是由文化的特性决定的。文化具有广泛的渗透性，每一个领域都可以从自己的角度给文化下一个定义，因此形成了文化多元化的、各具特色的定义，这也使文化很难被给予一个统一、确切、令人一致赞成的定义。笔者只能对现在所有的文化定义概括一下，用"一、二、三"这样的数字来概括学者对"什么是文化"的看法。

"一"是指一元化的文化定义。这个定义现在有很多人在用。什么是文化？文化就是人化，凡是人类所创造的一切不同于自然界的东西都是文化。它表现在物质里面，叫作物质文化；表现在人的组织和行为里面，叫作制度文化；表现在人的观念里面，就叫作观念文化。总而言之，就是人所创造的一切不同于自然界的东西都叫作文化。笔者不同意这个定义，这个定义有它的优点和缺点。优点是它指明了文化的本质特点，即文化是人所创造的，它不同于自然存在物。但文化无所不包的定义有两个缺点：第一，它说明不了文化是从哪来的，既然一切都被称为文化，那么文化只能来源于文化自身；第二，它无法把文化、文明区分开来，如果文化按种类划分为物质文化、制度文化、观念文化，文明也可如法炮制，划分为物质文明、制度文明、观念文明，那么文化与文明没有区别。

既然在理论上存在文化、文明这两个概念，那么两者就存在区别，否则何必区分？

文化和文明是有区别的。文化是社会结构的概念，表明社会结构中存在一种要素是文化。物质文化指的是其精神内涵而不是其效用，制度文化是制度的精神内涵和学说理论支撑，精神文化则是各种各样的精神文化形态。而文明是社会进步的概念，是表明社会进步的一种尺度，它是与野蛮、蒙昧相对应的。例如，物质文明指的是生产工具的进步或产品的优良程度，制度文明指的是政治制度的优劣和行政效率，精神文明指的是社会公德和人的素质。文化与文明不能画等号。文明大体上沿着社会形态的变化而变化，其变化过程是一种文明代替另一种文明的前进的上升的过程。人类社会经历了原始社会文明、奴隶社会文明、封建社会文明、资本主义文明、社会主义文明，可是文化不能简单地按社会形态分类。一个民族文化的发展史就像万里群山，有高峰，有低谷。战国时期诸子百家是高峰，唐诗、宋词、元曲、明清小说都是各自时代的高峰。每个时代各有高峰，后人很难超越，也难以复制。

"二"将整个社会分为经济基础和上层建筑，而文化是上层建筑，这就是二分。这个定义有优点，也有缺点。优点是简单明了，指明了文化的上层建筑的性质；缺点是比较狭隘，排除了非上层建筑的属于文化形态的东西，如逻辑、语言、科学、技术等。

"三"是指长时期以来人们使用的三分法——政治、经济、文化。从马克思的《资本论》到毛泽东同志的《新民主主义论》，基本上使用的都是三分法，即文化是不同于经济、政治的观念形态，政治、经济不等于文化，但是文化必然会渗透到政治、经济之中。三分法的优点是结构比较清楚，指出了文化是不同于经济和政治的观念形态。这样就可以理解文化的本质，即文化是作为上层建筑的观念形态，以及理解毛泽东同志所说的"一定的文化是一定社会的政治和经济在观念形态上的反映"[①]。

"一、二、三"说起来好像很多，实际上就是二分。第一个是广义的文化"一"，是大文化观。第二个是将"二、三"归于一类，认为两者都是把文化看作观念形态的东西，这是狭义的文化观，即小文化观。

大文化观就是把人类所创造的一切都称为文化。梁启超就持这样的观点，他说："文化者，人类心能所开释出来之有价值的共业也。"[②] 小文化观是把文化限制在观念形态方面。毛泽东在《新民主主义论》中说的文化就是小文化观。

大文化观、小文化观从功能来说，各有其用。大文化观对于人类学、考古学来说是有用的，像考古学里的仰韶文化、大汶口文化等，实际上讲的是对中国历史发展的某个阶段总体状况的概括，包括生产工具、生活工具，也包括附着在生产工具、生活工具上的观念。而狭义的文化观或者小文化观是把文化限制在观念形态上，这对于哲学、社会学的研究来说是非常必要的，因为它能区分整个社会的结构，分清社会是怎样构成的，厘清政治、经济、文化之间是什么关系。大文化观在历史唯物主义中无法使用，因为穿衣服不能说穿文化，吃饭不能说吃文化，喝酒不能说喝文化。所以要区分社会结构、社会存在、社会意识，区分经济基础、上层建筑，必须是小文化观。只有这种小文化观，才能指导人们建设社会主义先进文化，让人们明白究竟是要建设什么。当然，人们也不能把修高铁包括在文化建设中，因为它是经济建设。小文化观对于建设社会主义先进文化来说应该是有效的指导原则。要培养民族精神、建设精神家园必须发挥作为观念形态的文化的作用，不能采用无所不包的文化概念。文化，只有作为观念形态、作为精神，才能显示其重要性，才能显示其对于经济、政治的渗透性和反作用。因此，笔者一直坚持着小文化观，认为作为观念形态的文化属于精神领域。

根据文化唯物史观的观点，文化应是社会结构的一个组成部分，它应与一个社会的经济结构、政治制度结合起来才能组成一个社会形态、一个社会

---

① 毛泽东.新民主主义论[M].北京：人民出版社，1952：41.
② 梁启超.梁启超全集：第7册[M].北京：北京出版社，1999：4060.

结构。这样才能把文化与文明区分开来。

人们经常使用"文化底蕴"这个词语,这表明文化是一种精神内涵。人与动物不同。动物只有一种需要,即生存的需要;而人既需要有物质生产来满足自己的生存需要,又需要有文化来满足自己的精神需要,所以才有文化和物质之间的区分问题。如果把一切都叫作文化,那就混淆不清了。马克思一再强调,人是按两种尺度来建造的。马克思说:"动物只是按照它所属的那个种的尺度和需要来构造,而人却懂得按照任何一个种的尺度来进行生产,并懂得处处都把内在的尺度运用到对象上去,因此人也按照美的规律来构造。"[1] 所以动物只有一个世界,那就是它所依赖的自然世界,或者说是物质世界;而人是有两个世界的,既有客观的自然世界,也有人自己所创造的世界,人按照美的规律建造的世界,即艺术世界、精神世界、文化世界,这是人化的世界。人化的世界既包括物质形态的人化自然,也包括人在改造世界的过程中所创造出来的文化形态、观念形态的艺术世界。

文化是观念形态,是精神领域,是意识世界,但这绝不意味着文化是一种纯粹的观念,是只存在于人的头脑中的东西。文化是精神,它离不开物质,必须有物质载体,离不开人与自然的关系。例如,树根不是文化,但根雕是文化;石头不是文化,但石雕是文化;沙土不是文化,但沙雕是文化;冰雪不是文化,但冰雕是文化。这是因为各种雕塑、艺术品都需要人对自然物进行加工,为其加上自然界本身没有的东西,而多出来的那一点东西就是人的文化观念、人的审美情趣的对象化。所以,自然界不是文化,但是文化离不开人对自然的改造,离不开自然的物质。

在文化里,有对自然物的改造形成的文化观念,也有一种虽然不对自然物进行改造,但是通过对自然物的审美把握形成的具有象征性的、符号化的文化观念。这种象征性的文化也不能离开物质的载体,是对自然物的一种把握。例如,人们知道夕阳、黄昏都是自然物,但是"夕阳无限好,只是近黄昏"就变成了具有诗意的文化观念。它借助夕阳、黄昏这些人人可见、人人常见的自然因素,形成了并非人人都能达到的一种艺术境界。袁枚的《遣兴》就讲了这个问题,"夕阳芳草寻常物,解用都为绝妙词"。只要人们能理解它,就是绝妙好词,这就是对对象的一种文化把握了。再如,山、水都是自然物,不是文化,但画成山水画就是文化。山水画是中国绘画艺术里非常重要的内容。世界上的自然物经艺术化以后,也变成了文化。花是自然

---

[1] 谢龙.马克思主义哲学与当代现实[M].北京:人民出版社,1991:245.

物，但其在中国文化里被拟人化、艺术化，如莲花代表高洁，牡丹代表富贵，菊花代表气节，这都表现了中华民族所特有的文化象征，且这种文化象征不能离开自然物本身的属性。莲花的确出于淤泥，牡丹的确大红大紫，菊花的自然特性的确能傲霜斗雪。这一点说明文化虽然是观念的，但绝不能把它归结为内心世界，它离不开人与自然的关系，离不开人对自然物的自然特性的确切把握。文化不仅是一种审美观念、一种文学艺术，还是各种实践的理论升华，哲学、道德、法律、宗教、风俗习惯等都是文化。

总而言之，文化的观念世界是精神世界，但它是以物质为载体的一种观念世界，而不是单纯的内心世界，所以文化离不开人与自然的关系，或者说离不开人对自然的改造，离不开人对自然的艺术加工，离不开人对自然的审美把握，也就是说，没有人与自然的关系，人类就不可能产生文化。文化不仅离不开人与自然的关系，还离不开人与人的关系，离不开社会关系。既然文化是一种观念形态、一种精神世界，表达的是人的情感、理性、精神，那么为什么同样具有理性、具有精神、具有观念的人在不同的时代有不同的文化观念？这是因为文化离不开每个时代的社会关系，包括经济关系、政治关系，也就是说，文化是不能用人性来解释的，每一个时代的文化只能由那个时代的社会关系、经济关系、政治关系来解释。毛泽东同志在《新民主主义论》中特别强调观念性的文化是作为政治经济的一种反映。这就是说，文化是属于上层建筑的观念形态，但是它离不开物质载体，离不开人与自然的关系，更离不开人与人的经济关系、政治关系。

二、世俗形态文化与理论形态文化

文化的具体形态是多种多样的，可以说不可计数。但从社会角度看，文化可以被分为两种基本形态：世俗形态和理论形态。世俗形态分成三种：第一种是日常生活的文化观念；第二种是民间文化；第三种是大众文化。梁漱溟认为文化是人的生活样态。[①] 这里的"文化"指的是人的生活方式中的文化观念，是一种世俗形态的文化。同一民族的人在同一时期都生活在同一个社会中，人们的日常生活方式和生活观念是一体的。生产方式有共同之处，生活中的文化观念也有共同之处。这个与生活方式融为一体的文化观念，就是世俗生活中的世俗文化形态。文化的世俗形态具有广泛性、群众性、世俗性的特点。

---

① 梁漱溟.梁漱溟全集：第 1 卷 [M].济南：山东人民出版社，2005：352.

饮酒，是中国人生活方式中的一个要素。酒，有酒文化。有人把酒称为"硬饮料"。那么为什么称其为文化？酒文化并不存在于酒的化学成分中，而是存在于人的生活方式中和饮酒观念中，因为酒里面包含了许多文化观念。这种观念不是个别人的观念，而是具有相对普遍性的民族观念。

在中国酒文化观念里，酒与诗经常联系在一起。唐代的诗人大多饮酒，例如，杜甫的《饮中八仙歌》："李白一斗诗百篇，长安市上酒家眠。天子呼来不上船，自称臣是酒中仙。"酒当然不是文化，诗人可以饮酒，但是饮酒的不一定就是诗人。饮酒者可以是酒鬼，也可以是酗酒成性的毫无文化的粗人。但在中国的传统文化里，酒与诗相伴，诗人善饮酒，这是一种文化观念。在中国的文化里，很多戏剧也以酒命名，如《贵妃醉酒》《温酒斩华雄》等，酒与戏剧之间也有内在的联系。

在中国文化里，酒和政治也有密切的联系。中国历代王朝对饮酒都是有限制的。例如，周朝就发过文告，不能饮酒，不准酗酒，它以礼来限制酒。至于鲁迅写的《魏晋风度及文章与药及酒之关系》，也特别提到了酒的问题。

在中国人的日常生活观念中，酒和生活方式之间的联系也非常密切。在中国，人出生要喝酒，结婚要喝酒，亲人去世也要喝酒。酒既可以表示快乐，也可以表示悲哀。在中国，酒中有礼，敬酒要长幼有序，有各种礼节。各种民族敬酒的方式也不一样，所以酒中的文化观念和生活方式是密切联系在一起的。

饮茶，作为特定的生活方式，也包含着文化内涵。《红楼梦》里贾宝玉去妙玉那里饮茶的方式是文人的生活方式，而刘姥姥饮茶则是"牛饮"的方式，是老百姓的一种生活方式。就如大碗茶是大众的生活方式一样，文人有文人的生活方式。"矮纸斜行闲作草，晴窗细乳戏分茶。"这是诗人的一种文化情调。日本人讲茶道，茶道其实就是茶文化，其来源于中国。中国的茶文化讲究茶中有德，茶中有礼。例如，新媳妇婚后第一天要向公婆敬茶；客人来了以后，敬茶是很重要的礼节，表示恭敬。

吃，是人们日常生活的一部分，但吃中同样有文化观念。什么东西能吃？什么东西不能吃？西方人吃牛肉、吃牛排，但他们认为狗是宠物，不能吃，吃狗肉是野蛮人的行为。但别的国家的人们就不懂了："怎么我吃狗肉就野蛮，你吃牛肉就不野蛮？"如今再加上一个环保观念，有些东西就是不能吃的，如受法律保护的动物就不能吃。环保观念其实也是一种文化观念。至于吃的方式，从古代的茹毛饮血到现在的熟食，再到美食、饮食养生，这是生产方式的文明化与进步，其中也包括文化观念的进步。至于饮食中所表现的礼节，更是繁杂多样的。儒家有一套规矩，什么人坐上座，什么人坐下座；什么人先吃，什么人后吃，都有一个长幼尊卑的次序，渗透着一种礼仪。在中国人的传统观念里，两个人一起吃饭，各自掏钱，即AA制就是小气，但美国人认为这很正常。这就是一种文化观念的差异。美国人这种市场观念与中国人长期形成的待客之道迥然不同。

生活方式中的文化观念，是指生活方式中渗透的文化观念，而不是指生活本身。任何社会的人作为生物体，都必须吃、喝、拉、撒、睡，都必须满足衣食住行的需要。可生产方式不同，文化观念也不同。例如，服饰文化是文化中很重要的一种。穿衣不是文化，而是文明。但服饰，即服装的花样和饰品佩戴，可以体现一个民族的审美观念。穿衣似乎是件小事，但哲学家、文化学家可以通过服饰的演变看到时代的变化、观念的变化以及男女关系的变化。

法国一个很有名的作家写过："你不要给我看历史，只要把各个时代的服装摆出来，我就知道它的历史是什么样子。"[①] 这表明整个服装的变化反映了人类文明的进步和文化观念的变化。例如，女性穿的衣服，过去是越长越好，现在则没有这样的要求了，这就是文化观念的变化。如果文化观念不变化，服饰是不可能变化的。所以，在生活方式中，衣食住行都渗透着不同民族的生活习惯、不同民族的文化观念。人们日常生活中的风俗习惯都是一种文化观念，这种文化观念有时候比法律更具有广泛性、群众性。

生活方式中的文化观念具有惰性。生活方式变了，但观念可能会仍然保留旧有的东西。例如，中国人看待死亡的观念和西方人不同。古代中国人认为，人死以后就到另外一个世界去了，所以会陪葬大量的物品。如今中国人的生活方式是现代的，可部分人的死亡观念还是较为偏向于过去，仍然会寄哀思于丧葬祭祀用品。

至于禁忌这种观念，在日常生活中体现得更为明显。在文化观念中有各种各样的禁忌，其中对中国人影响比较大的有数字禁忌，数字禁忌在西方也有。西方人认为13是不吉利的数字；而部分中国人则认为4不吉利，因为4谐音为"死"，而8是很好的数字，因为谐音为"发"。从电话号码到汽车牌照、门牌号码都有这样的讲究。数字禁忌的产生不是偶然的，它和人们对自己的生活缺乏安全感密切相关。

---

① 陈先达.马克思主义和中国传统文化[M].北京：人民出版社，2015：66.

总之，人的生活方式本身并不是文化，但其中包含的如何生活的观念是文化。人的饮食与动物的进食不同，这就在于动物就是进食，而人的饮食包括很多规矩，不单纯是吃。尤其是在婚丧嫁娶或招待贵宾时，吃反而退居其次，礼和敬则居于首位；宁可饭菜不丰盛，不可礼仪不周到。

世俗文化中，除了人们日常生活中的文化观念以外，还有一种民间文化，它包括民间工艺、民间音乐、民间舞蹈、民间传说、民间信仰、民间风俗习惯等。这是真正具有群众性的文化，它与普通老百姓的生活紧密相连，是从群众土壤中成长出来的，又流行于民间，所以民间文化具有广泛的群众性。但是民间文化良莠不齐，因此人们要取其精华，去其糟粕。

理论形态的文化包括两个层次：一个层次是意识形态的部分，如哲学、法律、文学、艺术、道德等，其中包含世界观、人生观、价值观；另一个层次是非意识形态的部分，如科学、技术、语言等，这属于知识的部分。理论形态的文化和民间文化不同，民间文化的创造者是老百姓，与老百姓血肉相连，而理论形态的文化大多是由知识分子创造的，是一种具有专业性的文化形态。古代劳动分工以后，逐步形成一部分知识分子专门从事理论形态的文化的创造，这种文化形态包括各个民族的传世经典之作。人们一般将这种文化称为高雅文化。

文化的理论形态和世俗形态虽然是两种形态的文化，但不是对立的，不是截然分开的，而是相互影响的。世俗文化中的文化观念有很多可以上升为理论形态的文化，即世俗文化可以提升到理论形态；而理论形态的文化可以通过世俗化的方式转化为世俗文化，成为影响人们的行为规范。儒家文化之所以在中国产生广泛的影响，就是因为它不限于经典，而是已深深地渗透在中国人的血脉之中，变成一种民间的世俗文化。不识字的人都爱惜有字的纸，绝不会用脚去踩踏，而是会拾起来。

儒家经典在中国传播得如此广泛深入，无非是走了两条道路：一条是科举，另一条是世俗。科举培养的是知识分子，世俗则是用来培养老百姓，使儒家观念变成群众性的观念，即世俗化的文化观念。中国人讲人伦、讲孝道，朋友之间讲义气、讲仁义，这实际上都是理论形态文化世俗化的结果。中国的老百姓可以不知道什么是孔子，但是他们的思想里实际上有孔子的思想。现在提倡马克思主义大众化，就是这个道理。马克思主义是高深的理论，如果只有少数马克思主义研究者才能研究，与广大群众相脱离，那是不能发挥多大作用的。所以，理论形态的文化要真正发挥作用必须通过世俗化的途径，即现在所说的大众化的途径。

人们一般比较重视高雅文化，不太重视世俗文化，不太重视民间文化。而实际上真正能表达一个民族本质特征的往往是民间的东西，即世俗文化本身。因为它与一个民族的日常生活方式、行为规范紧密结合在一起。从整个世界发展来看，科学技术发展具有的最大特点是趋同，如马路、汽车、电视机、互联网等，将来各国的发展方向都差不多。而只有文化，特别是民间文化、世俗文化是多样的，才能表现出一个民族的特点，所以要了解一个民族，必须了解它的世俗文化。

文化的民族性很强，无论是理论文化，还是世俗文化。翻译工作中经常碰到这样的问题：人们可以把一本书翻译成中文，但是无法把这本书的文化背景翻译过来。所以通过翻译后再阅读对书的理解总是有隔阂的。试想，从刚上学的小孩到老人，大家都知道李白的《静夜思》："床前明月光，疑是地上霜。举头望明月，低头思故乡。" 20个字，从小学读到现在，津津有味，但如果翻译成英文，外国人则会觉得难以理解：为什么抬起头来看月亮，低下头来思念故乡？月亮和思乡有什么关系？如果没有中国文化背景中月亮和思念家乡的情绪之间的文化联系，没有这种观念，就无法理解这首诗。中国人的乡愁和月亮之间存在一种文化上的关联，即四海同望月，低头乡不同。只有具有中国文化背景的中国人才可能理解李白诗中这20个字里面所蕴含的文化内涵。

文化还有一种划分方式：物质文化和非物质文化。在这里要解释一下，物质文化绝不是物质。物质文化是指能够以物质为载体传承下来的文化，如龙门石窟、敦煌石窟等。非物质文化是指世代传承的文化，如口头文学、泥人手艺等，这些没有物质载体。可以说，物质文化以物传，非物质文化以人传。人去世了，后继无人，则失传，所以非物质文化很容易失传。我国特别强调保存非物质文化，因为一旦传人没有了，它的文化传承就中断了。

大众文化在西方发达国家市场经济的催生下成为一种流行的文化形态，在中国也开始出现，但还不发达。大众文化不能与低俗文化混为一谈，因为大众文化可能包括低俗文化，但并不必然低俗化，根本在于文化导向。随着中国市场化进程的加快，大众文化在中国将得到很大发展。

三、文化的相对性与多元性

文化非常重要，但不能重要到文化决定一切，文化决定论不是马克思主义的观点。文化并不是社会发展的决定因素，它在经济基础上对社会产生作用。如果一个社会经济凋敝、民不聊生、政治腐败，仅拥有丰富的文化经典也是无济于事的。中国的传统文化有很优秀的地方，但阻止不了中国在鸦片战争以后的社会衰败。中国现在讲的文化复兴，是中华民族在经济、政治上复兴了，才有文化复兴。世界上有文化传统的民族有很多，希腊在历史上有多少著名的思想家？其文化足以让世人惊艳，可是经济不发展，国库空虚，国家照样会破产。文化不是决定性的，但文化是非常重要的，是精神支柱，是凝聚力。人们应该重视文化，但是文化必须依赖于政治、经济的发展，所以中国人不仅要知道什么是文化，还要特别强调建立与社会主义经济基础相适应的社会主义先进文化。

社会主义文化是先进文化，源于中华民族文化中的优秀传统文化与马克思主义基本原理相结合，而中华民族文化中的基本精神和理想中同样包含着当代人可以吸取、可以借鉴的精华，具有转化为先进性文化的因素。先进文化的判定问题，实际上是文化判断的标准问题。如何判断文化的先进与落后？其中有个标准问题，在这个问题上文化相对主义和绝对主义都是片面的。

文化具有相对性，特别是风俗习惯的相对性是很明显的。美国人类学家路威写过一本名为《文明与野蛮》的书，书中举了一个例子：在很多国家，朝着人的脸上吐口水是很大的侮辱，可在非洲有一个民族，对着病人或者新生儿吐口水是一种非常重要的祝福方式。礼节方面也是这样，中国人握手，西方人拥抱、亲吻。承认文化的相对性，就是承认世界文化的多元性，承认世界各个民族的文化都有其自身存在的价值和合理性。就民族关系来说，并不存在一种绝对优越于其他民族的"优越文化"，每一个民族的文化对于其自己的生存条件来说都有其合理性和必要性，否则它就不会产生。

每一个民族的文化都有长处和短处。每个民族由于所处的生活环境，包括地理环境等的不同，其文化也是多样的。文化的多元性和民族的多元性是结合在一起、联系在一起的。人们不能以其中一个民族的文化作为标准来衡量其他民族的文化，也不可能找到一种作为标准的"普世价值"来衡量世界上所有民族的文化。如果不承认民族文化的相对性，那么也就是否认其他民族存在的权利。因为文化的相对性和民族的特殊性是相结合的，所以联合国大会通过的《世界人权宣言》把文化的多样性和人权问题结合在一起，主张各个民族之间、文化之间应该宽容、相互尊重、相互合作。一个民族的民族精神，也就是这个民族文化中的精华，是这个民族长期凝聚和世代延续的东西。所以文化相对性包含着合理的因素，那就是承认各个民族的文化都有存在的平等权利，强调各个民族的文化中都有合理的因素。文化相对性的观念是反对西方文化中心论，反对种族优越论，反对各种殖民主义、文化霸权理论的。承认文化的相对性就是承认世界各民族文化的多元性、多样性。正因为民族文化是多样的、相对的，所以世界文化才能不断地发展，才能绚丽多彩。

从文化本身来说，各种文化之间是有矛盾的，但可以交流，可以相互吸收，可以相互融合。因为文化之间的交流多于相互之间的矛盾冲突，所以并非因文化不同而引发了国家之间的冲突，而是利益之间的冲突强化了文化之间的冲突。所谓的"因为价值观不同而反对另一个国家"，往往是掩盖利益冲突的托词。我们强调文化的多元性、相对性或者叫等价性，强调任何文化对于自己民族的生存条件来说都具有合理性，但是这种相对性不能绝对化，如果绝对化就变成了保护落后，为一切不合时宜的落后的文化进行辩护。[①]所以，民族文化的多样性问题是从国家和民族之间的关系来说的，而不是从一个国家内部自己的文化政策来说的。对于一个民族文化内部来说，文化仍然有先进与落后的区分。当代人提倡的男女平等的文化观念比封建社会的男尊女卑的观念要进步，一夫一妻制比"三妻四妾"观念进步。人们批评辜鸿铭，因为他虽然是文化大师，但是他的一部分文化观念相当陈旧，他认为包括梳辫子、纳妾、抽大烟都是东方文化的精华，认为中国部分观念比当时西方的自由观念、平等观念好。可见，文化内部还是有先进和落后之分。文化具有相对性，但这个相对性不能绝对化，如果绝对化就变成了绝对主义。

人们把五四运动以前的文化称为中国传统文化，传统文化和文化传统既有联系又有区别。传统文化是历史上已有的文化积累，而文化传统是传统文化在当代的继承和发展。传统文化和文化传统是两个不同的概念。当然没有传统文化也谈不上文化传统，但是如果不继承、不发展，传统文化就会在现实中无迹可寻，完全成为书本上的东西而与现实无关。没有文化传统的传统文化是个"死"东西，这种传统文化只是一个历史名词，已经枯萎，已经中断，甚至消失。在世界文化史上，有很多优秀的传统文化因为没有形成文化传统，而成为明日黄花。

中华传统文化最大的优点或者说特点是有传有统。传，是指一代一代

---

① 陈先达.马克思主义和中国传统文化[M].北京：人民出版社，2015：74.

传下来，传统文化就存活于现实生活之中，具有连续性；统，是指具有优秀的东西可以为后人继承，具有主导性，为当代人所遵守和尊重。中国的传统文化是世界几大文明中唯一在发展过程中没有中断的文化，因此我国更要爱护中华优秀传统文化，继承中华优秀传统文化，使中华优秀传统文化真正成为一种文化传统。中国有很多传统节日，包括端午节、中秋节、重阳节、七夕节等，人们不能只重视西方的节日而忘记中国民族的节日。节日，在一个民族中不仅具有休闲、娱乐的功能，是生活节奏的一种调节，而且是民族特性的象征。没有自己民族节日的民族，是没有民族特征的民族。节日的内涵也会发生变化。在当代中国，要完全恢复成古代过节的样子不太可能，因为时代终究是发展的。如今的元宵节，不大可能出现南宋词人辛弃疾的《青玉案·元夕》中描述的满城灯火、美女如云的盛况："东风夜放花千树，更吹落，星如雨。宝马雕车香满路。凤箫声动，玉壶光转，一夜鱼龙舞。"传统节日要保存、要提倡，但不充实内容不行。如果中秋节就是吃月饼，端午节就是吃粽子，变成品尝美食的节日、商家的节日，那么这些传统节日就不会有多大的吸引力和文化价值。在工业社会如何保持农业社会传统节日的风俗和盛况，需要专门研究和不断创新探索。

按照马克思主义的观点，传统是非常重要的。按照历史唯物主义观点，经济是基础，但经济本身并不能重新创造一切。创造文化的是人，而人必须从已有的思想资料或者思想资源中寻找构筑当代文化的一些要素。[①] 没有传统，就没有思想资源。任何民族的文化发展都不可能摆脱自己民族的传统文化。传统文化不是包袱，不是负担，而是人类文化继续发展的基石和台阶。如果每一代人都重新创造文化，那么人们现在可能还处在原始社会。文化的发展靠的是一代又一代人的不断积累，仿佛积土为山，越积越高，又如"九层之台，起于累土；千里之行，始于足下"一样，一种文化的生命力有多强不是体现在其是否抛弃传统，而是体现在其在何种程度上吸收传统、再造传统。当然，如果对传统文化缺乏创造性，"躺"在传统上，传统就可能变为一种阻力，所以在文化发展中始终存在一个传统与当代的问题，存在一个继承与扬弃的问题。

在当代，既要继承中国传统，也需要改造传统、再造传统、发展传统。马克思主义与中国传统文化，特别是与儒家文化终究是属于不同时代、具有不同社会功能的文化。儒家文化以及老庄文化等毕竟是两千多年以前的文

---

① 陈先达.马克思主义和中国传统文化[M].北京：人民出版社，2015：76.

化，因此马克思主义与中国传统文化结合不可能没有矛盾，不可能绝对一致。因此，才存在取其精华、去其糟粕的问题。当代中国人绝不应有这种观念——凡是传统都不能变，祖宗之理都是天经地义的。如果这样看待传统，那么传统不仅不是助力，反而是阻力。

谈到传统文化的时候，必须有一个正确的传统观，即当代中国人面对的是两个传统：一个是中华民族自古以来的文化传统，也就是以儒家文化为主导的中国传统文化的传统；另一个是在中国民主革命以及社会主义革命过程中形成的革命文化传统。我国既要重视中华传统文化，也要重视在民主革命、社会主义革命中形成的革命传统文化。如果只重视中华传统文化而把中国革命传统文化置之脑后，只强调继承古代传统文化，而抛弃革命传统文化，贵远而贱近地选择性继承，是不利于建设社会主义先进文化的。

四、民族命运与文化命运

一个民族的文化与作为其载体的民族是不可分割的。民族的兴衰决定文化的命运，人们很难看到一个民族衰败而它的文化却能独立发展，即使存在，也是作为历史的遗迹而非活的文化机体。中国文化在历史长河中熠熠生辉，为世界敬仰，因为在封建社会时期，中国是世界上最强大而且是文化最发达的国家之一，周边国家都向中国学习。例如，日本唐代遣唐使、遣唐僧之多，史有记载。

自从西方资本主义兴起，特别是第一次鸦片战争以后，中国逐步沦为半殖民地半封建社会，中华民族的文化在世界舞台上失去了昔日耀眼的光辉。日本"脱亚入欧"，就是一个证明。清代末期，历史上从来都是以中国为师的日本变为中国人的老师，留学"东洋"成为一时的风尚，近代中国的名人留学日本的较多。这并不是因为日本的传统文化比中国的传统文化悠久或优越，而是由于明治维新后日本成为东亚强国，对亚洲尤其是东南亚国家具有较强的吸引力。中国的文化不再为世界所重视，儒家学说也被冷落，为什么？因为当时的政府、社会衰落。

中国在社会主义革命后，尤其是改革开放以后，国力强盛，成为世界第二大经济体，成为有影响的大国，中国文化在世界舞台上也随之重新焕发活力。儒家文化走出国门，孔子学院在很多国家落户。这绝非单纯文化之力，而是民族复兴的硕果。[①] 人们不会忘记西亚、北非、地中海地区、两河流域

---

① 陈先达.文化自信与中华民族伟大复兴[M].北京：人民出版社，2017：210.

曾经是人类文明的摇篮，有过灿烂光辉的文化。可是随着国家的分裂、民族的衰落，这些文化逐渐被边缘化。虽然这些文明留下了许多文物、古迹，但其往往成为考古对象、旅游观光之地，而不是国家强盛的象征。

亚洲也有同样的经历。张之洞曾在《劝学篇》中沉痛地叙述："圣教将如印度之婆罗门，窜伏深山，抱守残缺。华民将如南洋之黑昆仑，毕生人奴，求免笞骂而不可得矣。"若不变法，中国引以为傲的固有传统文化也会沦落，中国人民也会沦为奴隶。历史证明，民族命运决定个人命运，民族兴衰决定文化兴衰。真正热爱中国文化的有志之士，首先要关注中华民族的复兴，坚持把中国建成社会主义现代化强国，在这个过程中，文化复兴才有牢固的经济基础和政治基础。

文化不是社会中的被动因素，它必然积极作用于经济和政治。但在当代中国，能积极作用于社会主义经济和政治的文化最主要的不是儒学或诸子之学，而应是与社会主义经济基础和政治制度相适应的社会主义先进文化。社会主义先进文化应从中华优秀传统文化中，以及从西方优秀文化中吸收积极的因素，任何非古崇外、泥古排外的做法都是幼稚的。如果我们试图把中国传统文化不加区分地移植到社会主义经济基础的土壤上，肯定不会结出好的果实。有生命力、有活力的不断发展的中华民族，只有通过不断吸收中国传统文化和国外文化中的精髓才能从中受益。如果囫囵吞枣，那么只能食古不化、食洋不化。

认真学习中华优秀传统文化和西方优秀文化是重要的。当代中国人中，应该有一批人真正坐下来清理一下中国传统文化的"家当"。当务之急不是编著各种各样的类书，中国从不缺乏这样的类书，缺乏的是真正的研究，而是要从中国传统文化中提炼出精华来反哺中国学术界，甚至普通民众。当代中国也应该有一批高水平的翻译家，像当年严复一样能介绍西方的新思想、新成就，为中华文化的身躯提供营养。如果当代的文化建设是忙于建设"文化旅游景点"，争当死去几千年的名人的故里，则与文化建设无关。

对于建设中国特色社会主义来说，完善社会主义市场经济体制尤为重要。所谓完善，不仅是在经济领域，还包括发挥市场经济体制对整个社会的不同领域的作用，应该充分发挥它的积极作用，减少它的消极作用。因此，必须弄清楚完善市场经济和文化建设之间的关系。文化产业的建设可以有利于文化创新和传播，有利于促进文化发展；但文化不能完全市场化，文化建设的目的不是赚钱，而是育人、化人。在发展文化产业的同时，要注意文化事业的发展，注意公共文化的建设。

第二节　文化自信中的传统与当代

一、文化自信与民族解放

一个民族的文化自信和民族独立密不可分。民族是文化的主体，文化是民族的灵魂。与民族的兴衰相伴随的是民族文化的繁荣或衰落，甚至中断。

中国之所以有一部比较完整的中华民族发展史，有五千年连续不断的文明，有保存比较好的文化经典，主要是因为我们的先人在这片土地上经过艰苦的世代开拓、发展、融合，逐步发展成统一的中国。尽管在长达几千年的历史中，中国有过多种政权并存，也有过不同民族处于统治地位的情况，但中国始终作为一个独立的国家而存在。民族是文化的主体，国家不亡、民族不分裂，文化就不会无所依靠。中国只是在近代面临民族存亡危机时才出现了真正的文化危机。文化危机的重要表现是丧失民族自信心，是文化自卑和对传统文化的自暴自弃。这是文化的悲哀，更是民族的悲哀。

在明朝中期以前，中国是世界上经济最发达、文化最发达的国家。商周时代的典籍、战国时的诸子百家、汉代雄风、盛唐气象、两宋文化的高度发展等，都成为世界文化史的辉煌篇章。毛泽东同志说过："在中华民族的开化史上，有素称发达的农业和手工业，有许多伟大的思想家、科学家、发明家、政治家、军事家、文学家和艺术家，有丰富的文化典籍。"[1] 中国的文化具有较大的影响力，向周边国家辐射，在东亚形成了儒家文化圈。

在当代中国，文化自信是具有时代性的命题。它既是一种文化的自觉与自豪，是反对"西方文化中心论"，反对由于清中叶后列强入侵、中国落后于西方而产生的民族自卑和文化自卑，又是吹响推动中华民族复兴的精神号角。中国历史上，从来不存在文化自卑问题。这一点，最早来中国的耶稣会传教士利玛窦也承认："就国家的伟大、政治制度和学术的名气而论，他们不仅把所有别的民族都看成是野蛮人，而且看成是没有理性的动物。在他们看来，世上没有其他地方的国王、朝代或者文化是值得夸耀的。"[2] 当然，这种文化自信中存在着某种天朝大国的盲目性，但至少说明，文化自信是国家

---

[1] 毛泽东.毛泽东选集：第2卷[M].2版.北京：人民出版社，1991：622.
[2] 陈先达.文化自信与中华民族伟大复兴[M].北京：人民出版社，2017：215.

强大的表现，而自信心的丧失是附着在民族心灵上的文化"毒瘤"。

西方资本主义兴起时，中国仍然是农业生产方式占主导的社会，中国开始落后于西方。而当西方帝国主义列强以炮舰敲开中国的大门并连续对中国进行洗劫式的侵略和掠夺，迫使中国签订一系列不平等条约时，当中华民族面临民族存亡危机时，有些人丧失了信心，但深受中国文化精神培育的中国人民并没有失去民族自信。鲁迅《中国人失掉自信力了吗》一文中以匕首投枪式的文字，痛斥一些人丧失民族自尊心的消极言论。他满怀热情和自信地指出："我们从古以来，就有埋头苦干的人，有拼命硬干的人，有为民请命的人，有舍身求法的人……虽是等于为帝王将相作家谱的所谓'正史'，也往往掩不住他们的光耀，这就是中国的脊梁。"

中国共产党成立是中国历史上开天辟地的大事变；马克思主义的传入，改变了中国文化的原有结构，并为其增添了许多新的科学元素。在以马克思主义为指导的中国共产党领导下，中国革命取得胜利，中华民族从此站起来了。中国人民革命的伟大胜利，中国人民的解放，恢复了中华民族生机勃勃的民族生命力和文化自信心。

任何一个客观公正的中国人都不能否认，与清末不断割地赔款、视洋人如虎相比，与北洋时期军阀混战、各自依洋人以求靠山相比，与国民党统治时期民生凋敝、经济落后、政治腐败相比，正是中国共产党领导的革命胜利和中国的崛起，打破了长期处于主导地位的"西方中心论"，清洗了一些人头脑中的民族自卑感和殖民地心态，迈开了中华民族伟大复兴的步伐，并为中华民族文化复兴开辟了广阔的空间。正是在中国共产党领导下，中国优秀传统文化大步走出国门，孔子"遍游世界"，孔子学院在不少国家安家。正是在当代，汉学在西方成为一门热学，学习中文、学习中华传统文化成为世界文化交往中的一种新景观。正是在当代，海外中国文化中心如雨后春笋般出现。习近平总书记在庆祝中国共产党成立95周年大会上的讲话中说："当今世界，要说哪个政党、哪个国家、哪个民族能够自信的话，那中国共产党、中华人民共和国、中华民族是最有理由自信的。"这番掷地有声的话语道出了一个真理：只有在中国共产党领导下获得民族的独立和解放，中华民族才能满怀信心地自主选择自己的发展道路和制度，才能清除帝国主义和殖民地文化影响，复兴被列强践踏和蔑视的中国优秀传统文化。中国共产党是中国优秀传统文化的继承者和发扬光大者，因为正是中国革命的胜利才使处于衰落中的中国优秀传统文化得以复兴。

文化自信，绝不是文化自大，更不是文化上的"闭关锁国"，拒绝文化交流，这不是文化自信，反而是文化不自信的表现。中华民族自古就信奉和而不同，是最能吸收外来文化的民族。汉唐时期如此，近代更是如此。在近代，我国努力向西方学习，翻译西方名著。当中国共产党还偏处陕北小城延安时，毛泽东同志就以他的世界眼光指出："中国应该大量吸收外国的进步文化，作为自己文化食粮的原料，这种工作过去还做得很不够"，"各资本主义国家启蒙时代的文化，凡属我们今天用得着的东西，都应该吸收"①。改革开放以来，中国人更注重文化交流，也更有条件进行文化交流。中国人在向世界介绍中国文化的同时，也努力向外国学习。近些年来，中国派往外国的各类留学生之多是空前的。中国提出的建设"一带一路"的倡议，就不仅涉及经济交往，也涉及文化交往。千百年来，丝绸之路在民族文化交流中留下了许多辉煌的篇章。

建设"一带一路"，除具备经济价值外，在文化交流上同样具有重大价值。

世界历史和中国历史都证明，民族的灾难也是民族文化的灾难，只有民族复兴才能为民族文化复兴开辟道路；也只有坚持民族文化精神，才不致陷于国家分裂和人民被奴役的悲惨境地。中国优秀文化的基本精神，在中华民族处于困境和危机时给予革命者前仆后继、英勇奋斗的精神支撑。一个真正爱护中华文化的人，应该珍惜中国得之不易的民族独立和人民解放；一个真正的爱国主义者必然从内心深处珍爱和礼敬自己的民族文化。

西方资本主义兴起与扩张在文化上的表现，最突出的是鼓吹"西方中心论"；而与民族文化危机相伴随的是一些人失去对中国文化的信心，抱有殖民地文化心态。当代中国是处于中华民族伟大复兴征程中的中国，是建设中国特色社会主义并取得卓越成就的中国。我们重树文化自信，应以平视态度对待西方文化。西方某些国家的政客和依附他们的学者仍然怀着旧殖民主义者的文化自大心态，把西方价值观念和资本主义制度模式化，视为放之四海皆准的普世模式。"普世价值论"的本质就是西方文化优越论、西方民主制度普世论和资本主义制度历史终极论的"大杂烩"。这是以西方文化优越论为底色的资本主义制度的优越性和不可超越性的话语霸权。

国内有些学者也乐于贩卖西方的"普世价值论"。因为当这个问题被引向价值是否具有普世性的烦琐争论时，容易掩盖西方"普世价值论"的政治本质。当有些学者认为反对西方的"普世价值观"就是反对世界文明，就是

---

① 毛泽东.毛泽东选集：第2卷[M].2版.北京：人民出版社，1991：706.

离开人类共同发展的文明道路时，其说法本质上仍然是沿袭统治世界几百年的殖民主义"西方中心论"的翻版，只不过把当年"西方文明优越论"，变为"西方'普世价值'优越论"，把它作为各国必须信奉的圭臬。在当代，西方输出"普世价值"同当年殖民主义者输出文明异曲同工、如出一辙，目的都在于把西方制度和道路作为唯一模式来改变世界。

我们反对的是西方包藏政治图谋的"普世价值论"，而不是反对自由、民主、平等、人权、法治这些人类认可的共同价值。早在民主革命时期，中国共产党就提出"建立一个独立、自由、民主、统一和富强的新中国"[①]的目标。当中国获得民族独立和民族解放后，中国共产党并没有违背自己的纲领和承诺，而是迈开了建立自由、民主和富强的中华人民共和国的步伐。当然，道路并不平坦，有过挫折和失误，但中国共产党仍在不断总结经验和教训中前进。几十年来，尤其是改革开放以来，中国在自由、民主、平等和人权制度的建设方面不断完善和取得进步，完全有能力、有信心建设既有民主又有集中，既有自由又有纪律的社会主义民主制度。

在中国特色社会主义的话语体系中，文化自信是与道路自信、理论自信、制度自信密不可分的。[②] 文化自信，是更基础、更广泛、更深厚的自信。因为在中国特色社会主义道路、理论和制度中，贯穿着中华文化的自强不息、实事求是、海纳百川、与时俱进的基本精神，包含着最适合世情、国情、民情的道路和保障人民各种基本权利的社会主义民主制度。

二、文化自信是有机整体

文化自信，是一种对包括中国传统文化、革命文化和社会主义先进文化在内的文化的自信。这种自信，既是对我国历史上博大精深、为人类文明做出不可磨灭贡献的文化的敬意，也是对创造出中华民族文化的祖先的礼敬。同样，对革命文化和社会主义文化的自信，包含对永不屈服、前仆后继的革命先烈的崇敬，对社会主义建设时期的无数先进人物及其文化成果的敬意。只有对优秀传统文化的自信而没有对革命文化和社会主义文化的自信，这种自信是不完整的，而且也是不可取的。一个民族的文化是一个有机整体，其中既有优秀传统文化也有当代文化。最有生命力的文化是传统与当代文化的最佳结合，既继承传统又推陈出新。一个民族的传统文化受尊重的程度，与

[①] 中共中央文献研究室，中央档案馆.建党以来重要文献选编（1921～1949）：第22册[M].北京：中央文献出版社，2011：153.

[②] 陈先达.文化自信与中华民族伟大复兴[M].北京：人民出版社，2017：221.

它对现实所产生的积极影响呈正相关关系。优秀传统文化在塑造一个民族的性格和民族精神上具有伟大作用，它的基本精神和智慧为后世子孙克服困难、自强不息提供精神动力和力量源泉。

经济并不能重新创造一切。创造文化的是人，而人总是从已有的思想资料中寻找可供构建的、与新社会制度相适应的文化形态。这就决定了任何社会的文化都不能摆脱传统。中华优秀传统文化能否传承和发扬光大，取决于这种文化在当代社会的生存状况。而其正是在中国革命文化和社会主义先进文化中以科学性、民族性和大众性，彰显出优秀传统文化的生命力和中国文化的精神基因的存在。

马克思主义不是文化虚无主义，在如何对待文化传统的问题上，马克思主义的观点是明确的。有些人往往错误理解《共产党宣言》中关于"两个决裂"的论述。其实马克思和恩格斯说的与传统观念的"彻底决裂"，指的是与传统所有制（私有制）相一致的观念（即私有观念）的决裂，而不是与传统文化的决裂。马克思和恩格斯在创立马克思主义的过程中，就充分吸收了德国古典哲学、英国古典政治经济学和法国空想社会主义的积极成果。列宁在《我们究竟拒绝什么遗产？》《青年团的任务》《论无产阶级文化》中，毛泽东在《新民主主义论》中，都指出了对待传统文化的正确态度。

在树立文化自信的背景下，既要重视优秀传统文化，又要重视革命文化和社会主义先进文化。在继承文化传统的问题上，绝不能忘记两个传统：一个是不能忘记中国优秀文化传统，另一个是不能忘记中国人民在革命斗争中以鲜血和生命创造的革命传统。革命传统，就是革命文化的传统。中国革命传统中凝结了中华民族的优良传统，是中国传统文化的积极成果在新的形式中的延伸和再创造。人们从无数革命先烈身上可以看到那种"富贵不能淫，贫贱不能移，威武不能屈""苟利国家生死以，岂因祸福避趋之"的精神，这就是中华优秀传统文化的基本精神。正是由于对新的革命传统的继承，中国才没有发生像其他几个文明古国那样的传统文化的中断和没落。

中国人正是在继承和发扬上述两个传统的基础上，进行社会主义先进文化建设的。如果抛弃"两个传统"，或忘记井冈山精神、长征精神、西柏坡精神等，就无法理解社会主义建设时期先进人物的出现，无法理解中国在改革开放时期所呈现出的勃勃生机。社会主义先进文化以及为社会主义建设、为改革开放作出杰出贡献的先进人物，就是中华民族的优秀传统与中国革命传统精神相结合的当代表现。中国的文化自信，就是在上述两个传统的基础上继续向前推进。因此，应该在继承两个传统的基础上，建设文化大国、文化强国。

三、文化自信与知识分子的社会责任

中国人对传统文化的自信，与对历史上文化经典和文化名人的崇敬密不可分。文化需要创造，创造文化并作出卓越贡献的人，是备受人们敬仰的文化名人。而文化的载体是作品，尤其是传诵不衰的不朽名篇。翻开中国思想史、文学史等各类史书，无论是先秦诸子百家、魏晋玄学、宋明理学，还是诗经、楚辞、汉赋、唐诗、宋词、元曲、明清小说，都有一连串让人难以忘怀的文化名人和光辉夺目的名篇巨著。一个个作出不朽贡献的文化名人，像一座座矗立在中国文化发展高峰上的丰碑；而一部部名篇巨著仿佛闪耀发光的璀璨明珠。在当代，同样需要培养文化名人，需要名篇巨著，为子孙后代留下宝贵的精神财富，这是新时代中国知识分子的历史使命和社会责任。习近平总书记在文艺工作座谈会上的讲话中发出号召，号召创作无愧于这个时代的名篇巨作。

有些学者喜爱谈论士的精神。中国传统的士，主要是指儒家所讲的"君子"，其应该是在道德上有标准，在文化上有贡献，是立德、立功、立言的人。无论是《论语》中曾子所说的"士不可以不弘毅，任重而道远"，还是《吕氏春秋》中的"士之为人，当理不避其难，临患忘利，遗生行义，视死如归"，都是对士的要求。这种要求也表现在范仲淹的"居庙堂之高则忧其民，处江湖之远则忧其君"的名言中。一篇《岳阳楼记》，文以人传，人以文传，无论是在文化上还是在人格上都足以垂范后世。至于张载的"为天地立心，为生民立命，为往圣继绝学，为万世开太平"，则把士人，即读书人的责任提高到了无以复加的地步。当代人应该继承这种人格精神和文化精神。所谓独立之人格、自由之精神的可贵，正在于它能坚持以人民为中心，不依附资本和权贵，不曲学阿世，通过学术自由和独立思考，创造出足以与当今时代要求相符合的作品，而不是以所谓的独立人格和思想自由为标榜，俯视人民，与历史潮流背道而驰。"横眉冷对千夫指，俯首甘为孺子牛"的鲁迅精神应该是当代人的榜样。现在不是名人太多，而是名人太少。社会主义需要的是既具有独立人格和自由思想，又具有创造性的文化名人。

关于如何对待传统文化的问题，习近平总书记发表了许多重要论述。这些论述是正确对待中国传统文化、增强文化软实力、培育和践行社会主义核心价值观的指导原则。其中，习近平总书记提出的创造性转化和创新性发展的问题，是正确对待中国传统文化的"总开关"。

创造性，是人类活动的本质特征，但其在不同领域各有特点。在技术领域，创造性表现为发明，如新工具取代旧工具，新技术取代旧技术；在科学领域，创造性表现为发现，如发现新的规律，提出新的原理。它的进步方式不是取代，而是新领域的拓展和新原理、新规律的发现。人文文化的创造性，既不是指取代，也不是指新规律的发现，而是指原有传统文化的不断积累和创造性转化。恩格斯充分理解文化传承的这个特点，他认为，"在希腊哲学的多种多样的形式中，差不多可以发现以后的所有观点的胚胎、萌芽"[①]。当然，胚胎、萌芽终究是胚胎、萌芽，还必须不断地积累新的思想和进行创造性转化。在当代，完全停止在胚胎、萌芽阶段，重复希腊哲学的命题和思想是不可想象的。在当代中国，完全停留在先贤智慧所包含的胚胎和萌芽中，只是奉行"拿来主义"，同样是不可想象的。

有学者倡导研究中国传统文化要"原汁原味"。这很有道理，对于治疗任意解读经典的主观诠释是一剂良药。但"原汁原味"不能绝对化，绝对化就不存在创造性转化的问题。做到完全的"原汁"很难，因为经典也会存在各种版本，很难说哪个就是绝对的"原汁"。古代没有著作权，没有知识产权保护法，各种版本的差异性也就难免存在。"原味"更难，因为每个时代、不同学者会对同一论断做出不同的解读。《论语》《孟子》《大学》《中庸》这些儒家经典的注家众多，不乏歧解。可以说，对中国传统经典中的不少论断都会有不同的解读。中国传统经典具有凝练的语言、简单的句式，这就为不同解释留下了广阔的空间。如果都要单纯地追求"原汁原味"，那么往往会争论不休。某句话、某个命题"原汁原味"的问题，学者可以去研究，而对于中国特色社会主义先进文化建设来说，最重要的是适应当今时代并立足现实进行创造性转化和创新性发展。也就是经过自己"口腔的咀嚼""肠胃的消化"，吸收"营养"，排除消化后的"废物"。这种研究方法，重点在于认真学习经典，体会和汲取其中深刻的智慧，而不是寻章摘句、断章取义。这有利于从中国传统文化中汲取合理思想来创建社会主义核心价值观和新的道德规范。

取其精华、去其糟粕是根本原则。人们不能认为传统文化都是精华，不存在糟粕；也不能认为凡是能传下来的都是精华，糟粕都被历史淘汰掉了。

---

① 人民出版社编辑部.马克思 恩格斯 列宁 斯大林 论科学技术[M].北京：人民出版社，1979：166.

这种看法过于绝对。留下来的大部分是精华，但也会留下糟粕。因为传统文化的流传和继承并非只取决于文化自身，还存在人为的选择，尤其是处于统治地位的统治者，他们会按照自己的标准选择文化并进行传承。因而传统文化的演变并非与社会无关的文化自身的演变，其必然同时会经历一个过滤和筛选过程。对于什么是精华、什么是糟粕这一问题，它不像苹果，烂在哪里一目了然，可以切去烂的，保留好的。传统文化是一个复杂的有机体，精华与糟粕如水入泥，混在一起。因此，继承传统文化不可能是简单的"拿来主义"，而是必须经过阅读和理解。按照建设社会主义先进文化的要求，精华与糟粕是可以区分的，即传统文化中具有民族性、科学性、人民性因素的都属于精华，而一切封建、迷信、落后的东西都是糟粕。

有人怀疑，经过创造性转化和创新性发展的传统文化还算是中国传统文化吗？如果中国传统文化无须在实践中被激活、无须转化、无须发展，表面上是尊重传统文化，实际上则是贬低传统文化，那么这种既不能转化又不具有当代价值的传统文化就是僵死的文化，是没有生命活力的文化。这样的传统文化永远与当代现实无关，只与它产生的原来社会相关，它已在历史中"死亡"。其实，中国传统文化的价值正在于它是源头活水，而不是一潭死水。当然，传统文化如何实现创造性转化和创新性发展，是一个严肃的科学研究工作，不是插科打诨，也不是削足适履，而是在尊重传统文化、读懂传统文化的基础上，真正从中汲取智慧。这里的关键是要坚持马克思主义的基本观点和方法，马克思主义和中国传统文化相结合，从传统文化蕴藏的智慧中生发出与时代相适应的新的诠释。

社会主义核心价值观的形成可以被看作中华优秀传统文化创新和转化的一个范例。社会主义核心价值观的形成不是采用与中国传统文化范畴简单地一一对照的方式，而是立足社会主义制度的本质和实践，通过理解传统文化思想和道德观念的基本精神和家国一体的原则，形成国家、社会、个人三者统一的社会主义核心价值观。正如习近平总书记2014年2月24日在中共中央政治局第十三次集体学习时的讲话中所说的那样："培育和弘扬社会主义核心价值观必须立足中华优秀传统文化。牢固的核心价值观，都有其固有的根本。抛弃传统、丢掉根本，就等于割断了自己的精神命脉。博大精深的中华优秀传统文化是我们在世界文化激荡中站稳脚跟的根基。"[1] 在当代中国，现

---

[1] 新华社.习近平在政治局集体学习时强调 核心价值观是文化软实力的灵魂 把培育和弘扬社会主义核心价值观作为凝魂聚气强基固本的基础工程[N].人民日报海外版，2014-02-26（1）．

实生活中出现了不少乱象，这是传统与当代问题面对的困境。其实西方国家同样经历过这种困境，而且现在仍然在经历，否则就不会出现后现代思潮，也不会出现以亚洲价值观医治西方现代化之病的呼声。

改革开放以来，中国经历了深刻的社会变化，其中一个重要变化就是由计划经济向市场经济转变。随之产生的就是面对市场经济，如何有效地调适传统文化和道德规范与当代的关系问题。市场经济有其不可替代的积极作用，在当代中国要发展生产力和解放生产力，必须实行市场经济，中国改革开放以来取得了举世瞩目的成就，就与实行市场经济的改革密切相关。但市场经济也有消极面，市场经济是以货币为中介的经济，所以市场经济必然重视钱，一切交换都通过钱，一切都需要钱。像马克思在《1844年经济学哲学手稿》中说的，货币作为普遍等价物必然会颠倒一切价值关系。英国经济学家阿瑟·刘易斯在《经济增长理论》中也提到了由传统到当代面临的道德困境。他说："因为他们不再生活在一个义务以身份为基础的社会里，而进入了一个义务以契约为基础，而且一般又以与没有家庭关系的人的市场关系为基础的社会。这样，以前一直是非常诚实的社会可能变得非常不诚实。"正因为这样，必须强调中国建立的市场经济是社会主义市场经济。社会主义这一定语不能是包装，而必须是实质，要以社会主义制度和原则来调适传统与当代之间的种种矛盾。

当然，社会主义市场经济也不能完全避免消极面，但不能因此而否定市场经济改革，回归原来的计划经济。这里涉及一个制与治的问题。制，是基本制度；治，是治理能力和治理方式。制与治不同。当年柳宗元在《封建论》中反驳一些否定秦始皇确立的中央集权的郡县制、主张回归分封制的观点时说："咎在人怨，非郡邑之制失也。"秦二世灭亡不在制而在治，也就是说，导致秦朝灭亡的主要原因在于国家治理（即二世无道，实行暴政），而不在于中央集权和郡县制。同理，当前市场经济条件下出现的乱象，原因不在于实行社会主义市场经济制度，而在于治理，也就是必须有一套治理和管理市场经济的法律和道德规范。对市场导致的两极分化，对市场失信等各种市场乱象必须实行有效的治理。市场必须管，必须治。放任市场经济，必然导致两极分化，必然导致社会诚信缺失、道德败坏。治理市场经济与发挥市场经济在资源配置中的决定作用并不矛盾。政府应该有政府的管理职能和治理规则，其中包括现代立法与社会主义道德教化。面对当代社会的深刻变化，必须适应新的历史条件，使传统文化与道德规范通过创造性转化能有效地化解传统与当代的矛盾，推动社会向前发展，而不能对建立在血缘关系和小农经济基础上的传统道德规范怀着一种温情的浪漫主义迷恋，这既不现实，也不可行。

四、传统文化蕴含提升文化自信的资源

一个国家、一个民族、一个政党的文化自信不是天生就有的。在五千多年的历史长河中，中华民族创造了优秀的传统文化，这些传统文化所蕴含的人生理想、道义担当、理政之道、经世之道等成为我们民族独特的精神标识，也成为我们提升文化自信的基石和底蕴。鸦片战争以后，有的中国人丧失了原有的文化自信。在中国从传统社会向现代社会的转型过程中，面对西方强势文化的冲击，中华民族原有的文化自信重塑与提升之路曲折又充满艰辛。实现中华民族伟大复兴，必须有文化自信的提升。审视中华优秀传统文化，可以发现其有着提升文化自信的丰富理论内容和独特的精神气质。

中国传统文化是以儒家文化为核心、结合释道文化为一体的综合体系。这一体系在基本内容上"重人""重德""重和"。"重人"是中华优秀传统文化的重要精神和内容。儒家哲学，本质上是一种人生哲学。周朝时已有了"惟天地万物父母，惟人万物之灵"之说。孔子的学说强调"仁"，也即强调"人"。正是由于先秦时代开始形成的这样一种注重"人"、看重"人"、注重人的"理性"的人本主义文化传统，中华民族拒绝把自己全部交给不可知的"上天"，从而避免了由宗教对国家长久统治可能造成的闭塞、冲突和灾难。"重德"是中华优秀传统文化的又一重要内容。早在孔子之前，叔孙豹就提出了"立德，立功，立言"的"三不朽"，其中"立德"被排在首位。春秋时期，孔子在整理殷周典籍的过程中提出了重德的"仁学"思想。"仁"的基本内涵是"仁者，爱人"，其中"仁"的基本原则是"己欲立而立人，己欲达而达人"。要实现"仁"者的目标，个人必须注意自身人格的完善。为此，孔子提出了"三军可夺帅也，匹夫不可夺志也"，孟子提出了"天将降大任于是人也，必先苦其心志，劳其筋骨，饿其体肤，空乏其身，行拂乱其所为，所以动心忍性，曾益其所不能"的提升道德修养的要求。传统文化对"德"的尊崇使中华民族形成了许多优秀的传统美德，这些传统美德形成了中华民族独特的民族精神。"重和"是中华优秀传统文化的另一重要内容。《中庸》有言："致中和，天地位焉，万物育焉。"为了达到"和"的理想状态，必须坚持"中庸"之道。老子认为，"道生一，一生二，二生三，三生万物"，事物的存在和发展始终包含阴与阳、硬与软、对抗与和谐两个方面，而和谐是主导面。法家和墨家也强调"和"的思想。中华传统文化"贵和"

的精神使中华文化始终能以一种包容的姿态面对外来的文化。

五、传统文化具有提升文化自信的特质

中华优秀传统文化也强调个人自强不息的奋斗精神。《周易》曰："天行健，君子以自强不息。"这是告诫君子应该效法天道，自立自强。儒家也看重自强不息的品质，如曾子曰："士不可以不弘毅，任重而道远。"儒家认为，只有具备坚毅的品质，才能实现天下大同。刻苦坚忍、百折不挠、自强不息的奋斗精神成为中华民族精神的一部分，深深地烙印在中华民族的灵魂深处。正是因为有这样的民族精神，中华民族才创造了灿烂的中华文明；也正是因为有这样的民族精神，中华民族才能在近代与其他国家有一定差距的情况下仍然奋发前行。

宽广仁厚、兼容并包是中华文化的另一精神特质。"地势坤，君子以厚德载物。"其中"厚德载物"体现的是一种包容精神和开放姿态。这种宽厚的品质使中华文化在面对外来文化时总能从其身上汲取优秀成分，发展壮大自身。例如，汉朝时，古印度的佛教通过丝绸之路传入中国。中华文化对这种域外文化始终保持着一种开放的姿态。佛教典籍被不断翻译、介绍进中国。隋唐时期，佛教文化和中国儒家、道家相融合、相碰撞，产生了具有中国本土气息的佛教八大宗派。佛教在中国的本土化丰富并发展了中华传统文化。

天人合一是中华优秀传统文化的又一精神特质。天人合一思想起源于西周时期，经过孟子和董仲舒的发展，到宋代二程（程颢和程颐）时达到成熟。《周易》曰："夫大人者，与天地合其德，与日月合其明，与四时合其序，与鬼神合其吉凶。"此处的天地、日月、四时、鬼神指自然。这句话告诫人们，人类的行为要遵循自然的品性和自然的运行规则，即"易理"。道家把天看作自然之天，人是自然发展过程中的产物，因此人不能脱离自然，只能顺应自然。中国传统文化中的天人合一思想对解决当代生态危机有重要启示。

第三节　传统文化的时代价值与文化自信

党的十八大以来，习近平总书记对中国文化做了许多重要论述，其中两个非常重要：一个是关于文化自信的问题，习近平总书记指出，"文化自信，

是更基础、更广泛、更深厚的自信";另一个是关于中国传统文化创造性转化和创新性发展的问题。这两个问题是相互联系的。如果没有文化自信,不能正确认识中国传统文化的丰富内涵和生命力,就不可能有信心进行创造性转化;反之,如果不进行创造性转化和创新性发展,固守传统,止步不前,就会丧失对中国文化的自信。

一、文化自信与"西方中心论"

在西方资本主义兴起后,"西方中心论"一直处于主导地位,文化领域中的"西方中心论"表现为"西方文化优越论"。鸦片战争以后,清政府丧权辱国、割地赔款,一些人在失去民族自信力的同时,丧失了文化自信心。这使博大精深的中华传统文化被视为"酱缸文化"。近代中国人许多都是文盲,很容易形成人心如散沙的局面。而种种社会不良现象是由落后的生产方式和腐朽的政治制度造成的,不能归罪于中国的文化。如果把种种社会问题都算在中国传统文化的账上,肯定会丧失文化自信。要做历史唯物主义者,而不是"文化决定论"者。

中国共产党领导中国革命取得胜利以后,中华民族获得解放。这不仅大大激发了人民的民族自豪感,也大大增强了文化自信和文化自觉。中国不仅有源远流长、博大精深的优秀传统文化,还有中国共产党和人民在伟大斗争中孕育的革命文化和社会主义先进文化。中国人完全有理由自信,而且应该懂得文化自信不单纯是文化问题,还关系到国家前途和民族复兴。习近平总书记 2016 年 5 月 17 日在哲学社会科学工作座谈会上指出:"一个抛弃了或者背叛了自己历史文化的民族,不仅不可能发展起来,而且很可能上演一场历史悲剧。"[1]

虽然当代世界经济全球化面临重重困难,如遇到发达国家贸易保护主义的阻力,但是由于世界经济交往联系的强化,经济全球化的趋势难以遏制。马克思早就预言过:"历史中的资产阶级时期负有为新世界创造物质基础的使命:一方面要造成以全人类互相依赖为基础的世界交往,以及进行这种交往的工具,另一方面要发展人的生产力,把物质生产变成在科学的帮助下对自然力的统治。资产阶级的工业和商业正为新世界创造这些物质条件,正像

---

[1] 习近平. 在哲学社会科学工作座谈会上的讲话[EB/OL].(2016-05-18)[2024-05-23]. http://politics.people.com.cn/GB/n1/2016/0518/c1024-28361421.html.

地质变革为地球创造了表层一样。"①

发展中国家的不断兴起,尤其是中国的和平发展,已经大大地打击了西方发达国家的优越感。世界经济全球化、政治多极化和民族文化多元化的潮流是不可阻挡的,西方并没有放弃"西方中心论"的观点,并没有改变"西方文化优越论"的观点。在世界文化交流中,西方国家的强势文化占优势,其借助经济实力、科技力量推行其价值观,并进行承载西方政治价值观的文化渗透。可以看到,在对外文化交流方面,某些西方大国往往奉行文化霸权主义。现有美国的文化政策之所以被一些学者批评为"新帝国主义",就是因为它贬低其他民族的文化,以种种手段推行西方的价值观念和人权观念。曾经风靡全球的"文明冲突论"就是一种代表西方世界的文明理论,是一种以文明冲突为依托的政治理论。

孟子说:"物之不齐,物之情也。"文化也一样。各国文明或文化的多元性是文化的本质,虽然它们之间有差异,但也可以相互平等地交流和借鉴。如果没有西方某些大国别有用心的干预和支持,单纯的民族文化差异并不会成为战争的导火索。经济和政治利益冲突才是导致矛盾加剧的原因。经济矛盾和政治矛盾是根本的,而文化差异只能算是诱因或催化剂。"文明冲突论"是一种掩盖西方干涉理论的理论,并不是孤立出现的理论问题,它把矛头主要指向伊斯兰国家和中国。亨廷顿在《文明的冲突与世界秩序的重建》一书中说:"伊斯兰国家和中国拥有与西方极为不同的伟大的文化传统,并自认其传统远较西方的优越。在与西方的关系中,随着其实力和自我伸张性的增强,它们与西方在价值观念和利益方面的冲突日益增多和加剧。"②并且他还断言:"一个在文化、政治和经济上与美国紧密联系在一起的松散的欧洲联盟,不会对美国的安全构成威胁,但是一个统一的、强大的和自我伸张的中国可能构成这种威胁……如果中国的经济继续发展,可能是21世纪初美国政策制定者面临的唯一严峻的安全问题。"③ 在当代美国文化观念中,"普世价值论""文明冲突论""历史终结论"说到底就是"西方中心论"和"西方文化优越论"。

---

① 中共中央马克思恩格斯列宁斯大林著作编译局.马克思恩格斯全集:第9卷[M].北京:人民出版社,1961:252.
② 亨廷顿.文明的冲突与世界秩序的重建[M].周琪,刘绯,张立平,等译.3版.北京:新华出版社,2005:201.
③ 亨廷顿.文明的冲突与世界秩序的重建[M].周琪,刘绯,张立平,等译.3版.北京:新华出版社,2005:259.

世界文明具有多样性，这是自从地球上有人类以来就存在的事实。随着世界历史的发展，各个不同地区的民族的人民创造出更加绚丽多彩的文明形态，这是世界历史的进步。没有文化的多样性，世界将显得贫乏与停滞。中国人对自己的文化有着高度自信，尊重中华优秀传统文化、革命文化与社会主义先进文化，但中国人的文化自信绝不是排外主义、民粹主义。中国尊重世界文化的多样性。中国的"文化自信"与"文化他信"是统一的。自古以来，中国就重视其他民族的文化成就，善于吸收其他民族的文化成果，以丰富自己民族的文化。在当代，文化的正常交流有利于世界文化的丰富和发展。中国反对文化霸权主义和文化殖民主义，反对"西方文化中心论"，也反对文化自卑。

二、中国传统文化需要创造性转化和创新性发展

中国有几千年经过历史考验的文化积淀，有由近百年的民族斗争经验和鲜血凝结的革命文化、社会主义先进文化。中华优秀传统文化、革命文化和社会主义先进文化三位一体，不断丰富且没有断流，这在世界文化史上，应该说是独一无二的。中国人完全有理由自信自豪。

中国人尊重和爱护中国共产党领导下中国人创造的革命文化和社会主义先进文化，同样尊重和爱护中华优秀传统文化，这是先贤留下的宝贵精神财富，但中国人并不是尊古而非今的文化复古主义者。习近平总书记提出对中国传统文化的创造性转化和创新性发展，是对毛泽东同志在新民主主义革命时期提出的对待传统文化"取其精华，去其糟粕"的发展，是新时代的新要求。

文化是社会的精神形态。社会的变动，必然导致文化的变动。例如，新文化运动提出大力汲取近代西方文化的养分，改良中国文化，这对中国传统文化造成了一定的冲击。尽管中国传统文化中的确存在精华与糟粕之分，但中国共产党人，从毛泽东同志到习近平同志都称赞"中国传统文化博大精深"，进而提出了传统文化的创造性转化问题。按照历史唯物主义关于文化的观点，一个民族的文化是一个整体，有源有流。中国传统文化是社会主义文化之源。没有源头，河流必然干涸，必然断流。中国文化的特点就是源远流长，具有持久性和不间断性，但这绝不是说可以原封不动地保持中国传统文化。中国传统文化的创造性转化，是科学对待中国文化的马克思主义命题。

为什么习近平总书记在高度称赞中华优秀传统文化的同时，强调创造性

转化和创新性发展？这是一种历史唯物主义的文化观。

文化不是独立存在的，它与一个社会的经济制度、政治制度构成一个社会结构整体，三者处于相互联系之中。在漫长的封建社会中，中国传统文化如此发达，是因其有发达的农业经济作为经济基础，又有中央集权的郡县制作为政治支撑。因此，作为反映高度发达的中国封建社会的经济和政治的观念形态的文化同样处于高度发展之中。可是，文化与经济制度和政治制度又不同，具有很强的相对独立性。封建时代的文化并不等于封建主义文化，它不会因为社会经济制度和政治制度的变化而断流。作为人类精神活动创造的成果，优秀文化的基本精神具有超越时代的文化基因和文化价值。

在当代中国社会，中国人需要创造与社会主义经济制度、政治制度相适应的文化形态，不可能原封不动地全盘保留建立在封建社会经济基础和政治基础上的文化形态，这就必然要经过创造性转化和创新性发展，使中华民族最基本的文化基因与当代文化相适应，与新的时代相适应，与社会主义制度相适应，创造出当代社会主义的先进文化。要做到创造性转化和创新性发展，归纳起来主要有三条路径：一是分辨，区分精华与糟粕；二是激活，通过与时代结合对传统文化进行与时代相适应的新的诠释；三是创新，接续中华民族文化优秀基因，推进社会主义文化建设，提出新的概念、新的观点。

从主导观念来说，在不同的社会处于上层建筑领域中的主导观念是不同的，有处于率领地位的不同的指导思想。如果说在长期的封建社会中，儒家学说作为一种政治学说处于主导地位，成为中国传统文化核心的话；那么在社会主义中国，儒家学说不可能再具有像封建社会那样作为"帝王师""素王"的功能和作用，而是作为对构筑当代思想文化具有重大价值的文化资源而继续发挥作用。

建设中国特色社会主义的指导思想只能是马克思列宁主义、毛泽东思想、邓小平理论、"三个代表"重要思想、科学发展观和习近平新时代中国特色社会主义思想，而不是传统的儒家思想。因此，中国传统文化必须经过创造性转化。要正确处理马克思主义与中国传统文化的关系，用一句话概括就是马克思主义不能取代也不能弱化中国传统文化，否则的话，就不是中国特色社会主义；反之，如果不以马克思主义为指导，那就不是社会主义，也不可能建成社会主义。

三、传统文化的时代价值与文化自信

世界上任何一个国家、任何一个民族文化自信的提升都必须从其传统文化切入。传统不是守旧、僵化的代名词。中华优秀传统文化作为中国人几千年理性和生存智慧的积淀，不仅解决了过去中国的发展和中国人精神生活的问题，对当代中国和世界的发展也有着多方面的价值和启迪，它为中华民族文化自信的重塑和提升提供了丰富的养分。

推进国家治理体系和治理能力现代化是全面深化改革的总目标。要实现这一目标，"需要对我国历史和传统文化有深入了解，也需要对我国古代治国理政的探索和智慧进行积极总结"。例如，中华传统文化中强调为政者廉以洁己、慈以爱民的廉政思想，这对当今我国国家治理中的腐败控制有重要价值。孔子提出的"其身正，不令而行"强调了君主以身作则的重要性。孟子提出的"君仁，莫不仁；君义，莫不义；君正，莫不正"思想强调了君主的仁、义、正对国家安定的价值。汉代的贾谊在《新书·大政下》中强调了明君和官吏道德上以身作则的意义："故民之治乱在于吏，国之安危在于政。是以明君在于政也慎之，于吏也选之，然后国兴也。故君能为善，则吏必能为善矣；吏能为善，则民必能为善矣。"这些强调执政者加强自身道德修养的思想对当今中国治国理政有重要启示。要把当今中国的事情办好，必须加强各级政府领导班子建设。要把建设一支政治坚定、注重实效、作风优良、廉洁自律的干部队伍作为治国理政的重要工作。另外，中华优秀传统文化中"和"文化对国家治理也有一定的借鉴价值。国家治理的根本目标是实现经济发展、社会稳定、民众幸福。能否推动经济发展、社会稳定、民众幸福也成为考量一国国家治理体系和治理能力的重要指标。

和平与发展是当今世界的主题。世界从整体上看是和平的，但局部地区仍然动荡不安，冲突不断，恐怖事件频频发生。维护世界和平，需要各国协同努力。中华民族历来是一个爱好和平的民族，爱好和平在儒家思想中也有很深的历史渊源。孔子强调："克己复礼为仁。一日克己复礼，天下归仁焉。""仁"不仅是处理人际关系的原则，而且是处理国与国关系的原则。孟子提出了行"王道"和"以大事小""以小事大"的邦交原则，以及"惟仁者为能以大事小，是故汤事葛，文王事昆夷。惟智者为能以小事大，故大王事獯鬻，勾践事吴"。值得注意的是，孟子还特别将维持国与国之间友好关系的重点放在大国方面。这些优秀的中华传统文化启迪着世界各国，唯有确立和平的理念，国与国之间才能减少纷争和战争，才能维护世界和平。当前，世界各国应该从中国传统文化中汲取智慧，不要动辄以武力震慑来解决问题，而应该以沟通、协商的方式，实现"不战而屈人之兵"。

随着全球化进程的推进，世界范围内出现了一些关系全人类根本利益、威胁人类生存和发展的生态环境问题、能源问题、极端恐怖主义问题。这些现实危机的出现引发了西方社会对现代性的反思。全球化的确改变了全世界的面貌，但经济的发展和科学技术的进步使人所处的环境危机四伏，使人成为"机器的一个零件"，成为"单面人"。中华优秀传统文化中的天人合一、自强不息、宽容和谐、谦和好礼和求真务实等思想对解决这些问题有重要的启示。从中华优秀传统文化的时代价值彰显中可以看出，中华优秀传统文化具有超越时代的历史恒常性，它冲破几千年历史长河厚重的壁垒，历经岁月和风雨的冲洗，依然引领风骚，璀璨夺目。中华民族优秀文化所具有的这种现代价值是世界上其他文化和文明难以比拟的，它是提升文化自信的重要资源。

四、中国传统文化如何与市场经济相适应

要使传统文化成为推动社会主义市场经济和调整社会主义市场经济条件下人与人关系的价值观念和道德规范，必须对其进行创造性转化。这种转变的社会背景是由熟人社会转变为陌生人社会，由重义轻利转变为追求经济利益，由以信义为纽带转变为以货币为纽带，由以道德为纽带转变为以契约为纽带。

从历史发展来看，东方和西方都是如此。在西方资本主义社会，面对这些问题，他们求助于宗教，把肉体交给市场，尽情消费；把灵魂交给上帝，虔诚忏悔。灵魂与肉体的分裂，往往导致社会焦虑，只能把灵魂交给上帝来补救。在市场经济条件下，少数中国人也出现了这种情况，"把肉体交给市场、把灵魂交给寺院"。宗教信仰自由，无可非议，但从文化建设和道德建设、从培育和践行社会主义核心价值观的角度来说，需要从理论上解答一个问题：如何使传统的道德和文化适应市场经济的现实。

在市场经济条件下，完全回归传统的家庭伦理、婚姻伦理，回归非契约关系的人际关系已不太可能，但又不能完全无视传统道德对我们的伦理底线以及道德的教化和涵养作用。这里的关键是要正确理解中国实行的是社会主义市场经济，而不是资本主义市场经济。中国特色社会主义制度对家庭、对人际关系、对道德、对价值观念的要求，与传统文化中的精华和文化基因是相契合的。要剔除那些封建的东西，把传统文化中的精华和基因凝结为调节社会主义市场经济条件下人际关系的积极因素。

中国人不可能原封不动地保留农业社会的传统道德规范，而应该吸取其中有价值的东西。这种"有价值"就是相对稳定、不易变化的。道德中

既有道又有德。具体的道德规范和标准是可变的，农业社会中那种"父母在，不远游，游必有方""晨昏定省"已不可能，然而中国的孝道传统仍然有吸取的价值；婚姻关系中白头相守的美德虽然被高离婚率冲击，然而倡导夫妻相互忠贞仍然有价值；经济往来的契约关系在市场经济条件下是必然盛行的，然而朋友之间应该信守承诺、有困难尽力相助的交友之道仍然有价值；农业社会中"隔篱呼取尽余杯"的邻居关系已很难再现，然而同楼层单元房中的邻居终年不通有无、"老死不相往来"并不正常，邻里相助的传统和观念仍然有价值；传统礼制的繁文缛节，尤其是其中体现等级制的、体现家长制尊卑的所谓"礼"都应该改变，然而一个人仍然应该懂得文明礼貌。

如何评价传统道德，如何吸取中国传统道德中有价值的资源，是摆在我国人民面前的重大问题。道德重建的立足点不能是市场经济，而应该是社会主义制度。市场经济可以是社会主义经济运行的方式，但不应是社会制度的本质。中国是建立社会主义社会，而不是建立市场社会，不能把人与人的全部关系市场化，如果以货币作为中介的市场经济关系成为人与人全部关系的中介，人与人的关系为货币关系所主导，那么只会出现道德的沦落和价值观的颠倒。只要读一读马克思《1844年经济学哲学手稿·货币》就能知道。因此，在社会主义市场经济条件下，不能根据市场原则来构建价值和道德规范，而应依据社会主义的本质要求来对其进行重建。只要符合社会主义原则，在社会主义市场经济条件下，它必然能调整市场经济条件下人与人的关系，能起到规范市场经济条件下市场主体行为的作用，有助于社会主义市场经济的正常健康发展。社会主义市场经济虽然会淘汰传统文化和道德规范中阻碍社会主义市场经济发展的旧观念，但市场经济条件下的社会主义本质与传统文化、道德规范并非不相容，只是需要对传统文化和道德规范进行创造性转化和创新性发展。

五、中华优秀传统文化要实现大众化

文化自信不是仅对知识分子、文化人说的，更是对全体人民说的。只有全体人民尤其是年轻一代能够普遍树立文化自信，能够正确认识传统文化和当代文化，文化自信才能真正成为更基础、更广泛、更深厚的自信。

习近平总书记非常重视中华优秀传统文化的教育和大众化问题。他在中共中央政治局第十二次集体学习时强调："对中国人民和中华民族的优秀文化和光荣历史，要加大正面宣传力度，通过学校教育、理论研究、历史研究、影视作品、文学作品等多种方式，加强爱国主义、集体主义、社会主义教育，引导我国人民树立和坚持正确的历史观、民族观、国家观、文化观，增强做中国人的骨气和底气。"

各级学校可以根据实际情况讲授中国传统文化的有关课程。这种课程可以是中国传统文化概论，阐述中华民族文化的精神，也可以分门别类地开设如中国哲学、中国艺术、中国诗歌、中国音乐之类的专业化课程。但无论是哪种中国传统文化形式的课程，都应该注意使历史文化转化为一种当代中国人能理解和接受的文化，培育听众的民族文化情感。文化情感是世俗的，它表现在人们的一言一行、日常生活之中。

如何使经典文化世俗化、大众化，把其中蕴藏的智慧转化为现代中国人生活的文化环境的构成因素，是一个值得研究也必须解决的问题。因此，应该重视对经典文本的学术研究，更应该对中国传统文化的世俗形态加以重视。日常生活中的文化观念的作用非常强大。绝大多数人的文化观念并非来自经典阅读、来自书本，而是来自文化的世俗形态，来自文化环境的熏陶和世代相袭的传统观念。仅以吃为例，西方人爱吃牛肉、牛排，但有的民族不吃牛肉，视牛为神物。什么能吃、什么不能吃，这是一种饮食的文化观念。信奉武士道文化的日本军人在侵略战争失败后宁愿剖腹也不投降；而美国人因其生命至上的观念并不认为投降是叛国，认为保住生命才是最重要的。中国推崇"和"文化，中国人是爱好和平的，但是在保卫国家、抗击侵略的战争中，中国人同样提倡牺牲精神，提倡"杀身成仁，舍生取义"。并非每个中国人都读过《孝经》，但孝的观念就是中国文化中的传统观念。传统观念是已经深入生活、扎根于普通群众内心并处于一种潜意识状态的观念，它的力量往往胜过书本的力量。

中国儒家经典是理论文化形态，可它的力量在于通过种种方式世俗化，或者通过学校教育、科举制度、乡规民约、族规家训等方式深深地影响人们的实际生活。在历史上的中国，这种观念与农业生产方式和生活方式是一致的。中国人讲人伦、讲孝道，不孝是要受到社会指责的；讲究家庭责任，为父母争光；讲究亲情，兄友弟恭，长兄、长姐有照顾弟妹的道德义务，如果父母早亡更是如此，"长兄如父，长嫂如母"。中国人讲究人情，对朋友讲信义，一个人做人，不讲人情，不讲信义，是为人所不齿的；但社会上存在的讲人情、走后门的现象，这都是以伦理为主导的中国传统文化长期世俗化的结果。传统的风俗习惯、乡规民约、不成文的交往规则比任何经典的话更具权威性。这种世俗化的结果，有精华也有糟粕，因此排除糟粕，把中国传统文化的优秀精华世俗化、大众化，使其成为中国人民的日常文化和道德观念是一项重要的工作。

不能轻视日常文化，不能轻视日常生活中的文化观念和道德行为。从一个国家到另一个国家，所谓异国风情，就是不同的生活方式、不同的建筑风格、不同的节日和风俗习惯。一般旅游者不可能接触到一个地方或民族的经典文化，却很容易感受到其世俗文化。世俗文化是一个民族的符号。中国人的春节拜年、端午节吃粽子、中秋节吃月饼等，都是中国人的民族象征。

一个民族的传统节日，往往像民族服装一样是民族的标志。如果没有世俗文化，游客到任何一个国家和民族地区后，除种族特征外，其他都无法识别，到处都是一样的马路、高楼大厦、汽车、手机和空调。只到图书馆看该民族的传世之作，是不可能真正了解这个民族的。它的经典只能代表其遥远过去的积累，而不代表它的现在。在当下，文化主要存在于人们的日常生活之中。

一个民族的文化的整体素养，表现在它的社会风气之中，表现在它的人民的一言一行之中。文化自信应该包括在日常生活中继承传统中的有教育意义、有民族凝聚力的良风良俗和作为民族标志文化符号的节日。尤其是要把优秀文化转化为社会文明，转化为个人的文明行为。一个只知道圣诞节、感恩节、情人节，而不知道中国传统节日的中国人，在文化观念上肯定有欠缺。一个饱读传统文化经典而个人行为极不文明的人，并不是一个真正有文化素养的人。

要培育中国人民的文化自信，就应该继承和发扬中国的革命文化和社会主义先进文化，并在创造性转化和创新性发展中继承中国传统文化；就应该用中国文化来教育中国人民，尤其是青年，提高他们的人文素质，使全体人民成为有文化、有教养的现代文明人。文化的最大力量是"化"人。如果中国的文化只停留在经典文献上，只为少数专家学者所理解，或藏在图书馆而远离人民群众的日常生活，那么就不能发挥其作用。

文化自信不仅要有经典文本的依据，还要有广泛的群众基础。只有植根于人民中的文化，才能生机勃发、永不枯竭。

第四节　文化自信与民族自强

民族是文化的主体，文化是民族的灵魂。一个拥有优秀传统文化的民族具有顽强的生命力，即使遭受重创也能浴火重生，但文化发挥作用不可能脱离作为文化载体的社会整体。文化是社会的构成要素，是以经济为基础、以政治为核心的上层建筑中的观念形态。一个民族的盛衰兴亡，不单纯取决于文化，而是取决于一个国家的综合实力。

在当代中国，文化自信必须落实到民族自强和国家发展上，落实到中国特色社会主义建设上。创新、协调、绿色、开放、共享的新发展理念，就包括对经济、政治、文化、社会、生态文明建设的总体性思考。如果不以经济建设为中心，经济停滞、民生凋敝，文化自信就会成为一句空话；而没有全面发展，经济再一骑绝尘，也不可能持续发展。因此，应在文化自信中融入道路自信、理论道路自信和制度自信，使其成为一种精神支撑。文化自信，说到底就是民族自信、国家自强和社会发展。

无论是世界史还是中国史、无论是古代史还是近代史，都证明了作为民族文化载体的社会经济力量、政治制度和军事力量一旦落后，仅凭曾经拥有的优秀传统文化是难以维持国家生存和民族独立的。例如，古希腊罗马时期野蛮人入侵，西亚北非那些曾经拥有灿烂文化的庞大帝国分裂，致使古代文物被掠夺、文化遗址被破坏，一时辉煌的文化变成了文化碎片。中国是四大文明古国中唯一没有中断文明发展的国家，这不单纯是因为中国文化发达，也与中国长期拥有发达的农业和手工业，有一套逐步成熟的政治架构和中央集权的郡县制度紧密相关。

一个国家的传统文化相对于经济和政治发展来说，是一种相对恒定的力量，而国家的强大和社会的发展必须依靠人的现实创造。文化是国家繁荣发展的重要因素，但不是决定因素。近代中国的百年屈辱史，就能够说明这一点。第一次鸦片战争，英国侵华兵力仅有约两万人。虽然当时中国经济总量在世界上仍位于前列，但由于清政府政治腐败，又没有海防力量，结果惨败，被迫签订《南京条约》。第二次鸦片战争，英法联军以不足两万人的兵力直逼北京，将号称"万园之园"的圆明园付之一炬，无数艺术珍品成为劫灰。近百年来，中国不知道有多少文化瑰宝和精品被掠夺，流落海外。由此可见，一个国家并不能因为单纯拥有优秀传统文化就可以免除民族灾难，综合国力强大才是国家长治久安的根本保障。

中华民族的独立解放并不是传统文化自然发展的产物，而是近百年来无数革命先烈流血牺牲、前仆后继的奋斗结果。也就是说，其主要是革命的结果，是革命推翻了旧的腐朽帝制，推翻了压在中国人民头上的"三座大山"。中国共产党的成立之所以是中国历史上开天辟地的大事，就是因为它深刻改变了中华民族发展的方向和进程，深刻改变了中华民族的前途和命运，深刻改变了世界发展的趋势和格局。正是中国革命的胜利开辟了中华民族独立解放的道路，同时开辟了中华文化伟大复兴的道路。

如今我们重视中华优秀传统文化，是因为其中蕴藏着中华民族的智慧，是建设中国特色社会主义的思想宝库，而不是出于对传统文化的迷恋和孤芳自赏。如果不立足现实，着眼民族自强和发展来增强文化自信、繁荣发展文化，而是片面强调回归传统、回归儒学，那就偏离了增强文化自信的初衷。因此，文化的发展一定要有助于促进中华民族的全面发展，文化自信一定要转化为民族自强和发展。

中华优秀传统文化是中华民族在五千多年历史中积淀下来的理性和生存智慧，具有强大的生命力。中华优秀传统文化是文化自信的基石。

一、立足传统文化是增强文化生命力的必然要求

英国历史学家汤因比在《历史研究》一书中认为，在近六千年的人类历史上出现过26个文明形态。时至今日，只有七八个文化形态依然传承。其他的文化，要么衰落了，要么消亡了，要么被征服了，要么出现过中断。唯有中华文化在几千年的历史中历经磨难和挫折，但不曾中断过。这足以说明中华优秀传统文化有着强劲的生命力。延续中华优秀传统文化生命力，必须将中华优秀传统文化和时代相结合，"只有融入当代中国的文化建设之中，成为当代中国文化新形态的有机组成部分，中华优秀传统文化才能延续其生命、彰显其价值、展示其魅力，中华文化的发展才不致出现断裂"[1]。党的十八大后，以习近平同志为核心的党中央越来越强调文化自信的重要性。培育和提升文化自信成为建设中国特色社会主义文化的重要工程。将传统文化与这一工程结合起来，将传统文化的积极基因植入提升文化自信这一工程的方方面面，必将增强和延续传统文化的生命力。

二、立足传统文化是文化发展的必然要求

提升文化自信，是当代中国文化建设的重要内容。任何一个民族的文化建设、文化发展都是在既有的条件和基础上进行的，也就是说，必须继承历史上留下的已有的文化。毛泽东同志在《新民主主义论》中曾深刻阐述了这一观点："中国现时的新政治新经济是从古代的旧政治旧经济发展而来的，中国现时的新文化也是从古代的旧文化发展而来的，因此，我们必须尊重自己

---

[1] 杜芳：中华优秀传统文化与文化自信[J].探索，2017（2）：163-168.

的历史，决不能割断历史。"[1] 在批判继承中国传统文化的基础上，中国共产党人创造出了民族的、科学的、大众的新民主主义的文化。这种新文化一经提出，就成为近代中华民族实现民族独立和人民解放的重要思想武器。它一改鸦片战争后中国人文化自卑的心态，成为中华民族自立于民族之林的思想基石。在新时期，要提升文化自信，建设中国特色社会主义文化，也必须立足于中华优秀传统文化。

三、立足传统文化是提升软实力的需要

一个国家的综合实力既包括以经济、科技、军事为主要内容的硬实力，也包括以文化、意识形态、价值观为主要内容的软实力。当今世界，国与国之间的竞争与较量不仅取决于硬实力，也取决于以文化为核心的软实力。早在几千年前，中国先贤就提出了重视软实力的思想。《黄帝四经》讲："重柔者吉，重刚者灭。"老子的《道德经》曰："天下之至柔，驰骋天下之至坚。"软实力强调的是国与国之间的合作与吸引，这是一种通过塑造本国良好的外在形象影响他国的能力。这种能力主要来自文化、政治价值观和外交政策。中国传统文化蕴含的软实力因子是提升文化自信的重要资源。习近平总书记曾强调中华优秀传统文化对提升文化自信的重要性，认为坚定文化自信的坚实根基和突出优势，就在于中华优秀传统文化。博大精深的中华优秀传统文化、中国人几千年来积累的知识智慧和理性思辨，是中国最深厚的软实力。

四、传统文化的国际影响与文化自信

文化自信不仅包含对自身文化价值的高度肯定，还包括对自身文化影响力的充分认识。提升文化自信，必须理性看待中华优秀传统文化在过去和现在的国际影响力。当前，随着全球化进程的不断推进，中外文化交流日益频繁，越来越多的中国文化产品出现在了国际市场和国际舞台上，中国文化的影响在向纵深发展。中国文化历史悠久、灿烂辉煌，曾长时期居于世界领先地位。通过传教士、商人和留学生等，中华文化对东亚、欧洲国家和地区的经济、政治、文化和社会生活曾产生了深远、持久的影响，有些影响一直持续到现在。

（一）中华优秀传统文化对亚洲国家的影响

从先秦到清朝前期这一段时期，中国在亚洲的历史舞台上是当之无愧的

---

[1] 毛泽东.新民主主义论[M].北京：人民出版社，1952：57.

主角。中国周边的朝鲜、日本、越南等国的政治、文化深受中国传统文化的影响。朝鲜在建国之前，儒家文化与汉字就已经传入了朝鲜。朝鲜设立的太学就是以传播汉学为主要任务的机构。7世纪时，朝鲜政府因仰慕汉学，派遣本国贵族子弟前往长安留学，这些留学生返回朝鲜后成为传播儒家文化的使者。10—14世纪，朝鲜政坛权力更替频繁，但无论哪一个政权，皆以儒家思想为立国之本。儒家思想不仅对朝鲜半岛的过去有影响，对当今韩国的企业管理、影视制作、学校教育仍然有深远的影响。韩国确立了"文化立国"的战略后，韩国的影视剧中渗透着儒家浓浓的文化精神和温情道德，这使其不仅受到了中国和日本等东亚国家民众的追捧，还受到了东欧国家民众的好评。

日本与中国是一衣带水的邻邦，两国很早就有了交往。周朝时，中华文化就传到了日本。隋朝时，圣德太子效法中国制度，进行了国内改革。公元608年，日本国王接见隋朝使节，向使节表达了向隋朝学习典籍制度以作为建国准绳的愿望。公元630年，日本派出了第一批遣唐使。自此至公元895年，260多年间，日本派出遣唐使共计19次。在返日的留唐学生的策动下，公元645年，日本发生大化改新。正如日本近代以西方化为目标的明治维新一样，大化改新的理想就是实现"中华化"。大化改新后，日本的律令大体上采用唐律，日本各级学校以儒家经典为教科书，日本佛教以中国为母国，日本历法以唐历为蓝本。这说明中国传统文化对古代日本的影响深远。近代日本在向西方学习的过程中，并没有丢掉中国的儒家思想，从小受《三字经》《大学》《中庸》《论语》熏陶的日本"资本主义之父"涩泽荣一就非常推崇儒家的《论语》。

（二）中华优秀传统文化对欧洲国家的影响

13世纪中叶，元朝建立后，更多的欧洲商人、传教士、使者来到中国，他们带回欧洲的关于中国的信息使欧洲人耳目一新。《马可·波罗游记》的介绍让欧洲人对中国如痴如醉，对东方满怀憧憬。正是出于对东方的好奇与向往，才有了新航路的开辟。英国教授拉雷曾在《英国十六世纪的航海业》一书中这么说西方人对中国的憧憬与新航路开辟的关系："探寻契丹确是冒险家这首长诗的主旨；是数百年航行业的意志、灵魂。"不过，此时期中国对欧洲的影响主要停留在物质层面上。

16世纪末，利玛窦等传教士来中国后，他们带回欧洲的就不仅是中国的风土人情、日常生活方面的信息，他们对中国的介绍更多的是思想、文化、政治等方面。这个时期，儒家经典和孔子的学说在欧洲都有了西译本。例如，郭纳爵与殷铎泽合译《大学》，并改名《中国之智慧》，殷铎泽译《中庸》和《论语》，刘应译《礼记》部分篇章，马若瑟、孙璋都曾译过《诗经》，钱德明译《乐经·经传》，雷孝思译《易经》。欧洲传教士对儒家学说和中国其他传统文化的介绍在欧洲引起了较大的反响，以至于掀起了"中国热"。18世纪，纪君祥的元杂剧《赵氏孤儿》在法国上演。法国大文豪伏尔泰花费数月时间对其进行改编，完成了五幕悲剧《中国孤儿》，上演时引发空前轰动。伏尔泰舍弃了原作中的复仇主题，让暴君在高尚的道德情操面前幡然悔悟，以此显示主宰中国人的儒家思想的无穷威力。可以这样说，伏尔泰的《中国孤儿》就是"五幕儒家道德剧"。在伏尔泰的其他作品中（如《风俗论》《哲学词典》），他也极为推崇中国的儒家道德思想。中国传统文化对德国思想界也有一定的影响。德国近代启蒙哲学家莱布尼茨的"单子论"就受到了中国儒家思想的启发。莱布尼茨还和在华传教士通信探讨《周易》里的64卦。中国的传统文化也影响到了俄国。俄国的普希金曾通读法国和俄国出版的关于中国的文献，还和熟悉中国文化的名流进行了交谈。在这些中国文献和关于中国的交谈中，普希金汲取了对自己有价值的知识，普希金还特别关注儒家培养人性的方法。列夫·托尔斯泰也特别迷恋中国传统文化，他有时还直接借助儒家和道家的一些原理来支持他自己的理论。

伴随着这股"中国热"，欧洲国家开始了文化上的思想启蒙。以儒家为核心的中国传统文化"为启蒙思想火花的燃起带去'理性'的酵母，致使欧洲中世纪神学权威因受儒家文明冲击而产生动摇，许多思想家深受启蒙"[1]。

综上，无论是从内容特质、时代价值上，还是从国际影响上都足以彰显历史悠久、博大精深的中华优秀传统文化所具有的独特魅力，它是先辈们留下的丰厚精神遗产。中华优秀传统文化不仅推动了中华民族的发展，还为人类文明进步作出了卓越的贡献。提升文化自信，必须立足于中华优秀传统文化。只有深入挖掘中华优秀传统文化的内容特质，高度认同中华优秀传统文化的时代价值，充分肯定中华优秀传统文化的国际影响，汲取中华民族几千年奋斗积淀下来的精神养分，站立在中华民族广袤的大地上，中国人的道路才会走得越来越宽广，越来越稳健，越来越自信。

---

[1] 于建福.儒家文化教育对欧洲近代文明的影响与启示[J].教育研究，2007（11）：76-82.

第二章 文化自信的文化资源

  文化是历史生成中的有机整体，是生活于特定社会历史文化条件下的人对文化来源、文化历程、文化特色和文化未来发展方向的整体认知和判断。民族文化承载了民族的文化基因和创造力，扎根于民族的历史发展进程，与民族命运和发展前途息息相关。作为民族文化的生命力的民族文化主体意识，便是承载民族发展和前途命运的文化土壤。从历史唯物主义的立场出发，民族文化主体意识不能脱离社会历史进程而单独地、抽象地存在，而应在社会历史的发展运动中展开和生成，形成民族文化的可靠历史资源和现实发展动力，凝聚成民族自觉发展、民族独立自强、民族复兴繁荣的文化自信。在这个意义上，文化自信问题是一个既具历史性又具现实性的问题，它蕴藏于中国历史的发展之中。文化自信是在传统与当代、历史与时代的辩证关系中生成和发展的；文化自信是民族团结、发展和复兴的价值内核与精神力量，正如习近平总书记在同各界优秀青年代表座谈时指出的那样，"一个没有精神力量的民族难以自立自强，一项没有文化支撑的事业难以持续长久"。文化自信是历史文明、物质文明、精神文明的综合体现，中华民族的文化自信有着丰富的文化资源和源远流长的发展过程，呈现出既坚守本根又与时俱进的民族性和时代性，"使中华民族保持了坚定的民族自信和强大的修复能力，培育了共同的情感和价值、共同的理想和精神"[1]，凝聚出中华民族发展的文化创造力和文化推动力。

  "文化是民族生存和发展的重要力量"[2]，中华民族的生存与发展离不开民族文化的支撑和推动，正是中华民族深厚的历史传统文化、民族奋斗自强的革命文化、砥砺创新的社会主义先进文化，形成了中华民族奋进新时代的发展动力，构成了中国特色社会主义现代化发展道路的文化资源和精神支撑。习近平总书记指出："在几千年的历史流变中，中华民族从来不是一帆风顺的，遇到了无数艰难困苦，但我们都挺过来、走过来了，其中一个很重要的原因就是世世代代的中华儿女培育和发展了独具特色、博大精深的中华

---

[1] 习近平.在文艺工作座谈会上的讲话[M].北京：人民出版社，2015：5.
[2] 习近平.在文艺工作座谈会上的讲话[M].北京：人民出版社，2015：2.

文化，为中华民族克服困难、生生不息提供了强大精神支撑。"①中华民族的千年发展历史和奋进百年的现代化道路，充分说明了中国智慧、中国道路的文化自信来自中华优秀传统文化的历史文化精神、来自谋求民族独立自强的革命奋斗精神、来自追求民族复兴与建设中国特色社会主义现代化的创新拼搏精神。源于中华优秀传统文化、革命文化与社会主义先进文化，汇聚于中国特色社会主义现代化建设的内在精神与发展动力，共同形成了中国发展道路上的文化自信资源。因此，继承和发扬中华民族文化自信，不仅是承担着延续中华民族文化基因的传承使命，更是承担着激活文化资源、文化生命力和文化创造力的时代使命，"深入挖掘中华优秀传统文化蕴含的思想观念、人文精神、道德规范，结合时代要求继承创新，让中华文化展现出永久魅力和时代风采"②。

中国特色社会主义现代化建设的重要理论指导，是扎根于中国历史与现实的历史唯物主义立场，是在社会主义现代化建设中树立社会主义核心价值观的科学判断，体现出社会主义文化自信的历史性、科学性和先进性。历史地认识和科学地探索中国道路文化自信的理论资源、现实挑战、创新发展，是对中华民族历史发展规律和革命斗争经验的总结和反思。党的十九大报告提到，中国共产党人的初心和使命，就是为中国人民谋幸福，为中华民族谋复兴；初心和使命是激励中国共产党人不断前进的根本动力。文化自信的初心和使命本质上指向了中华民族伟大复兴、中国人民的根本利益、中国特色社会主义的发展道路和对人类文明的贡献。因此，文化自信是基于文化主体意识的历史反思、批判超越和时代创新，需要处在社会历史的文化视角之下。

中国应构建中华民族文化主体意识，把握中华民族文化自信高度发展、陷入低谷和重建文化自信的历史发展脉络和思想演变，探讨中华民族的优秀传统文化、革命文化和社会主义先进文化之间的继承和发展关系，反思中国传统与现代的继承发展、革命文化传统与和平年代的需求转变、中西文化差异辨析，从历史唯物主义视域说明中国道路的文化自信的必要性和重要性。

---

① 习近平.在文艺工作座谈会上的讲话[M].北京：人民出版社，2015：2.
② 中共中央党史和文献研究院.习近平关于注重家庭家教家风建设论述摘编[M].北京：中央文献出版社，2021：66.

第一节　中华优秀传统文化与民族自觉

中华民族文化的形成不是无源之水、无本之木，而是有着几千年历史文化传承，在自然发展和人为建设的共同合力推动下，凝聚成为中国整个民族所共同拥有的文化认同，并历经世代相传形成了优秀传统文化、中华民族的文化之魂。中国传统文化表现为家风、乡规、民俗、道德规范等多种文化形式，被运用于人际交往、政治外交与社会制度建设等多个领域，涵盖了个人、集体、家庭小共同体、社会国家大共同体，体现了中华民族"齐家治国平天下"的文化信仰与文化自信。优秀传统文化经过历代相传，凝聚了中国人民的智慧，塑造了中国社会的日常道德规范，成为现代社会道德规范的重要文化来源，成熟悠久的文化发展历程赋予了民族文化自觉与自信的基础。

文化塑造了一个民族、一个国家的灵魂，文化自信与民族文化繁荣兴盛息息相关。在古代文明世界，中华民族以独特的语言、文化、历史成为以农业生产方式为主体的古代世界强国，拥有着灿烂的文化，在全世界范围内形成强大的感召力和吸引力。古代中国的文化自信表现为：经济领域发达，农业和手工业发达，有思想文化领域众多优秀的思想家及其丰富的文化典籍，因此对周边各国、各民族乃至古代西方世界产生了强烈的吸引力，这也使古代中国成为古代世界物质与文化交流的中心之一。

当西方社会开始进入工业革命和资本主义经济时代，世界历史拉开了近代化进程的帷幕，停留于农业文明时代的中国遭受了殖民侵略战争的侵害，但是中华文明并没有因外来侵略力量而被迫中断或是被同化，而是以独特的方式和顽强的生命力继续传承发展，造就了历史悠久的民族文化传统。因此，中华优秀传统文化的连续性、包容性、以道德为核心的独特性与价值观，不仅使其成为古代农业文明的明珠，更在现代化的当代世界中继续传承发展，形成中华民族共同的文化主体意识和民族认同感。

一、中华优秀传统文化的特征——连续性与包容性

中国传统文化作为整体性的文化，历经不同时期的社会生活方式、生产方式的变更，凝聚成为超越时代发展的智慧与精神，成为具有连续性、整体性的文化有机体。

作为整体性的文化，中国传统文化中包含诸多可变的内容，随着生产生活方式的变化产生了特定历史时期内的社会文化独特性，包括不同历史时期

的道德观念、风俗习惯。这些可变的文化内容随着社会生产方式的变化而变化，具有社会性和时代性的特征。因此，中国传统文化的内容不是一成不变的，其在特定历史时期内会呈现出与当时社会生产水平相适应的文化精神、文化价值和文化力量，作为民族文化的一部分而折射出当时的时代精神与价值追求。

在民族文化整体性力量推动下，多样化的文化内容中形成了稳定的、具有传承性的传统，传统以深刻的力量存在于思维方式、价值观念、文化道德、风俗习惯中，形成了在民族长期发展中稳定传承的民族传统，并随着民族的发展而丰富发展。中华民族的传统是由可变的文化内容中凝聚出的不变的文化传承形式，是具有超越性的可传承的智慧，以众多思想文化经典的文字载体得以流传几千年，最终形成了不断被传承与颂扬的优秀传统文化。文化传统是中华民族文化的内在实体和精神特质，其中凝聚着中华民族文化有机体存在的内在核心，展现了中华民族的精神归属与民族认同感，如各种文化节日传统、爱国传统、崇尚道德教化传统。因此，中华优秀传统文化是中华民族在历经不同社会生产方式变更与挑战后保持不变、连续传承的智慧支柱，中华优秀传统文化具有时代超越性，是国家和民族发展的精神支柱，奠定了中国文化自古以来的文化自信的智慧内核。

中华优秀传统文化的连续性得益于对传统的传承与发展，其在不变与可变的辩证关系中衍生出独特的包容性特征。对于应对自然挑战从而保存人类生命可追溯至5000多年前，中华民族自古就在刀耕火种、耕田凿井的自然挑战中求取民族繁衍和发展的生机；而面对文化生存挑战时，中华民族文化在不同文化的冲击挑战中展现出独具一格的智慧和格局——不主张一家独大、文化霸权，而是凭借有容乃大、和而不同的文化包容性吸收异质文化，将文化挑战转化为自身文化发展的动力，因此中华优秀传统文化能够不断绝而传承发展。

在众多古代文明形式中，古希腊文化在基督教文化的冲击下只能在文艺复兴中被人们以文化艺术形式寻求往日的光辉；而在东方世界中，古代中国文化吸收印度佛教文化，形成了以儒家为核心、儒释（佛）道三家融合的文化发展形式。正是中华民族文化的包容性，使其在应对异质文化挑战时能够吸收其优秀部分，并将之内化为本民族文化的发展基因。儒家文化注重礼仪人伦，佛家注重内在修养，道家崇尚自然；即便在古代历史上曾出现儒释道三足鼎立的文化格局，这三者之间也并非互相排斥，而是相互融合，共同形成灿烂与辉煌的中国古代文化。中华优秀传统文化的包容性，既推动了汉民族与其他民族和谐共存、共荣共生的多民族文化共融发展的整体性民族文化氛围的形成，又促使本民族积极吸收、学习其他文明的优秀成分，崇尚百花齐放的多样文明共荣。一方面，中华优秀传统文化的连续性使中华文明能够传承千年而不中断，保持本民族文化的历史延续，奠定中华民族文化的根基，成为中华民族团结、生存和发展的内在动力；另一方面，中华文明的包容性使之崇尚和谐共荣的多样文明，积极吸收和学习先进文明的优秀成果，不断内化、不专霸权，经历古代的朝代更替、兴衰依然能够屹立于世界民族之林，并不断丰富本民族自身文明的内涵。

中华优秀传统文化具有时代超越性，成为维系本民族生存发展的文化根基；中华优秀传统文化的历史传承和连续发展，使中华文明基因具有历史性与丰富性；中华优秀传统文化崇尚多样文明共同发展，这使中华文明具有追赶时代发展的生命力。具有超越性、历史性、时代性的中华优秀传统文化，使文化自信的基因内化于中华民族的开化期、发展期、辉煌期，成为中华民族文明复兴的历史根基和动力来源。

二、中华优秀传统文化的核心价值——德行伦理与天人合一

中华民族文化的连续传承与发展具有不同于西方文化的特点。就哲学特点而言，西方文化自古希腊时期便专注于对自然哲学的探究，注重抽象和形而上学的思辨；中华民族文化则是从原始氏族群体的祭祀礼仪中衍生出共同体的行为道德规范，以儒家文化为主要代表的优秀传统文化更以道德与人伦为社会文化的核心。在西方古代社会，神权高于人权，启蒙主义主张恢复人权的理性主义传统塑造了现代性的理性主义特征和崇尚独立的个体意志；而中华文明始终注重以道德伦理为核心，由人伦关系上升为人与自然的"天人合一"关系，形成了中华优秀传统文化的人文主义的核心价值追求和注重人伦的社会群体价值观。

中国传统文化注重规范人的德行，强调以道德构筑社会伦理，由此构筑稳固的社会群体秩序。不同于西方中世纪以神权为核心的社会秩序，以道德伦理而非神权为核心价值追求的文化传统，使中国古代社会注重人的伦理行为典范和经验总结。道德规范被细化为人们的日常行为规范，通过人们的经验生活而不断被传承和发展，从而将传统文化的道德规范化为人们伦理生活的文化自觉。以儒家伦理道德为主要代表的传统文化，进一步将伦理道德学术化为"四书""五经"，以文化经典形式颂扬个人德行、群体伦理规范、个人对于家国的责任与义务，成为古代社会个人与群体共同的行为道德典范。

以道德伦理建立的社会群体不易因为政权或政教合一的权力者的更替而造成社会制度的解体和文化基因的消失，其社会共同体会在日常生活层面积极追求伦理道德，自觉在人际关系中践行伦理道德规范，形成尚德、敬贤、以社会伦理秩序为核心的美德传统。因此，尽管古代中国社会存在时局动荡的社会剧变时期，但是稳固的、使人自觉崇尚的道德行为规范始终是人们追求和践行的美德规范，其内涵的价值与思想不断延续传承，更成就了中华民族"礼仪之邦"的美名。注重礼仪的伦理共同体要求每个人都清楚自己的身份、地位、责任和义务；人与人之间相互尊重，理解包容，礼貌恭敬，从而形成一个良好的生存环境。由此形成尊重道德的行为规范，形成尊重社会规则的对人之本性的要求，以及形成以尊重人的本性高举传统文化的人文精神。在人文精神照耀下，道德和伦理规范成为传统社会的价值追求，由此将个人与社会由伦理秩序、道德规范凝聚起来，形成共同发展的古代伦理共同体，通过道德行为规范维系伦理共同体的传承发展。

中国传统文化始终关注人与自然的和谐发展，从自然秩序中寻求人类社会的和谐秩序，追求人与自然的"天人合一"，通过道德行为规范熏陶人的本性，凸显人之为人的价值追求与主动性。人既是主动的，更是能动的，其将追求平衡、和谐的观念与善待万物、平衡一体的自然观念结合起来，追求人与自然天地万物的一体和谐性，崇尚"自然无为，因势利导"。这种追求平衡和谐的自然观念不同于西方探索万物本源与规律的自然哲学、自然科学，中国传统文化中的天人合一观念尊重万物之间的矛盾与个体的差异性，而自然哲学与自然科学则强调具有普遍适用性的本质与规律。相较于以科学原理的方式追求事物的本质，中华优秀传统文化更强调在面对不同事物的差异性，面对各种矛盾的现实情境时如何实现相对平衡、天人合一的道德实践。

中华优秀传统文化强调以人为本、追求成人之道的道德伦理实践。中国古代伦理道德不以追问事物本源的抽象思考与逻辑关系为首要追求，但却崇尚内在道德修养方面的精神反思；尊重人性和万物、追求人与自然的统一是朴素的唯物主义与发挥人的主观能动性的有机体现；以人文精神为内核的伦理道德实践和社会群体规范，能使人不受外在物欲吸引而专注于超越性的精神与内在德行，在当代社会更具有对抗物化和消费主义的价值与意义。

在中华优秀传统文化中，以儒家文化为代表体现了中国传统文化的人文精神样貌，构成了中国传统文化的主要内涵与外在表现。儒家文化长期主导中国传统文化的生成和发展，使中国传统文化呈现出以儒学为宗的特色。儒家文化是"内圣外王"的综合性、系统化思想,对内是强调修身养性的个人道德品行学问,对外则是强调王道仁政的治国理念。儒家文化的"内圣"体现为注重礼乐教化,而不是崇尚武力征服,从而建立和谐稳定的理想的社会发展环境。提倡礼教要修习"六艺"——从身体强健、骑射技术精湛,再到通晓道德义理,是现代意义上的培养"德智体美劳"全面发展的健全人格。从个人的"内圣"修养推广到家国天下的治理,儒家文化要求以"仁政"治天下、以礼教吸引外宾来朝,使天下之人都接受仁政和礼乐教化,构建有伦理道德秩序的社会,最终实现大同社会。大同社会也是古代意义上的"小康社会",是强调以仁德教育民众、人们各司其职、社会和谐的理想社会,体现了古代儒家思想的以人为本、重视人的内在修养以及包容和谐的古代价值观、人生观和世界观。当然,这样的设计带有超越性、空想性,尤其是在封建社会并不具备实现的物质基础和制度基础,其社会历史狭隘性更体现在"外王"理念中将古代中国作为天下核心的狭隘世界观,也体现在君臣父子伦理纲常加重了社会等级对立的程度。

以儒家文化思想为代表的中华优秀传统文化强调道德修养是个人的自觉修养和自律修养的过程,并且要由个人德行推广到社会伦理秩序。具备这样德行修养的人便能够修身养性、安身立命,"从心所欲,不逾矩"(《论语·为政》),领悟仁德之道和"天人合一"的境界,不为外在的事物和欲望所迷惑,成为自由自在的人。儒家文化"舍生取义"的价值观,强调个人为了仁义道德是可以牺牲奉献的,以真正实现个人的价值和意义。德行文化的价值观和理想信念,则彰显了具有仁义道德的个人和社会的文化自觉和文化自信,凝聚成中华优秀传统文化的主体意识。

三、中华优秀传统文化的当代发展——民族文化主体意识的自觉

中华优秀传统文化注重人的道德修养、精神生活,在社会伦理道德实践中提升人的价值,追求人与自然万物的"天人合一"的和谐平衡,体现了古代农业文明的以人为本、注重德行修养的人文精神理念。而蕴含这种人文精神的中国传统文化成为中华民族生存与发展的文化基因,塑造了中国文化的主体意识,是现当代文化发展的文化根源。中华优秀传统文化既是我们文化自信的精神命脉,也是当代精神文明继承和发展的基础,更是构建中国特色精神文化建设的文化主体意识的前提和坚实根基。

只有确立本民族文化存在和发展的主体意识,才能在多样文化的交流与碰撞中保留自身特色、明确自身优劣势、学习和吸收其他文化的长处,既不

妄自菲薄而陷入历史虚无主义，也不妄自尊大建立文化霸权，更不会在时代潮流裹挟中失去中国文明的根基和特色。任何文化的发展都是先扎根于本民族历史文化的发展源流，如果无视民族文化的发展历史和自身独特性，追求无视民族文化具体情况、具体特点的统一化的普世性文化，那就是落入了历史虚无主义；如果一味强调自身文明的普适性，以自身文化发展经验适用于任何地区、任何文明，那就是走向了非辩证的霸权和文化控制。尤其是在应对全球化、现代化的机遇和挑战时，我国面临中国特色社会主义现代化建设的历史重任，更应当明确本民族的文化主体意识，以此审视和应对中华优秀传统文化在当代的继承与发展，尤其是应对当代文化对传统文化的挑战。

中国现代精神文明要建立在民族性根基之上。传承优秀传统文化不是使其静态地、线性地发展，而是在应对西方文化冲击，在传统与现代对抗的动态发展中奠定民族文化的自觉与自信。中西文化不仅发源地不同、文化类型不同，而且价值观念、思维习惯、生产方式皆不太相同。中西文化代表着各自民族长期以来形成的地区特色、民族精神与性格特征，深刻地影响着不同地区、国家文化发展的总体方向和特点。因此，不能以西方文化的标准评判中国传统文化的优劣，也不能以中国传统文化的优点否定西方文化。

从中国传统文化的历史发展来看，其曾经历多次中西文化的交流与对抗。中西文化的冲击对立自古就有，如何确立本民族在中西文化对立交流中的定位和文化自信，深刻影响着民族发展的前途命运。自戊戌变法开始，政治改良派和洋务派主张"中学为体、西学为用"，学习和利用西方强国的发展方法以缩小清王朝与西方列强的实力差距，但是本质上不改变农业文明的生产方式和封建制的社会关系，这样是无法实现社会的进步和发展的。因此，固守旧体制而不从根本上改造社会生产力，使中国传统文化在西方工业生产力裹挟下显示出时代的局限性，中国也开始沦为西方列强殖民侵略的对象，中华民族也面临着发展危机。自辛亥革命以后，中国开始学习建立西方民主共和制度，传统文化依然在"中学为体"的范围之内，但是学习西学成为进步的代表。20世纪初期的新文化运动时期，中国传统文化被视为阻碍学习西方文化的障碍，因此人们以"打倒孔家店"为口号为传播西方文化扫清道路，试图从传统文化根源中清除使中国近代化落后的因素，传统文化更是在这种清理中失去文化生命力，中华民族的文化主体性也面临被解构的风险。因此，在现代化和全球化发展趋势的时代潮流中发展中国传统文化，首先要以坚守本民族特色与根源的民族性为发展前提，充分发扬中华优秀传统文化的包容性与学习性，必须维护本民族特性以应对西方文化的冲击与挑战，否则本民族文化将失去其延续与发展的历史正当性，尤其是在面对西方列国的经济、政治、文化霸权时，爱国主义和民族自立自强的优秀传统是支撑本民族生存和发展的重要支柱；其次，中华优秀传统文化以坚守自身民族性为前提，以开放包容的眼光而非民族主义的狭隘目光积极学习其他文化的先进经验、先进做法，鼓励多样文明共荣发展；最后，中西文化的交流不应局限于中西文化的政治、经济异质性，而应从文明共荣发展的人类命运的高度出发，发挥中国传统文化的和而不同的包容精神，求同存异，和平发展。

除了中西文化的冲击与对抗问题，中华优秀传统文化的发展还要解决好传统文化与现代文化的关系、传统与中国现代化的关系，既不能将现代文化直接等同于西方文化、将现代化直接等同于西方化（这种直接等同是将问题根源简单地归于中西文化根本对立），也不能将传统文化排斥于现代化进程之外，使传统与现代在民族历史与文化源流上断裂和分离。"五四运动"时期，传统文化被认为是与现代化相对立的、不融于现代文化的社会潮流的守旧因素，是不适宜培育民主与科学发展的文化土壤。回顾中国近代历史，简单地将传统文化视为阻碍现代化的因素的做法，是剥离现代化发展的历史根基的做法，是历史观上的唯心主义。我们从中国传统文化中也能找到现代文明成果的雏形，如被视为西方近代文明成果的民主与法治精神，在中国古代文明中能找到"民为贵、君为轻"的民本思想，古代法制则是建立在伦理制度上的赏罚制度。无论是西方还是东方，其现代化进程都是在优秀传统文化的民族基因上发展而来的，"西方在走向近代、走向现代的过程中，不仅从自己的传统文化里汲取了营养，还从外来的文化中汲取了大量的营养。它的近代文明并不是古已有之的，而是在汲取了这两方面的营养后，再创造的。它并没有割断自己的历史，也没有抛弃自己的传统"[①]。因此，传统文化与中国现代化不仅不是互相对立的，而且是有文化的、社会的历史关联，中国现代化进程的根源来自优秀传统文化的基因，优秀传统文化是各民族、各地区现代化的历史前提，继承和发展优秀传统文化是构建文化主体意识的必要条件。另外，中华优秀传统文化崇尚道德与天人合一的人文精神，在应对现代化的精神困境挑战时具有独特的智慧贡献。现代化的一大表现是人类对自然的控制与攫取能力得到提升，但由此带来了人与自然的紧张矛盾的关系；而在传统与现代的对抗中有的人抛弃了优秀传统文化与道德规范，这使他们对物质和金钱的欲望不断膨胀，给人类带来物化和拜金主义的道德困境，带来

---

① 楼宇烈.中国的品格：楼宇烈讲中国文化[M].北京：当代中国出版社，2007：28.

重建传统文化与现代文化的历史关联的时代课题。回答这一问题尤其需要发扬中华优秀传统文化与道德伦理规范，坚持和运用历史唯物主义，以发展的眼光推动中华优秀传统文化创造性转化和创新性发展，让传统文化在现代化建设中成为重要的推动力量。

　　民族文化主体意识一方面是通过内在德行修养提升个人道德素养和理想追求，由个体层面的提升推广到社会的整体德行修养和文化主体意识的提升；另一方面，文化主体意识是在不同文化的交流碰撞中不断生成和发展的。内在的德行修养构筑了中华民族文化主体意识的德行特征，而外在的多样文化交流碰撞则使文化主体意识具有存在论的开阔视野。文化不是单一的、静止的成果，而是在社会历史运动中发展变换的，因此文化主体意识必然会受到不同文化的影响，从其他文化中吸收和借鉴有益的文化成果，从而丰富和发展自己的文化。中国古代文化中多次出现文化交流、百花齐放的盛况，尤其是印度佛教文化对根源于中国本土的儒家、道家文化的影响，儒释道三家相互影响，丰富了中华优秀传统文化的内涵和表现形式，塑造了民族文化的整体性和包容性，更强化了文化主体意识的地位。中华文化在文化交流碰撞中坚持本民族文化的主体性和文化自信，避免沦为其他文化的附庸。从古代的儒释道文化交流，到现代面对全球多样文化，文化主体主动交流和吸收借鉴的学习、创新能力能推动传统文化的与时俱进，也只有具有时代创新性的文化才能保持自身的生命力，才能实现传承和发展，从而塑造自觉自信的文化主体意识。因此，传统文化既要传承其内在的道德信仰和人生智慧，更要发挥文化主体意识的能动性和创造性，吸收和借鉴其他优秀文化，拒绝历史虚无主义和文化复古主义，推动传统文化在社会主义现代化中创新发展，焕发新的文化生命力。中华优秀传统文化是建立本民族文化主体意识的前提和基础，不仅是在古代文明社会中发挥重要作用的文化推动力，而且是现代社会文明发展的起点和精神支柱。习近平总书记在文艺工作座谈会上指出："中华优秀传统文化是中华民族的精神命脉，是涵养社会主义核心价值观的重要源泉，也是我们在世界文化激荡中站稳脚跟的坚实根基。"因此，一方面，中华优秀传统文化在当代的继承发展必须处理好中西文化、传统文化与现代文化的关系，以历史唯物主义的精神赋予中华优秀传统文化应有的历史地位和贡献，将传承和发展中华优秀传统文化作为构建民族文化主体性的重要历史前提；另一方面，我国必须理性把握现代化与西方文化的关系，不能照搬照抄地将西方文化的标准、做法作为中国文化发展、中国式现代化建设的模板，而是要在立足本民族特性和发展现实基础上，吸收和利用适合本民族、本国发展的优秀经验和做法，使优秀传统文化在现代化的发展中焕发新的生命力。

中华优秀传统文化在生活经验层面规范了人们的日常道德伦理行为，在理想价值层面要求人们注重内在修养与价值追求。传统文化的传承与积淀具有历史性和时代性特征，其是在历史沉淀中凝练了具有超越性的智慧和精神境界，而代际相承的优秀传统文化构成了民族的文化记忆、文化历史和思想遗产，是中华民族屹立于世界民族之林的文化印记和文化自信来源。

第二节 革命奋斗精神与民族自强

民族文化与民族命运密切相关，民族命运的兴衰决定着民族文化的前途命运；反之，独立自强的民族文化自信亦是民族复兴的强大推动力。古代中国曾长期占据世界农业文明的高峰，因而中国传统文化在很长时间内拥有着辉煌的成就，居于世界大国的文化自信高峰。但是，当西方社会开始进入工业革命时代，资本主义的全球扩张以及坚船利炮打开了闭关锁国的封建王朝，使中国陷入半殖民地半封建社会的危机，民族文化发展被迫套上了帝国主义强势文化的枷锁。中华民族面临列强瓜分与侵略的民族生死存亡危机，中华民族的文化自信陷入前所未有的低谷；中国传统文化在帝国主义文化、殖民文化的侵袭下，陷入前所未有的危机。近代中国历史的主题和时代使命是捍卫民族独立与再续中华民族文化自信，重建民族文化主体意识。这些都来自民族自强不息的文化精神。

在寻求民族独立自主的革命阶段，中华民族亟须抵抗帝国主义侵略的革命方法和探索社会发展规律的理论指导。马克思主义理论启示了中华民族独立自强的出路和方法，提供了适应中国国情的科学世界观和方法论，激发和强化了中国传统文化的奋斗自强精神，丰富和发展了中华民族关于社会发展规律的科学判断，成为革命文化的重要理论资源。马克思主义理论指导下的革命文化是中国近代文化的重要理论成果，激发了中华民族文化中的奋斗自强精神，为探索社会发展规律提供了科学的理论指导，坚定了中华民族寻求自强独立的革命道路自信、理论自信、制度自信、文化自信。中华民族文化的主体意识与马克思主义理论的科学指导性是民族独立自强的必要因素，缺一不可，只有充分认识中华优秀传统文化的历史根源，中华民族文化主体意识和民族信心的重构才不会成为无源之水，才不会陷入文化虚无主义；只有科学认识和判断中华民族危机和社会发展趋势，才能摆脱传统文化的时代局限性和历史局限性，跳出"天朝上国"的幻想，在现实的中国环境中探索中国独立自主和富强的实践道路，构建由历史文化传统与民族独立解放相结合的民族文化自信。

一、民族危机与文化自信——革命文化精神产生的时代背景

19世纪西方资本主义兴起并开启全球扩张，而此时东方的中国仍采用农业生产方式，处于落后的封建制社会关系中，尤其是鸦片战争以后，中国从曾经的受世界各国景仰的东方文化大国开始沦落为半殖民地半封建性质的国家，中华民族文化随同衰落的民族命运一样失去往日的地位和辉煌，进入文化自信的低潮与失落期。

民族命运支撑着民族传统的继承和发展。伴随着民族命运衰落的是摇摇欲坠的封建统治，但是中华民族文化基因中的自强独立的优秀传统促使无数仁人志士奋起拼搏，开启了中国近代史的革命奋斗和民族自立的历史进程。

民族存亡的危机催生了爱国自强的革命文化精神，"历史好像是首先要麻醉这个国家的人民，然后才能把他们从世代相传的愚昧状态中唤醒似的"[①]。站在历史前列的革命先辈成为中华民族自强不息、拼搏奋斗的民族文化精神的代表，唤醒了许多受压迫、受剥削的中国人的爱国热情和救亡图存的意志。辛亥革命彻底结束了中国的封建王朝统治，但仍未完成民族独立解放的时代使命：对内，学习西方政治制度的民主共和国频现政治腐败、经济衰落、民生凋敝等各种忧患；对外，帝国主义虎视眈眈，经济剥削与文化侵略给民族命运与传统文化带来前所未有的灾难。在近代内忧外患的时代背景下，追求民族解放、重新树立民族自信的希望不能单靠传统文化的超越性精神追求和内在道德修养，而是更需要指导中华民族解放、代表广大人民希望、引导革命彻底胜利的新的科学理论与方法指导，这就是马克思主义。马克思主义思想的传入给中国带来了民族解放的希望，中国共产党的成立是中国近代历史上开天辟地的大事，它肩负民族独立解放的希望和使命，带领广大人民群众拼搏奋斗，经历无数革命先烈的流血牺牲，推翻了压在中国人民头上的帝国主义、封建主义、官僚资本主义这"三座大山"，改写了中华民

---

① 中共中央马克思恩格斯列宁斯大林著作编译局.马克思恩格斯全集：第12卷[M].2版.北京：人民出版社，1998：114.

族被殖民侵略的衰败命运，书写了中华民族自强奋发的新篇章。

民族生死存亡关系到中华民族发展道路与文化延续，这场危机是帝国主义列强对中华民族的侵略、帝国主义文化霸权对中华民族文化的冲击，更是不同生产力发展水平的社会制度的对抗，体现为资本主义工业生产制度及其军队、文化对落后的农业社会的全方位暴力冲击，因此这更是近代中国的时代危机、社会危机和文化危机。马克思主义思想深刻指出争取民族独立与解放的出路，列宁进一步指出在帝国主义链条上的薄弱环节先发展出社会主义，为中国带来了解放以及独立的希望和理论指导。中国共产党应时代使命和民族命运而诞生，带领中华民族重新站立起来，自主选择中国的发展道路和前进方向，形成了以拼搏奋斗、追求民族独立自强为主旨的革命文化精神。

中国共产党领导下的革命实践和革命文化改变了民族命运和中国的发展道路，使中华民族独立自主地重新登上世界民族的舞台，成为近代反帝反封建战线的重要成员，以革命自主的实践与文化精神展现了民族独立的自信，使中国越过近代以来的文化自信低谷，坚定革命道路自信和民族文化自信，成为中华民族文化自信的重要来源。

二、革命文化传统与中国传统文化

中国传统文化与革命文化传统都建构在一定的经济基础之上，并随着经济基础的变革而出现根本性变化。正如马克思指出的"经济基础决定上层建筑"[1]"物质生活的生产方式制约着整个社会生活、政治生活和精神生活的过程"[2]。中国传统文化的发展建立在民族独立与农业经济富强的坚实经济基础之上，强势的农业文明也为古代中华民族文化自信提供了经济、政治保障。但是"随着经济基础的变革，全部庞大的上层建筑也或慢或快地发生变更"[3]，农业生产方式和封建王朝统治在近代工业文明和资本主义殖民战争的炮火下化为灰烬。近代民族存亡的危机给中国传统文化带来灾难性破坏，尤其是闭关锁国的封建王朝根本无法应对工业革命与资本主义全球扩张的侵略挑战，中国传统文化中平和的道德礼仪和中国缓慢增长的农业生产方式在西方帝国主义侵略下无力回击。维护民族独立和人民解放、重建民族文化复兴道路的唯一可能就在于彻底改变腐朽落后的旧的社会制度，建立代表生产力

---

[1] 谢龙.马克思主义哲学原理[M].北京：人民出版社，1995：316.
[2] 黎澍.马克思 恩格斯 列宁 斯大林 论历史科学[M].北京：人民出版社，1980：52.
[3] 谢龙.马克思主义哲学原理[M].北京：人民出版社，1995：317.

发展方向的新的社会制度。要实现这个任务，只有马克思主义理论才能带来真正科学的理论指导和现实的发展出路。马克思主义理论作为科学的理论体系，以历史唯物主义的精神指出民族独立和人民解放的根本出路在于建立一个新的社会制度；要完成这个任务的根本方法是通过革命推翻半殖民地半封建的统治，通过阶级斗争和武装反抗，由共产党领导这场彻底的革命，团结中国广大人民，指出中华民族独立与解放的出路，指出革命胜利的出路，指出民族复兴的出路。

马克思主义理论与中国传统文化看似存在外来文化与本土文化的差异，然而就其文化的价值内核和精神追求而言，它们都维护了民族独立的主体意识，都以人的全面发展为根本诉求。马克思主义理论指出的革命道路从方法上与中国文化传统中的"修身、齐家、治国、平天下"的成人至圣的内在修养道路完全不同，根本上是彻底打破传统文化赖以生存的经济基础和封建制度，明确指出解决社会的阶级矛盾是实现民族独立的关键。这两种文化代表着中华民族不同时期的社会发展需求，分别指向农业经济稳定缓慢发展时期的内在精神修养和民族危机时期打破枷锁的革命斗争。以儒家为主要代表的中国文化传统以道德修养为核心，马克思主义理论则深刻指出民族存亡危机中的阶级矛盾与革命道路，两者代表了中国不同历史时期内的民族文化的主要特点和主要内容。中国传统文化是革命文化形成和发展的历史条件与现实基础，只有在继承和结合中华优秀传统文化的基础上，革命文化才能在中华民族文化土壤上生根发芽。以马克思主义思想为指导的革命精神为民族文化注入了新的精神力量，形成了中国共产党领导下的追求中华民族独立、人民解放、拼搏奋斗的革命文化传统。

马克思主义理论指导下的革命文化传统与中国传统文化产生于不同的历史时期，回应不同时代与社会主题，在中国革命实践中，之所以能够建立马克思主义理论与中国传统文化的历史关联和共同诉求，是因为两者统一于民族独立、人民解放的时代使命，具有共同的民族文化认同和使命追求。马克思主义理论指导下的革命文化传统，不是传统文化的"复辟"或是外来文化的生搬硬套，而是扎根于中国大地、适应中国国情，通过马克思主义中国化形成符合中国文化传统、符合中国国情的中国解放与发展道路。中华优秀传统文化与革命文化传统必须在民族独立与人民解放的基础上才能构建出独立的文化主体意识，进而推动中华民族的复兴发展。这两种传统的显著差别是依赖不同的方法手段。中华优秀传统文化诉诸内在的道德修养和精神超越，革命文化传统依赖阶级与武装斗争的方法；传统文化的修养方法适合社会稳定发展时期，革命斗争方法是战争年代的特有手段，而且革命也只是万里长征的一步、社会发展过程中的一个阶段，更为根本的是革命之后的建设与发展。中华优秀传统文化和革命文化是在中国历史发展过程中形成的两个重要的民族文化传统。在实现中华民族伟大复兴发展的共同目标方面，中华优秀传统文化与革命文化共同构成中华民族文化中不可或缺的一部分，代表了中国古代文明、中华民族解放时期的历史现实与文化精神，这两个文化共同融入中华民族复兴的伟大事业之中，构成中华民族新时代发展的文化自信。

马克思主义理论指导下的革命文化与中国传统文化的求同存异，体现了中华民族文化统一的文化认同目标之下的文化多样性和文化包容性。在统一文化共识的统摄之下，根据不同发展时期面临的时代主题和挑战，中华民族形成了适应时代主题、承担时代使命的民族文化内容和奋斗追求：古代农业文明的道德伦理与超然的精神境界，革命时期的民族独立与自强，和平时期的民族复兴与社会主义现代化的使命。

中华优秀传统文化与革命文化既不是相互排斥的关系，也不是相互替代的关系，而是统一于中华民族自强和富强的奋斗目标。中华优秀传统文化代表了中华民族的历史性，革命文化代表了中华民族在存亡危急时刻的爱国、拼搏和奋斗的精神，凝聚了共同的中华民族主体性认同和民族复兴的希望。从历史发展的眼光来看，革命文化精神是对中华优秀传统文化的继承和发展，而理论的现实化、中国化更要求革命文化尊重优秀传统文化的内涵和价值。另外，中华优秀传统文化的包容和创新，也要求它进行创造性转化和创新性发展，将民族文化的发展与民族命运发展联系起来，随着民族命运发展变化而出现更丰富的文化内容。

三、革命文化与民族文化主体意识重建

马克思精辟地指出战争对独立民族的破坏性影响："英国的大炮破坏了皇帝的权威，迫使天朝帝国与地上的世界接触。与外界完全隔绝曾是保存旧中国的首要条件，而当这种隔绝状态通过英国而为暴力所打破的时候，接踵而来的必然是解体的过程。"[①] 战争使中国陷入全面危机，民族文化主体意识面临解体危险，中国人民面临生死存亡的民族危机和重建国家独立主权的时代使命。在此民族危亡告急时刻，中国共产党以马克思主义理论为指导，取

---

① 中共中央马克思恩格斯列宁斯大林著作编译局.马克思恩格斯全集：第12卷[M].2版.北京：人民出版社，1998：115.

得新民主主义革命胜利，重获民族独立和人民解放，实现旧社会向新社会的历史性转变，为革命后的和平发展与新社会建设创造条件。革命文化是中华民族命运转变的根本性推动力量，其将中华民族文化自信建立在人类解放的共产主义信仰之上。革命文化的内核是民族独立，理论指导是马克思主义的阶级斗争与武装斗争理论，目标指向了中国社会形态的根本变革，开辟了一条民族自强和复兴的中国道路，具有重要的历史和现实意义。维护民族独立性是保持民族文化主体意识的前提，若无独立民族则无本民族的文化主体。在半殖民地半封建社会的中国，政治改良派和无数仁人志士的流血牺牲都无法化解中国的民族危机，根本原因在于不改变社会形态的本质就无法真正根除民族衰弱困顿的根源，无论是学习西方器物还是移植西方政治制度都无法改变日益加重的民族危机，因此只有打破旧制度枷锁、驱除外来侵略，真正实现民族独立，才能摆脱民族危机。正当民族存亡之际，中国共产党在马克思主义理论指导下提出彻底推翻帝国主义、封建主义、官僚资本主义的剥削压迫，建立社会主义新社会的革命要求，指出了真正实现民族独立与自强的方向和道路，由此中华民族自强与复兴的使命必然地落在中国共产党的肩膀上。中国共产党提出的彻底变革社会形态的革命要求和"农村包围城市、武装夺取政权"的革命方法，既不是重复俄国十月革命的道路，更不是照搬照抄马克思主义的理论教条，而是根据中国的现实国情，团结广大工农群众的力量，开辟出一条植根于中华民族自身发展的革命道路。中国共产党的革命奋斗历程和马克思主义理论为革命文化传统奠定了实践与理论的基础，革命文化从历史唯物主义的高度说明了中国共产党领导中国革命的必然性，说明选择和形成中国道路的历史性。

革命文化代表了中国共产党和广大人民在民族存亡时刻的历史选择和民族利益诉求，以正确的历史观选择了彻底的革命道路，推动中华民族向充满希望和未来的道路发展，是符合社会历史发展方向的文化力量，更是中华民族自强与复兴的精神力量，也为革命后的和平发展与建设提供了现实发展的启示。革命文化是以爱国主义为前提的，其关键是打破旧社会、旧秩序的枷锁和障碍，代表了民族独立解放的社会历史发展趋势；但是革命胜利以后，阶级斗争和武装革命的方法不再适应新社会、新秩序的发展需求，因此应将方向转向社会领域的建设和发展。如果在建设新社会时直接移植革命手段，那么就会造成紧张的阶级矛盾关系。因此，革命文化的内核是应坚持和认可的精神内容，而革命文化的外延是随着社会发展需求的变化而不断调整的，革命文化的爱国主义和奋发拼搏的精神内涵在建设和发展时期仍然是指导工作的重要精神，但是革命的方法手段可能不一定适用于和平时期的社会改革与发展。

革命文化是以马克思主义理论的历史观、阶级斗争和武装斗争的方法论为指导的，符合中华民族独立自强的愿望与诉求；革命文化的诞生和发展，拯救了面临解体的民族文化主体意识，重建中华民族独立自强的希望和信心，为民族复兴提供了和平稳定的发展环境；革命文化是马克思主义理论与中国现实历史条件相结合的产物，是马克思主义中国化与中华优秀传统文化相结合的重要成果。

革命文化是中华民族独立自强和民族复兴的信心来源。爱国主义传统是民族存在和发展的重要条件，是民族自信的首要条件，因此社会主义建设和发展时期更要坚守以爱国主义为核心的革命文化精神。民族独立的斗争实践体现了中国共产党人的不怕牺牲、奋发拼搏的实践精神，社会主义现代化建设实践更需要发扬奋发拼搏的实践精神，为中华民族的文化自信提供现实保障。革命文化是共产主义信仰与中华优秀传统文化的结合，共同指向人的精神发展与社会进步，是社会主义现代化建设和民族复兴的精神支柱。

第三节　社会主义先进文化与民族复兴

文化是一个有机的整体，中华民族文化更是历史传承和创新发展的文化综合体，包含着文化的民族性、历史性、时代性和创新性的特色和要求。"在五千多年文明发展中孕育的中华优秀传统文化，在党和人民伟大斗争中孕育的革命文化和社会主义先进文化，积淀着中华民族最深沉的精神追求，代表着中华民族独特的精神标识。"[1] 中华优秀传统文化、革命文化和社会主义先进文化具有鲜明的民族性特色，是团结中华民族的强大合力。爱国主义包含了对本民族、国家的根本认同和与其命运与共的情怀，是文化自信的底色，作为民族性的应有之义，彰显了人民对民族国家的天然情怀和团结凝聚中华民族的向心力，是每一个中国人的民族印记和文化基因，是社会主义核心价值观的基本内涵，是社会主义先进文化的前提要义；拼搏奋发的精神是革命先辈的精神遗产，是中华民族始终屹立于近代世界民族之林的民族意志和发展动力；社会主义先进文化展示了中华民族在社会形态变迁中的创新发

---

[1] 颜旭. 新时代中国共产党文化观[M]. 4版. 北京：人民日报出版社，2021：20.

展，是对中华优秀传统文化和革命文化的继承和创新发展。

　　社会主义先进文化体现了民族文化活跃的生命力和创造力，是随着社会时代的发展变化而变化的有机体。文化的继承和发展是历史性的存在，以往一切文化的成就与积淀不会随着时间的流逝而烟消云散，或变成只供瞻仰的静态文化遗迹、符号化的文化象征，而是会在社会生产实践中不断丰富、发展，这意味着传统与当代在社会历史演变的时空场景中会实现辩证统一。从闻名于世的古代文明辉煌到壮烈的民族救亡图存经历，从激荡的革命年代到和平年代引领中国特色社会主义现代化建设，社会主义先进文化继承优秀传统文化的历史性、革命文化的爱国主义情怀，在当代创新发展，成为塑造民族性格、培育民族精神的文化自信来源。

　　中国共产党领导人民取得了革命胜利，建立了社会主义制度，开展中国特色社会主义伟大事业的建设。先进的社会生产力和社会制度决定了中国人不能固守传统文化，更需要有先进的文化推动生产实践的发展，而社会主义文化就代表了先进文化的方向。社会主义现代化建设需要先进的经济制度、政治制度，但是社会主义现代化建设的创新发展更需要先进文化的思想引领、价值追求，尤其是在现代化进程中越发重要的人才因素、资源配置、信息技术等关键因素，决定了现代化建设需要社会主义先进文化的指导，现代化中国需要社会主义先进文化的引导。中国的现代化实践之路表明，社会主义先进文化不仅是推动社会主义现代化实践的文化力量，也是中国共产党保持先进性的精神支柱，更是国家富强与民族复兴的旗帜。

　　中华民族文化具有传承创新机制的历史辩证性，是社会历史演变进程中传统与当代的历史与现实、理论与实践的辩证统一。文化传承创新机制赋予民族文化源源不断的生命力，中华民族文化充满生命力的发展历程体现了文化自信的形成脉络——中华民族文化从经历传统文明的积淀，到近代经历革命奋斗历程中的红色浸润，最后在社会主义现代化的新时代中迈向社会主义先进文化的新阶段。社会主义先进文化随着中国社会形态变革而产生，是社会主义现代化实践的文化建设维度，就其传承机制而言是对中华优秀传统文化和革命文化的传承和发展。文化的传承创新机制确保了中华民族文化不断地传承发展，传统文化不因时间流逝而失去生命力；同时要求中国人不能固守传统文化，应在变化的历史条件中不断创新发展，建设社会主义文化强国，实现社会主义现代化建设的战略目标。

一、社会主义文化先进性的活力来源

社会主义生产实践为构建社会主义先进文化提供现实基础,社会主义先进文化的创新发展是在改革创新的社会主义实践中找到源泉活水的。恩格斯指出经济发展与先进文化的辩证关系:"一切社会变迁和政治变革的终极原因,不应当到人们的头脑中,到人们对永恒的真理和正义的日益增进的认识中去寻找,而应当到生产方式和交换方式的变更中去寻找;不应当到有关时代的哲学中去寻找,而应当到有关时代的经济中去寻找。"[①]社会主义生产方式是社会主义先进文化的物质基础,"占统治地位的思想不过是占统治地位的物质关系在观念上的表现,不过是以思想的形式表现出来的占统治地位的物质关系"[②]。社会主义社会是无产阶级占统治地位的社会,历史唯物主义深刻揭示了社会主义文化的本质不是空洞抽象的纯粹观念,而是社会主义生产关系的思想形式和观念表现。

社会主义先进文化是民族文化有机体在当代的创新发展,发展社会主义先进文化是建设文化强国的必经之路。当代社会主义现代化建设为先进文化注入发展活力和创新内容,社会生产的经济基础决定了政治、文化等上层建筑的发展,"每一时代的社会经济结构形成现实基础,每一个历史时期的由法的设施和政治设施以及宗教的、哲学的和其他的观念形式所构成的全部上层建筑,归根到底都应由这个基础来说明"[③]。社会主义先进文化的重要性立足于社会主义经济基础的重要性,建设社会主义经济强国决定了建设社会主义文化强国的必要性和重要性。社会主义先进文化对于经济发展和民族复兴也有着重要的推动作用,虽然不是决定性作用。归根到底是人民在创造自己的历史。社会主义经济处于快速发展时期,当代中国处于和以往任何时代皆不相同的历史发展机遇期和挑战期,中国从农业文明古国到近代的积贫积弱再至如今崛起的大国、世界第二大经济体,从旧的社会制度迈入社会主义制度的人民民主国家。中国特色社会主义现代化建设在经济、政治、社会、文化、生态文明建设方面全面发展。与此同时,全世界都处在大发展、大变革和大调整的巨变时代,中国

---

① 中共中央马克思恩格斯列宁斯大林著作编译局.马克思恩格斯全集:第25卷[M].2版.北京:人民出版社,2001:395.

② 中共中央马克思恩格斯列宁斯大林著作编译局.马克思恩格斯选集:第1卷[M].2版.北京:人民出版社,1995:98.

③ 中共中央马克思恩格斯列宁斯大林著作编译局.马克思恩格斯选集:第3卷[M].2版.北京:人民出版社,1995:365.

处于机遇与挑战并重的新时代，民族文化的"软实力"成为国家综合实力竞争的关键，建设社会主义先进文化是社会主义现代化建设的重中之重。

社会主义先进文化与社会主义经济、政治、社会、生态文明发展相互影响，构成中国特色社会主义制度的有机整体，社会主义文化制度建设尤其是社会主义发展的重中之重。中国特色社会主义建设是物质文明与精神文明全面发展的社会主义，精神文明是国家发展和民族复兴的信心和希望。社会主义文化发展为经济建设、政治建设、社会建设和生态文明建设提供了思想与精神方面的保证，尤其是代表先进文化的社会主义核心价值观为个人与社会提供了行为标尺、价值追求、信仰力量和民族希望。在中国特色社会主义建设的有机整体中，文化日益成为推动经济、政治、社会、生态文明发展的重要力量，先进文化的价值追求融入经济建设、政治建设、社会建设、生态文明建设之中，发展为经济文化、政治文化、社会文化、生态文化，社会主义先进文化成为指导中国特色社会主义建设的价值追求与思想力量。

社会主义先进文化是马克思主义中国化的理论成果，一方面继承了中华优秀传统文化，另一方面体现了社会主义现代化发展的时代要求，开放性地学习和借鉴其他优秀文化成果，成为具有本民族特色的时代先进文化。社会主义先进文化凝聚了传统与现代文化要素，集中体现于社会主义核心价值观的理念与价值追求。社会主义核心价值观是传统智慧与当代发展要求的结合，不仅继承了中华优秀传统文化的道德与包容和谐的为人处世智慧，吸收了其他优秀的文化资源，更着眼于当今时代发展中的自然危机、文化冲突等问题，为个体的道德和国家交往提供了包容开放的文化观念，具有时代发展的先进性。社会主义核心价值观体现了个人与民族发展的双重文化要求，凝聚了中华优秀传统文化的智慧结晶，是提升个人道德修养、凝聚民族向心力的文化推动力。社会主义先进文化不仅具有社会主义核心价值观的支撑性内核，更注重人类文明的整体性发展，这尤其体现在社会主义先进文化倡导社会发展的"五位一体"建设战略上，特别是针对人类发展与自然环境破坏的紧张关系提出生态文明建设，提倡人与自然和谐发展的"天人合一"理念，体现了中国在保护人类生存环境方面的大国责任感和全球视野。社会主义先进文化在国际关系领域提倡和而不同的和平发展理念，提倡多样文化共同发展，构建人类命运共同体，为解决大国争端、应对文化霸权提供中国智慧、中国方案。社会主义先进文化的时代性和先进性，使其不固守传统文化的地域局限性，而是以文化自信蕴含的整体性、开放性、共享性视野关注时代发展的危机与困境，鼓励多样文化的和谐交流，因此其成为中国特色、有时代先进性、有民族文化特征的社会主义先进文化。

二、社会主义先进文化与文化创新

经济、政治、文化、社会、生态文明构成了社会历史发展进程中的不同层面，而展现民族风俗、习惯行为和思想观念的社会文化层面，始终是人们关注和反思社会历史发展的独特视角。尤其是中西方不同文化观——资本主义文化观与社会主义文化观的对比，为人们提供了观察社会历史发展的不同切入点。从西方文化观的立场出发，西方学者对社会历史发展和人类命运有着由盛及衰的消极走向的判断。从19世纪末西方资本主义生产方式的危机和社会矛盾激化后，将资本主义文明视为人类文明最高水平的学者开始担忧人类命运将走入末路，认为西方社会走向高峰之后便开始趋于衰落，这是文化从弱到强、由盛及衰的发展规律。从人与自然的矛盾紧张关系来看，自然环境是人类生存和发展的最后一道防线。19世纪现实主义思想及其文艺作品中出现了大量关于人与自然关系紧张、矛盾激化的担忧，人类学家认为对自然环境的破坏会导致人类文明的自我毁灭。法兰克福学派认为，同一性的、技术生产的大众文化的泛滥会导致权威力量对社会的控制和主宰，只有通过回归价值理性或是回归宗教文明，才能实现人类文明的救赎。而亨廷顿的"文明冲突论"则认为不同类型文明的价值观念的不同会导致矛盾冲突并带来战争，如东西文明的冲突。这些历史观或是立足于西方文明的优越性，以普世主义价值观取代差异性；或是对人类命运和未来持消极立场；或是没有彻底反思资本主义生产方式的历史局限性。

马克思主义的文化观立足于历史唯物主义立场，即社会存在决定社会意识，社会形态的发展变迁是由社会生产方式决定的，人类命运和前途应当从社会存在中去探寻；文化要立足于社会物质基础之上才能发挥其对经济、政治、社会的反作用。从文化视角看待人类社会的矛盾和危机，归根到底是要以社会生产方式解释矛盾和危机，要立足于人类社会历史发展的大趋势观察矛盾和危机的特殊性，因此马克思进一步提出人类命运与社会发展的积极历史观，即人类社会是朝向未来的共产主义社会发展的。从马克思历史唯物主义的社会历史观展开批判反思，现实社会存在的文化危机和矛盾，归根到底是要以社会存在的危机和矛盾中去寻找解决方案；人类社会的未来也不会走向没落，因为资本主义生产方式不是人类唯一的未来走向，工业化也不是最高生产水平，人类社会最终能克服资本主义生产方式的局限性，通过发展社会主义，最终实现共产主义社会。马克思历史唯物主义的文化观，始终立足于社会存在本身，以历史发展的眼光把握人类社会历史的命运，证明了社会主义制度的优越性，为社会历史发展奠定了共产主义信仰与价值追求。

社会经济政治的发展与民族文化繁荣息息相关，脱离经济基础和政治制度的文化发展，也将失去其先进性和创造力。纵观中国历史发展与现实发现，中华优秀传统文化有超越物质层面的精神追求和人生智慧，但却无法阻挡农业文明时代的结束；革命文化中阶级斗争的方法，一旦在社会主义建设的和平发展年代继续扩散实行，可能给经济和社会带来阶级斗争扩大化的伤害。归根到底，社会文化的发展不能脱离具体的社会历史条件，不能脱离具体的经济基础和政治制度。"人们的意识，随着人们的生活条件、人们的社会关系、人们的社会存在的改变而改变。"[①] 归根到底，文化不是社会发展的决定性力量，文化的精神生产是由物质生产所决定的，"物质生活的生产方式制约着整个社会生活、政治生活和精神生活的过程。不是人们的意识决定人们的存在，相反，是人们的社会存在决定人们的意识"[②]。当然，社会文化对经济发展也有能动的反作用，"物质存在方式虽然是始因，但是这并不排斥思想领域也反过来对物质方式起作用"[③]。

文化的内容随着时代发展变化、社会制度变迁而不断扩展，这样才能与时代发展相适应，并发挥文化对社会发展的能动的反作用。优秀传统文化只有适应时代的发展，才能焕发出生命力；革命文化的发展立场和重心，在阶级斗争年代和社会主义建设时期有根本的不同，社会主义文化要永葆先进性，必须建立在社会主义经济基础之上，适应社会发展需求，抓住社会发展的主要矛盾，继承和发展优秀传统文化和革命文化精神。因此，必须在经济、政治的改革发展中建设社会主义先进文化，这样才能使社会主义先进文化发挥其对社会主义经济、政治制度的积极能动作用。

中国共产党带领中国人民选择了社会主义道路，这是社会历史发展的进步选择，更是时代发展赋予的解放和发展生产力、建设社会主义先进文化的使命。建设社会主义先进文化具有重要的历史意义和时代意义。

建设社会主义先进文化是建设中国特色社会主义的使命要求。中国共

[①] 中共中央马克思恩格斯列宁斯大林著作编译局.马克思恩格斯选集：第1卷[M].3版.北京：人民出版社，2012：419.

[②] 《马克思主义历史理论经典著作导读》编写组.马克思主义历史理论经典著作导读[M].北京：人民出版社，2013：199.

[③] 《马克思主义历史理论经典著作导读》编写组.马克思主义历史理论经典著作导读[M].北京：人民出版社，2013：119.

产党从社会主义建设初期就提出物质文明和精神文明的发展要求，社会主义建设新时期坚持"两手抓、两手都要硬"，进入社会主义建设新时代更要坚持"五位一体"总体布局。精神文明建设确保经济建设、政治建设的社会主义方向。社会主义核心价值观为改革发展提供了价值目标引导、理想信念支持，确保社会主义发展方向不动摇、不偏离。尤其是随着改革发展进入关键时期，经济发展模式需要更多的制度改革和优秀人力资源的支持，才能适应人们不断增长的发展需求、缩小区域间的发展差距。在社会转型发展方面，随着物质生产力水平的提升，中国社会面临农业社会向工业社会、传统向现代的转型过渡，各种社会问题、矛盾冲突也日渐突出。开展社会主义核心价值观凝聚改革发展向心力、提升社会公民道德素质，能够为改革发展构建平稳的社会环境和文化氛围，真正发挥社会主义制度的优越性。发展社会主义先进文化，是提升国家软实力、建设社会主义文化强国、应对日益激烈的国际竞争的时代要求。发展社会主义先进文化也有助于提升本国的文化实力，提升社会公民素养和综合科技实力，建设经济、政治、文化综合发展的社会主义文化强国。在日益激烈的国际竞争中，文化竞争也成为综合国力比拼的重要内容，为此中国更要发展社会主义先进文化，保持社会主义文化的时代性和先进性。

中国共产党只有坚持建设社会主义先进文化，才能在时代发展变化中永葆先进性，在应对多样文化冲击和社会矛盾冲突时，始终坚持社会主义方向，始终以人民群众的利益为衡量一切改革工作的标准，始终以共产主义为理想信仰，带领全国人民实现社会主义现代化的目标，实现国家富强、人民幸福和民族复兴的梦想。

三、社会主义先进文化的启示与意义

习近平总书记在2016年哲学社会科学工作座谈会上深刻指出中国发展的道路选择："当代中国的伟大社会变革，不是简单延续我国历史文化的母版，不是简单套用马克思主义经典作家设想的模板，不是其他国家社会主义实践的再版，也不是国外现代化发展的翻版，不可能找到现成的教科书。"因此，实现国家富强、人民幸福和民族复兴的中国梦没有现成的道路，只有立足中国国情，走中国特色社会主义道路，才能真正实现具有制度优越性的社会主义现代化。随着现代化建设的深入发展，文化自信越发重要。习近平总书记在2019年参加全国政协十三届二次会议文化艺术界、社会科学界委员联组会时进一步提出了"坚定文化自信，把握时代脉搏，聆听时代声音，承担记录新时代、书写新时代、讴歌新时代的使命，勇于回答时代课题"，并提出文化发展"为时代画像、为时代立传、为时代明德"的要求。

从历史唯物主义的社会历史观出发，不同民族的发展道路要立足于自身的历史与现实条件，因此不同民族、不同地区有不同的改革发展道路，没有一条道路、一种模式是可以直接复制的。这意味着中国道路不能直接复制其他国家的发展模式，更不能直接套用西方国家的发展模式，尤其是不能走西方国家曾经失败的弯路。中国特色社会主义道路关系到中华民族如何发展、走向何处，关系到中华民族的命运与未来，关系到人民的利益福祉。中国特色社会主义道路是社会主义的伟大实践，关系到经济、政治、文化、社会、生态文明的整体发展战略，因此必须选择科学的理论为指导，选择适合本国国情的发展道路，建设有利于社会主义现代化发展的制度，发展社会主义先进文化。中华民族的改革发展历程证明，只有共产党可以救中国、带领中国走向民族复兴之路。马克思主义理论指导下的中国共产党承担了拯救民族危机的历史使命，建立了社会主义制度，深入推进改革开放，为人民带来了美好生活的期待。我国社会主义建设所走过的路说明，中国发展必须走中国特色社会主义现代化建设的道路，以经济建设为中心，物质文明和精神文明两手都要抓；坚持中国特色社会主义道路最为关键的是坚持社会主义方向，在时代发展巨变中坚持共产主义信仰，永葆社会主义文化的先进性。

中国特色社会主义道路的探索与发展基于中华民族深刻的文化基因和价值追求，也是基于中国的历史文化渊源、基于马克思主义理论的科学指导、基于社会主义道路的实践经验、基于西方现代化道路的启示。中华民族文化的历史性、民族性和时代性特征说明，中国特色社会主义道路的选择既不可能基于现成的模板，也没有一蹴而就的捷径，中国特色社会主义道路是在长期的发展实践中不断生成和发展的，民族发展的命运前途就是民族文化生成发展的过程。社会主义的先进文化继承了中华优秀传统文化和民族独立解放的革命文化基因，继而在中国特色社会主义现代化的伟大历史实践中创造性发展，保持中国发展道路的民族特色、发扬中国特色社会主义道路的革命基因、坚持中国实践的社会主义方向，使中国特色社会主义在"更基础、更广泛、更深厚的自信"的基础上不断前进。中华民族伟大复兴是文化自信的希望，文化自信是民族复兴的精神推动力，因此中国特色社会主义道路要坚定民族文化自信，探索适合中国历史、国情的社会主义现代化。

探索和发展中国道路要立足于本国的历史文化根源，但是现代中国的发展环境不同于传统文化、革命文化时期的历史境况，社会主义先进文化的历史性、民族性的时代化发展要求中国人不能直接复制和简单看待传统文化、革命文化的内容和要求，要从社会发展的整体性出发看待传统文化、革命文化与社会主义文化的关系，探索适合中国特色社会主义现代化的文化发展道路。中国传统文化是中华民族复兴的历史根源，是不可忽视的民族发展历史。无视中国传统文化和民族文化根源，则会陷入历史虚无主义，失去中国发展道路的民族性。但是中国传统文化生发的社会历史条件已经发生改变，直接复制传统文化更是与时代条件格格不入。因此，传统文化与社会主义文化的融合发展是坚持中国特色社会主义道路、坚定文化自信面临的一项新课题、新选择，不能简单延续传统文化的内容，应在尊重中国历史、民族性的前提下，在符合时代发展需要的基础上，创新发展传统文化，重视其在道德修养、价值观念、思想信仰方面的精神启发，剔除掉传统文化中不适合时代发展的旧思想、旧规范，使传统文化在社会主义道路上焕发新的活力。

探索和发展中国特色社会主义道路既要坚持马克思主义理论的指导，也要避免陷入教条主义的误区，避免照搬照抄理论而忽视现实的社会历史条件、现实的国情、现实的民族文化特质，这是社会主义先进文化的历史唯物主义立场。马克思主义理论要立足于中国的历史与现实、立足于中国民族性、立足于时代发展的需要，这样才能真正发挥其科学世界观和方法论的指导意义，才能深入把握社会主要矛盾、发展社会生产力、建立社会主义制度，为发展中国特色社会主义道路提出马克思主义中国化的理论要求和现实要求。

探索和发展中国道路要坚持走中国特色社会主义道路，认真总结其他国家社会主义实践的经验教训，这是实践社会主义先进文化的唯物主义立场。中国的发展实践不是其他社会主义国家的再版，要根据中国现实社会历史条件制定中国特色社会主义发展道路，在中国特色社会主义的实践中检验真理、积累经验，为其他社会主义国家提供可借鉴的成功经验。

社会主义先进文化的文化自信要求中国的发展要关注世界现代化的发展趋势，坚持历史唯物主义的发展立场，同时要避免直接套用西方现代化的路子，重新经历西方现代化的挫折和失败。西方现代化是世界现代化的最初发生地，但是西方现代化不等于现代化；不同民族地区应根据各自的民族历史条件制定自己的现代化道路；中国现代化要考虑中西文化差异、不同社会制度的本质差异。中国道路不是国外现代化的翻版，而是在社会主义制度基础上，根据中国现实国情制定的符合本国社会历史条件的现代化道路；中国现代化也不是闭门造车，而是在坚持社会主义的前提下学习借鉴西方现代化的优秀经验和做法，从西方现代化的学习者、跟随者变为超越者，真正体现社会主义制度的优越性。建设中国特色社会主义现代化，不是被动建设，而是主动创造，是实现先进的社会主义生产方式的必然要求，是社会主义优于资本主义的应有之义，更是中华民族经历帝国主义压迫剥削后恢复古代文明繁荣昌盛局面的民族自强和复兴的希望。中国特色社会主义制度的优越性是基于对资本主义生产方式的批判性超越。人民是创造历史的主体，因此中国特色社会主义的现代化能够走出不同于西方现代化的道路，避免西方现代性的危机与局限，为人类文明的发展贡献中国智慧、经验和方法。中国特色社会主义道路是源于文化自信的发展道路，是创造人民美好生活的必然选择，是中华民族文化创新发展的必由之路。

中华民族的文化自信离不开中国特色社会主义道路的文化自信，中国特色社会主义道路的成功必须坚持马克思主义的指导和对其理论的创新发展。中华优秀传统文化、革命文化和社会主义先进文化是民族发展、民族复兴的希望，是关系到社会主义的前途和命运的关键部分。中华民族复兴之路与社会主义现代化历史地、现实地统一于社会主义现代化实践中，因此要始终坚持马克思主义理论的指导地位，保持文化自信的时代性、先进性。在中国共产党的奋斗历程中，"领导我们事业的核心力量是中国共产党，指导我们思想的理论基础是马克思列宁主义"[1]。这表明我们党的全部政治立场、全部事业核心是实现共产主义的马克思列宁主义，这是党和一切事业的根本和发展道路。马克思主义理论指导经济、政治、文化、社会和生态文明发展，是具有科学性、整体性的世界观和方法论体系，是发展社会主义现代化实践、坚持社会主义文化先进性的理论指导。只有坚持马克思主义理论的指导，才能以科学的态度和方法继承和吸收国内外一切优秀的文化成果，包括优秀传统文化和国外优秀文化成果，才能在世界多样文化的发展中保持社会主义文化的特色和先进性。只有坚持马克思主义理论的指导，才能够以历史唯物主义的批判眼光看待多样的文化思潮，避免陷入狭隘的民族主义、历史虚无主义、文化复古主义、普世主义价值观的圈套，在社会主义现代化实践中坚定中华民族文化主体意识。

坚持马克思主义理论指导的文化自信，要保持与时俱进的马克思主义理论品格。马克思主义理论诞生的历史条件与当代世界有巨大的时代差异性，

---

[1] 中国人民解放军总政治部.毛泽东同志论政治工作[M].北京：人民出版社，1964：10.

但是马克思主义理论作为科学的思想体系是能够在时代变化中发展的。马克思主义理论既有不变的基本原理，又有运用于实践中的变化的具体性和特殊性。因此，马克思主义理论与文化自信相结合，既要坚持马克思主义科学性，也要注重马克思主义理论与实践相结合的具体性、特殊性，在实践中创新发展理论。马克思主义与中国具体国情相结合，是马克思主义中国化的时代创新和现实发展。马克思主义中国化必须与中国实际相结合，结合中国的历史文化传统、中国的革命奋斗历程、中国特色社会主义现代化建设的具体情况，而不能依据教条化的马克思主义理论，这样才能在改革开放进程中引领时代发展，把握时代发展规律，保持中国特色社会主义道路的文化自信的科学性、时代性和先进性。

坚持中国特色社会主义道路的文化自信，要坚持马克思主义的理论指导，坚持马克思主义中国化的实践发展和理论探索，在经济、政治、文化、社会、生态文明发展中开展社会主义核心价值观教育，维护马克思主义理论的意识形态指导地位，这样才能避免社会主义变质的危险。

坚持中国特色社会主义道路的文化自信，要发扬中国文化的包容开放的心态和马克思主义理论的科学指导性，科学对待其他民族文化、不同社会形态文化，学习和借鉴其他文化的优秀经验和做法；坚持马克思主义理论的批判性和指导性，在理论批判中发展理论、探索真理，在承担时代使命、解决时代问题中发展马克思主义中国化。

新时代赋予了社会主义先进文化新使命、新挑战，适应社会主义经济制度与政治制度的文化必然成为传统文化、革命文化之后的新的文化形态；先进的文化形态通过吸收优秀传统文化和革命文化的养分，形成了社会主义核心价值观，强化了中华民族文化的根脉，成为社会主义现代化建设中经济、政治、社会、生态文明发展的先进方向、价值追求，能够推动树立中华民族文化复兴的文化自信。

四、在推进社会主义文化强国建设中实现伟大梦想

文化自信是指一个国家的人民群众对本民族优秀的传统文化以及对理想的一种崇尚、一种坚守。对于当代中国来说，中国特色社会主义先进文化决定了中国的文化自信一定是中国共产党人的自信，是中国人民的自信，中国特色社会主义先进文化以坚定的文化自信推动中国特色社会主义的全面发展。中国共产党从成立之日起，既是中国先进文化的积极引领者和践行者，又是中华优秀传统文化的忠实传承者和弘扬者。当代中国共产党人和中国人

民应当而且一定能够担负起新的文化使命，在实践创造中进行文化创造，在历史进步中实现文化进步。中国特色社会主义先进文化，源自中华民族五千多年文明历史所孕育的中华优秀传统文化，熔铸于中国共产党领导人民在革命、建设、改革中创造的革命文化和社会主义先进文化，植根于中国特色社会主义伟大实践。发展中国特色社会主义先进文化，就是以马克思主义为指导，坚守中华文化立场，立足当代中国现实，结合当今时代条件，"发展面向现代化、面向世界、面向未来的，民族的科学的大众的社会主义文化"①，推动社会主义精神文明和物质文明协调发展。

推动社会主义文化繁荣兴盛，建设社会主义文化强国是一项非常困难而长期的任务。因为时代不同、条件不同、环境不同，发展面向现代化、面向世界、面向未来的，民族的科学的大众的社会主义文化，比毛泽东同志当年在《新民主主义论》中提出的文化建设任务更为艰巨。按照"两个一百年"的奋斗目标以及现代化新征程"两步走"的战略安排，中国的文化建设必须在习近平新时代中国特色社会主义思想的指引下，把握好我国现代化的战略机遇期，牢牢抓住意识形态工作领导权，推进文化建设领域的深化改革。要在创造性转化、创新性发展上下功夫，不驰于空想、不骛于虚声，要苦干实干，按期完成阶段性的发展目标，从而把美好的发展蓝图变成现实，不断铸就中华文化的新辉煌，在建设社会主义文化强国中实现中华民族伟大复兴的中国梦。

推进社会主义文化强国建设，必须坚持马克思主义的指导，深刻理解新时代文化建设的定位和目标，以习近平新时代中国特色社会主义思想来统领各项行动。习近平总书记在党的十九大报告中，站在时代和全局的高度，深刻阐述了文化和文化建设的地位作用，深刻阐明了在新时代以什么样的立场和态度对待文化、用什么样的思路和举措发展文化、朝着什么样的方向和目标推进文化建设等重大问题，为推动社会主义文化繁荣兴盛、建设社会主义文化强国提供了根本遵循。坚定文化自信，推动社会主义文化繁荣兴盛，要始终以马克思主义为指导，牢牢掌握意识形态工作领导权。因为意识形态决定文化前进的方向和发展道路，具体来说，就是要大力推进马克思主义的中国化、时代化、大众化，建设具有强大凝聚力和引领力的社会主义意识形态，使全体人民在理想信念、价值理念和道德观念上紧紧团结在一起，推动

---

① 颜晓峰，李建平，朱光泽，等.当代中国马克思主义哲学思想研究[M].北京：人民出版社，2005：211.

习近平新时代中国特色社会主义思想深入人心。要坚持为人民服务、为社会主义服务，坚持百花齐放、百家争鸣，坚持创造性转化、创新性发展，不断铸就中华文化新辉煌。

中华优秀传统文化是中国特色社会主义植根的文化沃土，是当代中国发展的突出优势，对延续和发展中华文明、促进人类文明进步，发挥着重要作用。坚持以马克思主义为指导，"要坚守中华文化立场，立足当代中国现实，结合当今时代条件，具体地贯穿到对中华优秀传统文化的传承弘扬中，贯穿到对革命文化和社会主义先进文化的继承发展中，贯穿到对世界优秀文化成果的借鉴吸收中"[1]，正确处理"守"和"变"、"中"和"外"的关系，做到不忘本来、吸收外来、面向未来，更好构筑中国精神、中国价值、中国力量。中华文化独一无二的理念、智慧、气度、神韵，是中华民族内心深处的自信和自豪之本。不忘本来，就是要尊重历史文化，做中华优秀传统文化的忠实传承者。文化的发展是一脉相承的，任何国家和民族都不能割断文化传统，但每个时代又都有属于这个时代的文化内涵，因此必须以富有时代精神的文化理想、文化自觉来观照历史文化资源，使之永葆活力。毛泽东同志提出："今天的中国是历史的中国的一个发展；我们是马克思主义的历史主义者，我们不应当割断历史。从孔夫子到孙中山，我们应当给以总结，承继这一份珍贵的遗产。"[2] 习近平总书记认为，"中华优秀传统文化积淀着中华民族最深沉的精神追求，代表着中华民族独特的精神标识"[3]，"是我们在世界文化激荡中站稳脚跟的根基，是中华民族最深厚的文化软实力"[4]。因此，要在去粗取精、去伪存真的基础上推陈出新、古为今用，即结合时代要求对其内涵和形式进行拓展和完善，赋予其时代内涵，来展现优秀传统文化的独特魅力和时代价值。同时，要倍加珍惜并利用好中国共产党领导人民创造的革命文化和丰富的革命文化资源，更好地建设和发展社会主义先进文化。吸收外来，就是以开放包容的自信的心态，以更加宽广的胸怀，与世界先进文化、文明对话，吸收优秀的人类文化成果，进一步增强中华文化的影响力。世界近现代史上的大国崛起，主要是凭借思想文化的进步、经济的强盛、体

---

[1] 任仲文.共产党人的必修课：学习马克思主义理论[M].北京：人民日报出版社，2020：219.

[2] 毛泽东.毛泽东选集：第2卷[M].2版.北京：人民出版社，1991：533-534.

[3] 习近平.在中国文联十大、中国作协九大开幕式上的讲话[M].北京：人民出版社，2016：4.

[4] 王怀超.中国特色社会主义基本问题[M].北京：人民出版社，2019：218.

制的创新以及寻找到一条适合自己国家发展的道路。中国已经成为世界第二大经济体，处于大国的崛起过程中，正从文化大国走向文化强国，需要不断发展文化、推陈出新。以什么样的态度对待外来文化，实际上就是在考验一个国家的文化自信，越是自信，就越能够以积极的态度对待外来文化，在同外来文化的互动交流中丰富并发展自己的文化。面向未来，就是要在新全球化的大势和世界文明秩序重构中把握我国文化发展前景，展示新优势、创造新天地，在实践创造中进行新的文化创造，实现文化发展的新跨越，为世界文化的发展作出中华文化的新贡献。

坚持马克思主义的指导，推进马克思主义的中国化，使其焕发出真理的光芒和强大的文化力量，必须进一步突出文化自信在"四个自信"中的地位和本质。要深刻认识到中国特色社会主义道路是实现社会主义现代化、创造人民美好生活的必由之路，中国特色社会主义文化是激励全党全国各族人民奋勇前进的精神力量，应通过进行伟大斗争、建设伟大工程、推进伟大事业来实现伟大梦想。应充分认识到中华民族伟大复兴，绝不是轻轻松松、敲锣打鼓就能实现的，全党必须准备付出更为艰巨、更为艰苦的努力。全党要更加自觉地坚持党的领导和我国社会主义制度，坚决反对一切削弱、歪曲否定党的领导和我国社会主义制度的言行。在文化建设领域，其体现为牢牢掌握意识形态工作领导权，用中国特色社会主义文化来凝聚人心、激励奋进，以更主动地"应对重大挑战、抵御重大风险、克服重大阻力、解决重大矛盾"[1]，践行不忘初心的理念，实现全面建成社会主义现代化强国的目标和中华民族复兴的伟大梦想。

推进社会主义文化强国建设，要全面践行社会主义核心价值观，建立面向世界、影响未来的现代文化价值体系。价值观是文化最深层的内核，价值观自信是文化自信最本质的体现。社会主义核心价值观是当代中国精神的集中体现，凝结着全体人民共同的价值追求。以文化自信为支撑建设现代文化体系和社会主义核心价值观并在此基础上提升文化影响力和文化软实力，是中国走向强国的根本战略。只有持续培育和践行社会主义核心价值观，大力传承和延续中华民族思想精髓、精神基因、文化血脉，才能更好地构筑中国精神、中国价值、中国力量，使中华民族以更加昂扬的姿态屹立于世界民族之林。中国特色社会主义建设的经验以及改革开放以来的中国特色社会主义道路表明，必须始终坚持以经济建设为中心，才能推进社会主义事业的前

---

[1] 习近平. 习近平谈治国理政：第2卷[M]. 北京：外文出版社，2017：32.

进。但是，经济增长到了一定程度，其边际效应就会越来越弱，解决社会问题的能力就会不断降低，这就需要文化建设来作为支撑，推进经济、政治、文化、社会和生态文明建设"五位一体"的全面发展。中华人民共和国在20世纪50年代取得的社会主义建设成就，其动力来自广大人民群众倾尽全力自觉参与国家建设的责任和热情，这是信仰和价值理念发挥出的力量，是辩证唯物主义"精神变物质"的最好例证。进入新时代，开启全面建设社会主义现代化国家新征程，必须坚定自觉地以习近平新时代中国特色社会主义思想为指导。要把习近平新时代中国特色社会主义思想作为主心骨、定盘星、度量衡，贯彻到培育和践行社会主义核心价值观的全过程、各方面，切实增强干部群众的政治认同、思想认同、情感认同，不断巩固马克思主义在意识形态领域的指导地位、巩固全党全国人民团结奋斗的共同思想基础。要以培养担当民族复兴大任的时代新人为着眼点，强化教育引导、实践养成、制度保障，把社会主义核心价值观融入社会发展各方面，进而转化人们的情感认同和行为习惯。同时，要充分发挥好家庭在培育和践行社会主义核心价值观方面的作用。家庭和睦则社会安定，家庭幸福则社会祥和，家庭文明则社会文明。做好家庭教育，传承良好家风家训，可从根本上促进形成爱国爱家、相亲相爱、崇德向善、共建共享的社会主义家庭文明新风尚。

  培育和践行社会主义核心价值观，还必须主动应对对外开放日益扩大、各种思想文化交流交融交锋更加频繁的严峻形势，在稳步推进经济高质量发展的前提下，赋予民族的科学的大众的社会主义文化新内涵与多重功能，系统建构支撑"文明型国家"的现代文化价值体系，把中华传统美德、人文精神与开放互鉴、依法治国、信守契约、共建共享等现代国家治理精神有效结合起来，在参与全球治理和文明秩序重构的过程中展现文化自信和文明担当，在持续提升道路自信、理论自信、制度自信、文化自信的过程中，激发人们的创新激情和社会创造力，有效提升文化带来的创新激励对国家创新驱动的贡献，为中国的现代化发展注入强劲的动能，不断增强国家文化软实力和文化凝聚力，让全世界来共享中国的文化和国家治理经验，成功建立起被全球广泛接受的现代国家治理理念和文化价值体系。

  推进社会主义文化强国建设，要遵照我国建设现代化国家的新要求，提高人民的思想觉悟、道德水准、文明素养，提高全社会的文明程度，不断促进人的全面发展、社会的全面进步。按照"两个一百年"的奋斗目标，我国在全面建成小康社会之后，已开启现代化的新征程。中国的社会主义现代化之路，从基本现代化到建成现代化强国，要经历"两个十五年"，即长达30

年的周期。在这个长周期中，在保持稳定的高质量经济增长的同时，文化建设与国家治理体系和治理能力现代化水平的提高，将发挥关键性的引领作用。其中，全社会文明程度的提高，将集中体现为马克思强调的"人的全面发展"，即人的现代化。"人是能动的人、全面的人，每个人对幸福的追求、对美好生活的需要，特别是精神生活需要在全社会文明程度提高到一定水平后都应得到满足，但这种满足一定是向上向善的，促进公德提升的，而不是简单地满足私欲。"[①] 一个有十几亿人口的大国基本实现现代化在人类历史上从未有过，这必然带来巨大的文化建设挑战。如何应对人们在物质财富丰裕后对精神生活的更高追求，处理好人与人、人与环境的关系，促进个人价值与社会价值的融合，将是中国建设社会主义现代化强国的大课题。因此，我国在人均GDP（国内生产总值）跨入1万美元的中高收入国家的门槛之后，必须避免踏入一些国家在经济收入提高后面临的精神分散和消费崇拜陷阱。在这些方面，发达国家把加强国民道德教育的国家行动与经济发展水平提升的重要节点结合起来的做法，当有一定启示。1989年，当新加坡人均GDP达到1万美元后，政府为了防止因物质增长带来精神离散，于1991年制定发布了《共同价值观白皮书》；1993年又全力推广"家庭价值观"。当人均GDP达到2万～3万美元的新台阶后，政府又顺势推出了"心建设"行动，推动国民道德素质再提升，让公民富而有礼貌，富而更向善，行为更文雅，持续在全社会推行"新雅"（新加坡优雅）活动，以创造出"处处都优雅，人人有善行"的现代城市国家。按照我国经济发展趋势，从现在到2035年基本实现现代化的阶段，人均GDP将不断跨越2万、3万美元的关口，整个国家也将按照城市社会的机制运行，因此我国应进一步加强爱国主义、集体主义、社会主义教育，推进社会公德、职业道德、家庭美德、个人品德建设，激励人们向上向善，抵制腐朽落后的文化侵蚀，提高全社会的文明风尚，提高思想教育、道德教育、法治教育的实效，强化社会责任意识、规则意识、奉献意识，把每一个人都培养成时代精神与人文精神交融、现代素质与现代人格合一的文明之人。

推进社会主义文化强国建设，要着力发展文化事业与文化产业，提升全社会的文化创新创造活力，不断提供丰富的高质量的精神食粮。满足人民对美好生活的向往，关键是要在提升优质精神文化产品和服务供给上下功

---

① 李程骅.在推进文化强国建设中实现伟大梦想[N/OL].中国共产党新闻网，2018-02-14[2022-10-23].http://theory.people.com.cn/n1/2018/0214/c40531-29824262.html.

夫。要通过系统性、整体性和协同性的文化体制改革，构建将社会效益放在首位、经济效益和社会效益相统一的文化建设体制机制，让一切文化创造源泉充分涌流，以取得的实践成果为中国特色社会主义文化自信夯实基础。要根据现代化建设的要求，提升城市与农村公共文化服务的标准，在满足人民基本文化权益的同时，努力满足公众多样化、多层次、多方面的精神文化需求。要进一步健全现代文化产业体系和市场体系，大力培育新型文化业态，支持数字文化产业发展，通过创意产业体系的构建，促进文化与科技、信息、金融、旅游的融合。要超前把握互联网时代的文化生产与文化消费的新趋势、新模式和新动能，为中小文化企业的成长壮大提供创新的土壤，促进文化产业持续健康发展。要加大支持对外文化贸易的力度，让更多体现中华文化特色、具有较强竞争力的文化产品走向国际市场。要进一步加强文化文艺工作者队伍的建设，繁荣社会主义文艺创作，以思想精深、艺术精湛的优秀艺术作品来弘扬主旋律、传播正能量。进一步拓展文化交流与合作空间，加强与"一带一路"沿线国家的文化交流合作，不断增强国际话语权，在持续提升国家文化软实力和中华文化影响力的进程中维护国家文化安全，朝着社会主义文化强国的建设目标迈进。

　　进入新时代，中国特色社会主义文化迎来了前所未有的大繁荣大发展的新阶段。习近平新时代中国特色社会主义思想开辟了传承与弘扬中华优秀传统文化、革命文化、社会主义先进文化的新局面，极大地提升了中华民族的向心力和凝聚力，为推动社会主义现代化建设提供了道路指引和精神旗帜。中国特色社会主义的道路自信、理论自信、制度自信、文化自信，为建设社会主义文化强国、建设现代化中国，提供了系统保障和价值引领，是实现中华民族伟大复兴的中国梦的坚强保证。在实现中华民族伟大复兴的中国梦的进程中，高质量的文化建设不仅起到重要的支撑作用，还将大大提升国家的文化软实力。文化大繁荣大发展，需要改革不停步，创新求质量。应当坚信，在习近平新时代中国特色社会主义思想的指引下，当代中国共产党人和中国人民一定能够担负起文化创新、文化创造的使命，在实践创造中进行文化创造，在历史进步中实现文化进步，在建设社会主义文化强国中实现中华民族伟大复兴的中国梦。

第三章　中国特色社会主义文化自信的能力提升

　　中国特色社会主义文化具备满足主体自信的需要的能力，这既是中国特色社会主义文化自信的客体条件，也是中国特色社会主义文化自信的重要基础。要不断提升中国特色社会主义文化的生产力、发展力、包容力、防御力和影响力，为实现中国特色社会主义文化自信奠定能力基础。

　　一个民族的复兴既需要强大的物质力量，也需要强大的精神力量。如果没有先进文化的积极引领，没有民族精神力量的不断增强，那么一个国家、一个民族不可能屹立于世界民族之林。中国特色社会主义进入新时代，迎来了文化大繁荣大发展时期。中国特色社会主义的道路自信、理论自信、制度自信、文化自信一起构成了马克思主义中国化新飞跃的思想理论基础和前进方向，是文化大繁荣大发展的坚实基础与根本保障。党的十九大把中国特色社会主义文化同中国特色社会主义道路、中国特色社会主义理论体系、中国特色社会主义制度一同写入党章，这有利于全党深化对中国特色社会主义的认识、全面把握中国特色社会主义的内涵。建设社会主义文化强国，必须以习近平新时代中国特色社会主义思想为指引，牢牢坚定文化自信，大力推进文化创新与文化发展，在各种风浪和挑战中保持定力，按照我国现代化的进程开拓进取，砥砺前行，切实增强推动社会主义文化繁荣兴盛的责任感、使命感，大力培育和践行社会主义核心价值观，运用体制机制的系统化保障，建立全社会高度认同、影响未来的现代文化价值体系。始终坚持以人民为中心的文化建设的追求与导向，在不断满足人民对美好生活的需要中提高全社会的文明程度。不断深化文化体制改革，完善文化管理体制，促进文化事业与文化产业高质量发展，提升全社会的文化创新创造活力。在实践创造中进行文化创造，在历史进步中实现文化进步，加快建设社会主义文化强国，用文化的力量托举起中华民族伟大复兴的中国梦。

第一节　深化文化改革，提高中国特色社会主义文化生产力

面对文化生产力发展方面存在的问题，我国应着眼于解决制约文化生产力发展的深层次矛盾，构建科学合理的文化生产关系，因此要深化文化体制改革，调动文化生产力相关各组成要素的活力，大力发展文化产业，建立健全法律法规，从而进一步解放和发展文化生产力。

一、不断推进体制机制改革

推进体制改革是提高文化生产力的根本途径。文化生产力的发展，要求文化生产关系与之相适应。文化生产关系，是指文化发展的管理模式和运行机制。文化体制机制改革，主要包括管理体制改革和运行机制改革两个方面。

首先，推进管理体制改革。推进管理体制改革，就是要科学合理地处理好企业、政府和市场的关系，搞好文化的生产、管理和繁荣。要改变传统的计划经济的管理体制，加快转变政府职能，强化政府的宏观调控、政策调节、市场监管、社会管理、公共服务职能，防止发生政府职能越位、错位和缺位的现象；要理顺党和政府、文化企事业单位、市场及其组织等各方的关系，按照政企分开、政事分开原则，推动政府部门由"办文化"向"管文化"、由管微观向管宏观转变；要特别注重做好对转制文化企业的引导工作，通过制定扶持政策、提供委托项目、定向资金投入等措施，推动原国有经营性文化单位建立现代企业制度，成为真正的市场主体。

其次，推进运行机制改革。推进运行机制改革，就是要对文化事业和文化产业进行科学定位和细化分类，健全文化公共服务体系和市场体系，确保文化生产经营灵活高效运转。文化事业与文化产业是文化生产力运行的主要载体和基本形式。文化事业是我国特有的一个集合名词，是文化事业单位的总称，包括图书馆、博物馆、文化馆、展览馆等。文化产业不仅包括图书出版、新闻传媒、广播影视等传统产业，还包括动漫影视、信息网络、旅游休闲等新兴创意产业。

一方面，要发展文化事业，构建现代公共文化服务体系。发展文化事业，能够为文化产业的创新发展提供原创成果和知识产权，能够提高群众文化水平。这里，要把握一些主要原则：一是覆盖的全面性。要覆盖全社会，缩小城乡、区域文化发展的差距，促进一体化发展。二是服务的公益

性。相对于文化产业的营利性，文化事业突出的特点是它的非营利性和公共服务性。要具备这一特点，离不开政府主导下的公共财政投入。2008年我国提出免费开放博物馆，2015年3月20日起施行的《博物馆条例》也鼓励博物馆免费开放。博物馆等场馆的免费开放，体现了文化事业的公益性。当然，在免费的基础上，还要办出质量，不断创新，提高水平。三是对象的大众性。公共文化服务要满足的对象是最广大的人民群众，因此广大文化工作者必须深入群众、深入基层、深入实际、深入生活、深入网络，进行文艺创作，推出文化精品。

另一方面，要发展文化产业，建立健全现代文化市场体系。文化产业是文化事业发展的动力，其为文化事业的发展提供资金和环境支持，为提高国家文化软实力和增强综合国力奠定产业基础。现代市场体系的基本原则是统一开放、竞争有序。遵循这一原则，就是要建立和发展产品市场、要素市场、中介市场、流通市场、农村市场等各种市场，打破各种行政分割，规范监管调控，建立统一的市场体系，确保文化市场主体充满活力，文化产品和服务能够健康有序地交换和流通，文化市场能够有效运行。

二、调动生产要素活力

调动生产要素活力是提高文化生产力的动力基础。文化生产力包括主体、客体和中介等要素。具体来说，主要包括文化人才、资金、科技、文化资源等。要优化整合各种要素，充分调动和发挥各要素活力，为文化生产力发展奠定动力基础。

一是培养大批优秀的文化人才。人才是"最强大的一种生产力"的代表，是"生产力中最具决定性的因素"，是第一资源。因此，围绕发展文化生产力，应培养和造就一大批从事文化生产工作的人才，包括文化领导人才、文化管理人才、文化创意人才、文化研究人才、文化营销人才、文化策划人才、文化网络人才等。在文化指导、监管、产品制造、发行和服务等领域，都要做好对这些文化人才的引进、选拔、培养、使用、激励等工作，使他们熟悉政策制度，了解法律法规，瞄准发展前沿，掌握方式方法，具备工作能力。要达到这一目的，一方面要营造"拴心留人"的政策环境，另一方面要抓好教育培训。要通过构建和发展成熟完善的教育培训体系，培养高素质的文化人才。

二是加大经费投入。搞好教育、培养人才、更新设备、创新科技、开发资源等一系列生产要素的激活都离不开大量的资金投入。针对文化发展资金投入较少、融资渠道不畅、使用效率不高的情况，一方面要增加文化发展资金投入，保证公共财政对文化建设投入的增长幅度高于财政经常性增长幅度，提高文化支出占财政支出比例；另一方面，要制定优惠的财税政策，拓宽投资融资渠道，丰富并改良文化经费投入方式，提高使用效益。

三是融入高新科技。科技进步是文化生产力发展的重要条件。21世纪以来蓬勃发展的信息技术革命，有力地推动了文化生产力的发展。要"最大限度解放和激发科技作为第一生产力所蕴藏的巨大潜能"[①]，不断促进广播、电影等要素的数字化、一体化和网络化发展。

四是盘活文化资源。我国有着丰富的传统文化资源，如名胜古迹、神话传说、民族节庆等，但是对文化资源开发、利用、转化和保护的力度与统筹能力略有不足，并且文化资源的利用权、解释权和话语权面临一定程度的侵害。例如，美国动画片《花木兰》《功夫熊猫》等都是我国自有文化资源被国外开发的典型。因此，我国必须加强对本民族文化资源的开发、利用和保护，深入挖掘传统文化资源的思想价值和市场潜力，使其成为文化发展的不竭动力和源泉。近年来，《印象·刘三姐》《印象·丽江》《印象·西湖》等"印象"系列山水实景表演，以及舞蹈诗剧《只此青绿》，就是我国民族文化资源开发利用得比较好的代表。

三、大力发展文化产业

发展文化产业是提高文化生产力的现实路径。当前，我国文化产业占国内生产总值的份额与中国的文化资源水平和整体发展规模不相称，中国文化产业的竞争力也较弱。文化产业发展滞后的主要原因有两点：一方面，在全球化、市场化、网络化飞速发展的背景下，外国文化产业逐步占据我国文化市场，对我国造成了一定的冲击和挑战；另一方面，我国文化产业起步较晚，经验不足，发展较慢。大力发展文化产业势在必行，主要途径有以下几点。

一是调整优化产业结构。在区域结构上，要统筹协调各地区、各部门文化产业布局，突出特色和重点，避免重复建设，实现文化产业与资源的优势互补与协调发展；在行业结构上，要注重扶持发展潜力较大的新兴市场和新兴产业，发展文化产业集群，有针对性地组建创新优势明显、竞争力强的

---

① 习近平.论把握新发展阶段贯彻新发展理念构建新发展格局[M].2版.北京：中央文献出版社，2021：273.

大型文化产业集团；在进退机制上，要建立统一的信息平台和信用体系，把好关口，严格审查，加强监管，建立健全并完善文化企业的市场准入和退出机制。

二是加快转变发展方式。要从粗放式、数量型、外延式的产业发展模式转到集约式、质量型、内涵式发展轨道上来，注重发展科技含量高、产业规模大、循环利用多、环境污染少、生产效率高、资源集中、创新力强的现代文化产业。要改革、完善和创新投融资体制，采取多种形式广泛吸收民间和社会资本，充分激发资金、人才、设备、文化资源等多种要素的活力，实现文化产业资源的最佳配置和优化整合。

三是不断推出优秀产品。优秀的文化产品必然是社会效益和经济效益两者兼顾的产品，它不仅能够满足人们的消费需要，而且能丰富人们的知识，提高人们的智力和能力，陶冶人们的道德情操，提升人们的思想水平。纵观世界，美国的电影产业、法国的出版产业、韩国的电视产业、日本的动漫产业都形成了各自的标志性品牌。在日趋激烈的国际竞争背景下，文化产品有没有较强竞争力不仅要看其技术含量，还要考虑其文化价值。而文化价值主要体现在产品的品牌、设计、形象、销售和服务等方面。

四、建立健全法律法规

完善法律法规是提高文化生产力的重要保障。近年来，我国在文化发展与文化生产的立法方面进展较大，这奠定了文化治理的法律依据和法治基础。但是，必须看到，我国文化法治理论研究还比较薄弱，文化立法内容的现实适应性、体系化与协调性有待提高。

逐步建立健全法律法规，严格依法进行文化治理，为文化生产与文化发展提供良好的运行环境，是推进体制机制改革、提高中国特色社会主义文化生产力的保障。一方面，要紧跟文化发展的现实需要、时代潮流与未来趋势，加强文化立法工作。当前和今后一段时期内，要尤其注重文化产业发展、文化遗产保护、知识产权保护、信息技术产业等重点领域的立法工作。另一方面，要健全文化执法机构，加强教育和培训，提高执法人员素质，做到依法治理、依法行政。

第二节　注重整合创新，提高中国特色社会主义文化发展力

提高中国特色社会主义文化发展力，就是提高中国特色社会主义文化对广大人民群众的吸引力、感召力，进而增强人们的理想信念、维系主流价值、团结人民意志、规范人们的言行。因此，一方面，要推动中国特色社会主义文化自身的有机整合，提高其共识度、凝练度、聚焦度和影响力；另一方面，要加强对人的关注，始终坚持以人为本，发挥好中国特色社会主义文化对经济、社会发展的促进作用。

一、推动中国特色社会主义文化有机整合

全球化背景下，多元多样文化交融并存是绝大多数国家文化发展的现实状态；不同种类文化的交流交融，同一文化资源的开发、利用、争夺，日益明显和加剧。一个国家能否较好地整合自己的文化，直接关系到这一文化能否生存、发展。提高中国特色社会主义文化发展力，必须推动其有机整合。

中国特色社会主义文化来源多样，包括传统文化、传统模式的社会主义文化、改革开放以来的新文化、外来文化等。我国要坚持以中国特色社会主义文化为指导，对这些文化进行有机整合。整合过程中，要坚持马克思主义指导思想与继承和弘扬中华优秀传统文化的统一，坚持"取其精华、去其糟粕""古为今用、推陈出新""洋为中用、博采众长"的方针，坚持文艺为人民服务、为社会主义服务的"二为"方向和百花齐放、百家争鸣的"双百"方针，弘扬主旋律，提倡多样化。

推动文化整合，要特别强调坚持指导思想与弘扬本源的统一。

一是坚持马克思主义指导思想。马克思主义指导思想是中国特色社会主义文化之魂。面对纷繁复杂的形势，必须巩固马克思主义在意识形态领域的指导地位。这里要坚持的马克思主义，是真正的、原本的马克思主义。要坚持马克思主义在意识形态领域的指导地位，坚持马克思主义的立场、观点、方法，坚持中国共产党对文化发展的领导，牢牢把握党对文化工作的主导权和话语权。因此，首先要注重塑造马克思主义主流意识形态的知识形象、理论形象和创新形象，增强它的文化亲和力、创造力和竞争力。对待马克思主义，要做到不粉饰、不教条、不误读，真学、真信、真懂、真用。其次，对马克思主义理论的宣传教育在内容、形式、方法等方面要不断创新和完善。

"最高限度的马克思主义等于最高限度的通俗化。"[①] 要注重做好马克思主义的中国化、时代化、大众化工作,注重培养中国人民对马克思主义的情感认同。最后,要充分利用好各种载体,特别是新兴媒体。充分发动群众参与,增强载体的群众性;要多开展一些"走出去、请进来"的参观学习和社会实践活动,增强载体的实践性;要注重利用好手机、网络、微博、微信等新兴载体,增强载体的时代性。

二是坚持继承和弘扬中华优秀传统文化。中华优秀传统文化是中国特色社会主义文化之根。2014 年,习近平总书记在中共中央政治局第十三次集体学习时强调:"中华文化源远流长,积淀着中华民族最深层的精神追求,代表着中华民族独特的精神标识,为中华民族生生不息、发展壮大提供了丰厚滋养。""要加强对中华优秀传统文化的挖掘和阐发,努力实现中华传统美德的创造性转化、创新性发展,把跨越时空、超越国度、富有永恒魅力、具有当代价值的文化精神弘扬起来。"以儒家文化为代表的中华优秀传统文化有着五千多年的历史积淀和文明基础,是中国特色社会主义文化建设、发展的基础和根源,只有坚持对其的继承和发扬,才能保持自身特色,坚守主体地位,凝聚民族共识,共享情感归属。

整合就是批判继承、推陈出新、创造转型、创新发展。马克思主义文化理论与中华优秀传统文化在诸多方面有相通之处,如以人为本的思想、公平公正的思想、集体主义的思想、尊重自然的思想等。毛泽东思想,特别是文化自信思想,是把马列主义文化理论与中华优秀传统文化有机结合并进行独特创造的典范。

在此基础之上,还要注重学习借鉴外来文化。整合的过程,就是创新的过程。中国文化的发展大致有三条道路:第一,故步自封、因循守旧,以大国自居,自以为高明,这是没有前途的;第二,全盘接受外国文化,完全抛弃民族传统,这是不应该的,也是没有前途的;第三,主动吸收世界的先进文化成就,同时保持民族文化的独立性,发扬固有的优秀传统,创造自己的新文化,这样才能自立于世界文化之林。这里指出的第三条道路,就是一条整合与创新的道路。这一整合与创新,绝不是简单的"物理嫁接",而是有机的"化学反应"。通过有机整合,增强吸引力、感召力和主导力,增强稳定性、凝练度和聚焦度,强化其对全体社会成员的主导和引领作用。党的

---

① 吴东华. 传承与创新:马克思主义中国化新进展研究[M]. 北京:人民出版社,2012:82.

十八大报告明确提出了"三个倡导",中共中央办公厅印发的《关于培育和践行社会主义核心价值观的意见》,把"三个倡导"中的"富强、民主、文明、和谐,自由、平等、公正、法治,爱国、敬业、诚信、友善"24个字明确为社会主义核心价值观的基本内容。作为全体人民能够接受的"最大公约数",社会主义核心价值观的提出就是这一整合的生动体现。习近平总书记在中共中央政治局第十三次集体学习时指出:"一个国家的文化软实力,从根本上说,取决于其核心价值观的生命力、凝聚力、感召力。"由此可以看出,核心价值观的整合对文化软实力的提高具有重大意义。

二、始终坚持以人民为中心

建设和发展中国特色社会主义文化,人是主体与客体的统一。一方面,人是主体,是文化的建设者和发展者;另一方面,人是客体,是中国特色社会主义文化的受教育者和接受者。人的发展与文化发展是一个统一的过程,文化发展影响着人的发展,人的发展制约着文化发展。因此,中国特色社会主义文化的建设和发展必须围绕人,即最广大的人民群众展开。

始终坚持以人民为中心是提高中国特色社会主义文化发展力的关键。只有始终以最广大人民群众的利益为根本,才能增强中国特色社会主义文化对广大群众的统摄、凝聚和感召。因此,要做到围绕群众、深入群众、服务群众、提升群众。围绕群众,不管是改革文化管理体制,还是优化文化运行机制;不管是发展文化产业,还是繁荣文化事业,都要紧密关注、始终围绕广大人民群众的文化状态和文化需求,全面体现人文关怀、思想关心和价值关切。深入群众,就是要贴近群众、贴近基层、贴近农村、贴近社区、贴近实际,了解和掌握广大人民群众真实的生活状态、思想动态和精神风貌,真正创造出老百姓自己的文化。特别是在当前中国网民总数已超过10亿、互联网普及率超过75%的情况下,更要注重深入网络、贴近网民。服务群众,就是要在内容和形式上不断创新,注重文化教化熏陶和娱乐休闲功能的结合,突出人的地位,尊重人的个性,解放对人的约束,建设和发展既"有人消费"又让人"消费得起"的文化,造福广大人民群众。提升群众,就是要在了解和掌握群众思想文化状态的基础上,加强引导,注重熏陶,激发群众的进取精神和创造活力,不断促进其综合素质的提升,致力于使其实现人的全面发展。

三、发挥好对经济社会发展的促进作用

提高中国特色社会主义文化发展力,加强对人的关注,始终坚持以人民为中心,与发挥好中国特色社会主义文化对经济社会发展的促进作用,两者是有机统一的。只有真正坚持以人民为中心,才能凝聚人心,激发人的创造活力,促进经济社会又好又快发展;同时,围绕实现人的全面发展,发挥好中国特色社会主义文化对经济社会发展的促进作用,才能增强其发展力。这里从文化事业和文化产业两个方面来讲。

一是在文化事业发展上,要致力于引导和服务于经济与社会发展。面对全球化、市场化和网络化的影响,以及外来文化、多元文化的挑战与考验,中国特色社会主义文化事业的建设和发展,要抓住有利条件和难得机遇,有效应对诸多困难和挑战,充分发挥凝聚意志、锻造精神、提高素质、鼓舞斗志的功能,为健全和完善中国特色社会主义市场经济,为构建社会主义和谐社会,提供思想指导、智力支持和价值支撑。要在社会、国家、单位、家庭等各方面、各支点大力倡导社会主义道德,确保经济社会沿着正确的方向科学发展。要抓住重点,解决好人民群众反映强烈的当前经济社会发展中存在的假冒伪劣、缺乏诚信、环境污染等问题。特别是在当前贫富差距比较明显的背景下要引导教育各级领导干部践行群众路线、履行岗位责任、廉洁奉公务实;要引导教育广大人民群众增强民主意识与法治意识,理性表达各项诉求,从而共同促进经济社会发展与社会和谐稳定。

二是在文化产业发展上,要发挥好中国特色社会主义文化对经济社会发展的推动作用。要抓住机遇,迎难而上,充分展现我国文化产业的创造能力,深入挖掘消费潜力,实现我国文化产业的跨越式发展,使文化产业发展成为我国国民经济的支柱性产业;要通过提供信心勇气、精神风貌、知识智力、科技创新、管理经验等直接参与促进经济发展和社会生产力提高;要多生产富含"正能量"、受大众欢迎的文化产品,发挥其教育引导和评价激励功能,在全社会营造以爱国爱家、团结友爱、和谐合作、见利思义、诚实守信等为代表的道德风尚、人文环境和社会氛围。

四、在应对新挑战的过程中坚定自信的文化心态

在发达国家崛起的进程中,其文化特别是先进文化已成为推动社会发展的重要的力量。当前的世界正在进入新全球化时代,处在大发展大调整时期。世界多极化、经济全球化、社会信息化、文化多样化深入发展,全球

治理体系和国际秩序变革加速推进,尽管和平与发展仍然是时代主题,和平发展大势不可逆转,但是世界面临的不稳定性和不确定性仍较为突出。一方面,中国成为世界第二大经济体之后,对世界经济的贡献越来越大,中国的目标是建成社会主义现代化强国,但历史上的"修昔底德陷阱"①所引发的大国之间的博弈历历在目,这意味着中国的崛起必将带来过去从未出现过的新的挑战,中国的发展面临的外部形势不容乐观。另一方面,由于美国曾出现金融危机、欧洲曾出现债务危机,"二战"之后的以"华盛顿共识"为核心的西方新自由主义文化霸权遇到了危机,过去由西方话语霸权统治着的全球文化秩序发生变动,伴随着全球经济秩序的重构,全球文明对话秩序也在发生转变。中国积极参与新的全球治理体系,中国力量、中国话语和中国价值的权重提升,多数发展中国家期待中国发挥更大的作用,希望中国不仅能为世界供给中国制造的物品,还能为人类未来指明一个替代西方模式、具有优秀文化价值和值得称道的中国方案。在全球文明对话秩序的重建进程中,文化软实力的比拼非常重要,中国有能力针对人类困境提供有效应对的文化,从而影响、引领全球走向充满希望的未来。不过,在当下,全球舆论都在以显微镜的方式来观察中国,对中国发展中的一些问题产生放大效应,而中国在应对时应始终保持自身的定力,坚定自身的发展道路,坚守自身的文化自信,持续发展好面向现代化、面向世界、面向未来的,民族的科学的大众的社会主义文化。

新全球化时代的到来,意味着全球文明秩序的重建,中国的文化担当作用更大。中国有着悠久的五千年文明史,本来在历史上就是文明古国、文化大国和文化强国。习近平总书记在纪念孔子诞辰2565周年国际学术研讨会上指出:"文明特别是思想文化是一个国家、一个民族的灵魂。无论哪一个国家、哪一个民族,如果不珍惜自己的思想文化,丢掉了思想文化这个灵魂,这个国家、这个民族是立不起来的。"只是到了鸦片战争之后,整个民族进入空前危局,中国文化陷入千年未有之大变局,不仅要向"西洋"学,还要向"东洋"学,过去自傲的先生成了卑微的学生,自然就难再谈文化自

---

① "修昔底德陷阱"指的是一个崛起大国必然挑战守成大国,守成大国也会主动应对崛起大国的挑战,从而导致崛起大国和守成大国必有一战的一种历史性学说。在国际政治中,新崛起大国实力的增长,必然会冲击守成大国的主导地位,引起守成大国的恐惧和战略回应,最终催生崛起大国和守成大国之间的战争不可避免。世界上本无修昔底德陷阱,并不存在崛起大国与守成大国必有一战的宿命,但大国间一旦发生战略误判,就可能自己给自己造成"修昔底德陷阱"。

信。但也正是在"五四运动"的精神洗礼之下,特别是在中国共产党人的马克思主义中国化伟大实践中,中国传统文化里的优秀传统得以弘扬传承,落伍的僵化的糟粕被剔除,"中国作风""中国气派"重新建立,并直接引领了中国革命的胜利和社会主义文化建设的方向。如今,中国特色社会主义取得了举世瞩目的成就,中国人民重新找回了文化自信,并在中国共产党的领导下,开启社会主义现代化建设的新征程,其理应在全球文明新秩序中,为人类社会作出更大的贡献。

中国人民现在坚持和强化的文化自信,不仅是中华优秀传统文化的自信,还是当代中国正在建设的中国特色社会主义文化的自信,这里面也包括勇于接受外来的先进文化、应对异文化冲击的自信的底气,特别是在中国奉行和平发展道路、推动构建人类命运共同体的大背景下,更要树立正确的文化心态,注重从文化理解、文化宽容、文化尊重等方面推进文化交流、文化融合、文明互鉴,超越"文化冲突论"和"文明优越论",形成多样化的互信的文化共同体,以共享人类命运共同体所带来的发展机会和安全安定的生活,促进世界文明发展水平的提升。只有树立地位平等、相互尊重的文化心态,才能在建设社会主义文化强国的过程中展现应有的担当与使命,扩大中国文化在全球的影响力,提升其对世界文明、现代文明发展的贡献度。未来的社会主义现代化强国,一定是在文化强国支撑下的,这个强国在世界上能处于主导地位,这就体现在文化力、影响力、领导力等方面。

中国人民必须清醒地认识到,世界正进入新全球化时代,整体格局正在发生深刻调整。中国在新全球化时代的崛起是一个较长的过程,要想在全球格局中让文化软实力与自身的经济实力相匹配、成为公认的文化强国并非易事,中国人民一定要拥有战略耐心。从世界文明的进程来看,大国崛起靠的不仅是经济实力、科技实力、军事实力等硬实力的提高,还需要价值观念、思想文化等软实力发挥作用,特别是在现代社会,谁拥有了强大的文化软实力,谁就可以在激烈的国际竞争中赢得主动。对此,有智库专家认为,当代中国的社会主义核心价值观,仍处于"三统"(即数千年以来的古代文化传统、西方优先数百年以来的近代全球化传统以及中国共产党执政数十年以来的中国现代传统)的理念互通与观念调整的整合进程中,要呈现并令世界接受一个明确、清晰且完整的"当代中国价值",并非容易的事。因此,建设社会主义文化强国,一定要拥有战略耐心,要树立长期学习竞争对手的谦虚心态。毕竟,只有在跨文化、跨文明的视野之中,才可以真正地看清自身发展的问题,才能够真正地创造引领中国特色社会主义事业前进的新知识和先进文化。

中国所强调的文化自信,主要体现为不忘初心、坚定信心、强化定力,而不是故步自封、孤芳自赏,需要以全球视野、开放的态度来对待外来文化以及承受外来政治、经济、社会的压力,外来压力越大,越要保持定力,审时度势,咬定目标不动摇。这种定力,来自执政党、政府和人民的内心的强大,即是对自身选择发展道路的自信,其终极归结则一定是对中国特色社会主义的文化自信。这种文化自信来自马克思主义中国化的新飞跃,来自对中华优秀传统文化进行创造性转化、创新性发展的能力;来自主动接受外来先进文化又能保持自身特色的能力;还来自继承革命文化、发展社会主义先进文化的制度化力量。坚定社会主义文化自信,是基本实现现代化及以实现现代化强国的建设目标与构建人类命运共同体的精神支撑和价值引领。

树立正确的文化心态,保持较充足的战略耐心,必须主动应对新的世界文化多元化格局,展示自己的主导权和话语权。在新全球化时代,尽管中国在全球治理体系中的话语权加重,但在涉及意识形态的文化领域,尚不可能从根本上改变"西方中心论"的固有认知,特别是在思想学术界的价值取向和评价体系的影响力方面。伴随着中国改革开放的深入,特别是成为世界第二大经济体之后,中国日益走近世界舞台的中央,也日益成为国际舆论的焦点,"没有中国无以成世界"已成为新"格局"。但是,必须承认,随着中国经济大踏步走向世界,中国的文化传播还未能与之形成有效呼应。应认识到,中国的事情,中国人最有发言权。中国发展进步的话语权、解释权要牢牢掌握在自己手中,通过话语创新和人文交流机制的完善,让世界认识发展变化中的真实的中国,了解中国道路、中国理论、中国制度、中国文化,认识和理解中国对世界的责任和担当。面向纷繁的国际社会,强化中国自身的话语权,关键是把握好讲述中国故事的要领。习近平总书记指出:"要讲好中国特色社会主义的故事,讲好中国梦的故事,讲好中国人的故事,讲好中华优秀文化的故事,讲好中国和平发展的故事。"[①]

加强人文交流,强化受众意识的话语体系建构,目的是更好地发展中国特色社会主义文化,而不是屈服于文化霸权、文化殖民主义。正因如此,自党的十八大以来,习近平总书记对社会主义文化建设的系列论述,为思想文化界、社会科学研究领域、对外文化传播领域、网络文化领域的意识形态建

[①] 《习近平新闻思想讲义》编写组.习近平新闻思想讲义:2018年版[M].北京:人民出版社,2018:103.

设指明了方向，在文化建设上进一步巩固了马克思主义的指导地位。2014年10月15日，习近平总书记在文艺工作座谈会上明确指出，"增强文化自觉和文化自信，是坚定道路自信、理论自信、制度自信的题中应有之义。"如果"以洋为尊""以洋为美""唯洋是从"，把作品在国外获奖作为最高追求，跟在别人后面亦步亦趋，东施效颦，热衷于"去思想化""去价值化""去历史化""去中国化""去主流化"那一套，绝对是没有前途的。在党的十九大报告中，习近平总书记进一步强调，在文化建设中，要坚持社会主义核心价值体系，增强意识形态领域的主导权和话语权，发展社会主义先进文化，不忘本来、吸收外来、面向未来，更好构筑中国精神、中国价值、中国力量。持续增强意识形态领域的主导权和话语权，不仅是对内坚持思想战线的"伟大斗争"，还要对外展现中国道路、中国方案对人类的贡献。中国有很多世界知名的文化符号，但还没有转化为世界熟知的文化产品和文化理念，这就要求中国人在新的形势下介绍中国，讲述中国故事，把特色的中国、全面的中国、古老的中国、当代的中国，尤其是中国文化的特质和贡献讲清楚、讲全面，进而改变一些人的偏见和误解。习近平总书记在中阿合作论坛第六届部长级会议开幕式上指出："五色交辉，相得益彰；八音合奏，终和且平。"中华民族之所以在世界上有地位、有影响，不是靠穷兵黩武，不是靠对外扩张，而是靠中华文化的强大感召力和吸引力。习近平总书记在文艺工作座谈会上指出："远人不服，则修文德以来之。"国之交在于民相亲，民相亲在于心相通，让文化在交流互鉴中实现良性互动，习近平总书记在中共中央政治局第十二次集体学习时强调，"把跨越时空、超越国度、富有永恒魅力、具有当代价值的文化精神弘扬起来，把继承传统优秀文化又弘扬时代精神、立足本国又面向世界的当代中国文化创新成果传播出去"。由此，才能让世界通过文化感知中国、读懂中国。

坚定中国特色社会主义的文化自信，提高国家文化软实力，不仅关系到中国在世界文化格局中的定位，而且关系到中国的国际地位和影响力。中国改革开放以来取得的成就之一，就是树立了当代中国的价值观念，其代表了中国先进文化的前进方向。如今，世界上越来越多的人开始对当代中国价值观念感兴趣，越来越多的人开始客观看待当代中国价值观念。在这种新格局下，基于和平、共享、互助，促进文明交流和经济社会共同进步的"人类命运共同体"的理念，无疑是新全球化时代中国对外话语体系构建与传播的新创造，对全球各国认知中国在全面崛起后坚持和平发展道路、积极促进"一带一路"国际合作，起到了促进文化理解与尊重的作用。

自 2013 年在莫斯科国际关系学院的演讲中明确提出"命运共同体"理念之后,习近平总书记不断丰富和发展了命运共同体思想,从国与国的命运共同体到区域命运共同体,再到人类命运共同体,直到在党的十九大报告中提出系统的行动方案,表明要在平等相待、价值中立、相互尊重的文化观念之下展开经济、政治、社会、文化的交流,最终避免文明的冲突,"要以文明交流超越文明隔阂、文明互鉴超越文明冲突、文明共存超越文明优越",共同创造人类美好的未来。自大航海时代的殖民主义扩张以来,世界上几乎所有民族的文化都被逐步拉入以西方文明为主导的全球化体系,无论是非洲部落,还是美洲的印第安部落,无论是南太平洋岛民还是草原上的游牧民族,无论是无文字的原始部落还是像中国这样有着数千年历史的文明古国,几乎都遭受了西方工业文明的侵略和欺凌。但是,"二战"后殖民体系的衰落以及冷战秩序的解体,都表明西方霸权主义的全球治理方式遭到失败。在新全球化时代,人类文明秩序的重建,决定了任何国家的文化霸权之梦都不可能重演,世界需要一种基于平等互利、合作共赢的新机制和文化价值理念重构全球治理新体系。"人类命运共同体"的价值理念和行动方案,无疑在全球范围内起到了价值引导作用,当每一个国家与民族都自觉地将自己的命运与全人类共同的命运整合起来之时,福山改写"历史终结论"当不足为奇,亨廷顿所担忧的"文明冲突"也可以避免或化解。

在全球文明秩序重建的过程中,中国作为一个崛起的大国,承担着经济发展和文化发展的责任,为所有国家所关注。推动构建人类命运共同体的理念和实施方案,实际上是展示了尊重文化多样和互鉴共存的价值理念,体现了中华文化的智慧禀赋、精神品格、价值观念、道德精髓、天下情怀,也是代表中国共产党人文化自信的时代强音。"人类命运共同体"的理念和实施方案,是以中华文明中的"和"文化为核心价值的,其改变了近代殖民主义的文化霸权,带来了全球治理的新理念、新方案,即各个国家和民族都要做到风雨同舟、荣辱与共,共商共建共享共发展,这样世界就能建成一个和睦的大家庭,各国人民对美好生活的向往就会变成现实。习近平总书记在纪念孔子诞辰 2565 周年国际学术研讨会上指出:"人类已经有了几千年的文明史,任何一个国家、一个民族都是在承先启后、继往开来中走到今天的,世界是在人类各种文明交流交融中成为今天这个样子的。推进人类各种文明交流交融、互学互鉴,是让世界变得更加美丽、各国人民生活得更加美好的必由之路。"推动构建"人类命运共同体",是为了实现"各美其美,美人之美,美美与共,天下大同"的美好愿景。在这个过程中,一定要尊重各国各民族文明。他还指出:"丰富多彩的人类文明都有自己存在的价值。要理性处理本国文明与其他文明的差异,认识到每一个国家和民族的文明都是独特的,坚持求同存异、取长补短,不攻击、不贬损其他文明。不要看到别人的文明与自己的文明有不同,就感到不顺眼,就要千方百计去改造、去同化,甚至企图以自己的文明取而代之。历史反复证明,任何想用强制手段来解决文明差异的做法都不会成功,反而会给世界文明带来灾难。"[1]

"人类命运共同体"的理念和构建方案,为国际社会的和平发展指出了新的方向,为人类文明秩序的重建提供了可行办法,并且日益为整个世界所响应和接受。2017年2月10日,联合国社会发展委员会第55届会议协商一致通过"非洲发展新伙伴关系的社会层面"决议,"构建人类命运共同体"理念首次被写入联合国决议中。2017年11月,"构建人类命运共同体"理念再次被写入两份联合国决议,这体现了国际社会对中国理念的广泛支持,也表明中国将为新时期的全球安全治理做出不懈努力的决心和信心。当然,中国人应清醒地认识到,中国毕竟是发展中国家,参与全球治理体系改革和建设的能力还是有限的,推动构建人类命运共同体,实施"一带一路"倡议,是一个长期的任务,在这个过程中重在宣示和平发展的理念,以及中华文化倡导的天下为公、和衷共济的准则,从价值理念层面来彰显文化自信。特别要注意的是,在全球对中国发展的赞美声中,行使大国责任的行动一定要警惕"金德尔伯格陷阱"[2],即在提供国际公共产品上要量力而行,警惕某些国家为了自身利益而对中国进行的有目的性的行为;既要积极作为,也要有所不为,保持定力,稳步前行。

五、在"两步走"战略中深化文化自信的新方略

文化自信,不是盲目的自傲自大,应是理性的自觉自强。加强文化建设,促进社会主义文化的繁荣兴盛,是现代化建设的战略要求。党的十八大以来,以习近平同志为核心的党中央提出一系列治国理政新理念、新思路、新战略,围绕加强思想文化建设、振奋起全民族的"精气神",提出了一系列新思想。这些新思想、新论断,丰富了思想文化建设的时代内涵。中国要

---

[1] 习近平. 在纪念孔子诞辰 2565 周年国际学术研讨会暨国际儒学联合会第五届会员大会开幕会上的讲话[EB/OL].(2014-09-24)[2024-05-23]. https://www.gov.cn/xinwen/2014-09/24/content_2755666.htm.

[2] "金德尔伯格陷阱"这一概念,主要是用来描述没有国家有能力或者有些国家虽然有能力但却无意愿和手段来领导世界,承担国际公共产品成本的状态。

想以文化自信托起民族复兴的大业，再造中华文化的新辉煌，必须让文化建设面向世界、面向现代化、面向未来，让物质文明和精神文明同步发展，让文化建设、文化创新在人的全面发展过程（即人的现代化进程）中发挥出重要的引导作用。

一个国家的国民素质和社会文明程度与文化建设是密不可分的。文化的繁荣兴盛，有助于促进人的现代化和社会的全面发展。从社会发展的进程来看，人与文化是相互创造和相互支撑的关系。一方面，人是文化的创造者和主体，文化的发展过程也是人的本质的发展过程；另一方面，文化本质上不过是人化，文化的目的是"化人"。人的现代化主要指与现代社会相联系的人的素质的普遍提高和全面发展，表现在人的思想观念、思维方式、行为方式、生活方式实现从传统向现代的转变，社会关系和谐发展，人的素质全面提高。只有上述四个方面的要素充分实现以后，人的全面素质的现代化（即人的现代化）才算真正达成。

党的十九大报告吹响了我国在实现全面建成小康社会之后开启现代化建设新征程的号角，明确了新时代文化建设的指导方针和发展路径，为我国实现"两个一百年"的奋斗目标作出了具体部署。特别是新"两步走"的战略设计，可被视为推进人的现代化进程的系统安排。在党的十九大报告中，习近平总书记对新时代中国特色社会主义发展作出战略部署，要求在实现第一个百年奋斗目标之际，乘势而上开启全面建设社会主义现代化国家新征程，向第二个百年奋斗目标进军。在综合分析国际国内形势和我国发展条件后，党中央提出分两个阶段在21世纪中叶建成富强民主文明和谐美丽的社会主义现代化强国：从2020年到2035年，奋斗15年，基本实现社会主义现代化。从2035年到21世纪中叶，再奋斗15年，把我国建成富强民主文明和谐美丽的社会主义现代化强国。这个"两步走"战略设计，完整提出了我国社会主义现代化建设的时间表、路线图，是对改革开放以来"三步走"战略的深化和拓展，是对中国特色社会主义现代化理论的丰富和发展，是实现中华民族伟大复兴的中国梦的实践路径，具有较强的前瞻性和发展引领作用。

我国现代化"两步走"第一个阶段，从2020年到2035年，在全面建成小康社会的基础上，再奋斗十五年，基本实现社会主义现代化。到2035年，我国经济实力、科技实力将大幅跃升，跻身创新型国家前列；人民平等参与、平等发展权利得到充分保障，法治国家、法治政府、法治社会基本建成，各方面制度更加完善，国家治理体系和治理能力现代化基本实现；社会文明程度达到新的高度，国家文化软实力显著增强，中华文化影响更加广泛深入；人民生活更为宽裕，中等收入群体比例明显提高，城乡区域发展差距和居民生活水平差距显著缩小，基本公共服务均等化基本实现；全体人民共同富裕迈出坚实步伐；现代社会治理格局基本形成，社会充满活力又和谐有序；生态环境根本好转，美丽中国目标基本实现。

我国现代化"两步走"第二个阶段，从2035年到21世纪中叶，在基本实现现代化的基础上，再奋斗15年，把我国建成富强民主文明和谐美丽的社会主义现代化强国。到21世纪中叶，我国物质文明、政治文明、精神文明、社会文明、生态文明将全面提升，实现国家治理体系和治理能力现代化，成为综合国力和国际影响力领先的国家，全体人民共同富裕基本实现，我国人民将享有更加幸福安康的生活，中华民族将以更加昂扬的姿态屹立于世界民族之林。

党的十九大作出的新"两步走"战略部署中基本实现现代化的时间，与党的十七大确定的"三步走"战略的第三步，即21世纪中叶基本实现现代化相比，整整提前了15年。之所以描绘出如此宏伟的蓝图，主要是基于改革开放以来，我国经济持续较快发展，工业化、城镇化快速推进，国家各项事业全面进步，特别是在全面建成小康社会之后，总体的基础已经比较厚实，发展势头保持较好，到2035年基本实现社会主义现代化是有把握的。第二个阶段的战略目标，则表明我们在中国特色社会主义道路上将创造出人类文明发展的新辉煌，特别是将在世界范围内为发展中国家探索出一条独特的现代化强国之路。通过坚持不懈地推进"五位一体"建设，到那时我国将拥有高度的物质文明，社会生产力水平大幅提高，核心竞争力居世界领先地位，经济总量和市场规模将超越世界上所有的国家。同时，还拥有高度的政治文明、精神文明、社会文明和生态文明。我国作为一个具有五千多年文明历史的东方大国，将焕发出前所未有的生机活力，综合国力和国际影响力领先世界。

在中国特色社会主义进入新时代的大背景下，这两个15年的战略安排，是推进我国社会主义现代化建设的新方略。现代化是全世界发展中国家在发展进程中的共同梦想，中国人民从"站起来"到"富起来"直至"强起来"所经历的百年长周期阶段，就是在中国共产党的领导下，立足社会主义初级阶段孜孜探索现代化的进程，即在解决了温饱问题和达到小康生活的水准之后，进而实现"基本实现社会主义现代化"的目标，最终建成社会主义现代化强国。中国作为一个有十几亿人口的发展中国家，要着力实现建成社会主义现代化强国的目标。这在人类历史上既没有先例，也没有标杆可以参照，中国未来的发展之路注定充满风险、危机和各种前所未有的挑战。在"历史的交汇期"开启现代化建设的新征程，绝不仅是全面建成小康社会的延续，而是更高阶段上的国家建设，因此我国必须以更宏大的战略、更宽广的视野、更科学的路径开辟发展新境界，实现预期的奋斗目标。"两步走"的战略设计，表明未来的现代化建设新征程会走稳走好，如期实现预期的追求目标，全面展现大国崛起的实力和风采，不断开拓持续发展的新境界，实现中华民族复兴的伟大中国梦。

如果把国家看作一个成长中的人，那么经济是心脏，政治是大脑，文化是灵魂，社会是体质，生态是血液，未来建成社会主义现代化强国的中国，理应是一个健康的、强壮的、美丽的、充满活力的巨人，是在"五位一体"总体布局下成长、强大起来的现代化国家。在整体推进现代化的进程中，文化的现代化不仅起到重要的支撑作用，还在精神价值层面发挥关键的引领作用；没有社会主义文化的繁荣兴盛，就不可能实现文化的现代化。文化的现代化是与经济的现代化密不可分的，但文化作为一种观念形态、民族血脉和公众的精神家园，在很多方面是没有办法用量化指标来考量的。在满足了基本的物质需求以及公共服务方面的保障之后，主要应着力提升人的精神面貌和社会的文明程度；无论对于个体还是群体来说，主观上的归属感和幸福感都非常重要。"两步走"确定的"第一步"，即2035年基本实现现代化目标，从文化建设的视角来看，主要体现为"社会文明程度达到新的高度，国家文化软实力显著增强，中华文化影响更加广泛深入"。围绕着这个总体要求，中国的文化建设、推进的文化现代化，对内主要是社会文明达到新高度下的现代化问题。从2020年全面建成小康社会后，开启基本实现现代化国家新征程，新发展理念更加深入人心，经济增长与文化建设形成良性互动，物质文明与精神文明相映生辉，全社会思想道德主流健康向上，全体人民进一步强化共同的理想信念，全社会形成良好的文明风尚，全体人民由内而外展现昂扬向上的精神面貌，行为举止文明自信。整个国家从城市到乡村，人文氛围浓郁，人民受教育水平普遍提高，富而有礼、富而向上。国家基本实现现代化视域下的"社会文明程度达到新的高度"，精神文明建设是重点，文明城市、文明乡村是直接的空间载体，到那时中国梦和社会主义核心价值观更加深入人心，向上向善、诚信互助的社会风尚更加浓厚，人民群众文明素质明显提高，全社会法治意识进一步增强，文化事业、文化产业繁荣发展，服务质量和产品的附加值更高，人民群众对精神文化需求得到充分满足，中国特色社会主义的文化自信已经系统地表现在人的思想、行为和生活方式上。

基本实现现代化的目标，中国的文化软实力和影响力必须和自身在世界上的经济地位相称，同时为世界的文化建设和文化创新作出重要的贡献，以体现大国的责任担当与使命。新"两步走"的目标是，到2035年，我国的国家文化软实力显著增强，中华文化影响更加广泛深入。尽管这一要求是总体性的，但真正实现还需要全体人民共同努力。必须承认，在社会发展进程中，文化是慢变量，文化建设不可能像经济建设那样大干快上，特别是在价值理念和行为方式的转变上，需要一个较长的时间周期。习近平总书记在中共中央政治局第十三次集体学习时指出："核心价值观是文化软实力的灵魂、文化软实力建设的重点。"这是决定文化性质和方向的最深层次的因素。虽然中国已经成为世界第二大经济体，在全球治理方面的话语权不断加强，但中国的国家形象、文化软实力与影响力，与现有的经济实力是不相称的。因此，我国必须在开启社会主义现代化建设的新征程中，系统地建构被国际社会广泛接受的话语传播体系，把中国的核心价值理念、国家责任和文化担当，更好地传播出去。总体来看，文化软实力是一个国家基于其价值理念、文化创造、精神风貌等显示出来的国际影响力，包括核心价值观的吸引力、外宣的感召力、媒体的国际传播力、文化贸易额、人文交流的国际亲和力等多个方面。面向未来，作为一个曾经对世界作出重大贡献的国家，中国要想向世界传播当代中华文化、讲好中国故事，就必须融合新的中国特色社会主义文化的内容，尤其是承载核心思想价值的理念。

在改革开放的伟大实践中，中国道路、中国方案、中国模式、中国梦等概念已经为世界所接受。"中国为什么能？""中国共产党为什么能？"成为国际社会和学界的热门话题。习近平总书记指出："中国共产党、中华人民共和国、中华民族是最有理由自信的。"[1]"我们有本事做好中国的事情，还没有本事讲好中国的故事？我们应该有这个信心！"[2]讲好中国故事，就要坚定"四个自信"，大力宣传我国的发展道路、社会制度、文化传统和价值观念；就要讲清楚中国道路根植于中国独特的文化传统、历史命运和基本国情，让世界了解今天的中国从哪里来、明天的中国向哪里去。如何提升对外传播的有效性、讲好中国故事，习近平总书记作为大国领袖，身体力行，做出了示范。他在出访中，主动介绍"一带一路"倡议，讲述丝绸之路的中西

---

[1] 习近平.习近平谈治国理政：第2卷[M].北京：外文出版社有限责任公司，2017：36.

[2] 中共中央宣传部.习近平总书记系列重要讲话读本：2016年版[M].北京：人民出版社，2016：209.

文化交流史，在国际上反响很好。对于中国融入全球化的快速发展，美国人说中国"搭美国便车"，他就提出，"欢迎大家搭乘中国发展的列车，搭快车也好，搭便车也好，我们都欢迎"①。对此，美国纽约大学教授帕斯奎诺指出，中国政治制度已经突破了西方政治学分类，关键是需要用西方学者和民众能够理解、乐于接受的话语体系，来解释中国道路。由此可见，在新全球化时代以及全球文明秩序重构的过程中，我国文化软实力的提升，核心价值理念的对外传播，应着重推进国际传播能力建设与对外话语体系建设，人文交流、文化对话一定要相互尊重、直抵人心，在心与心的交流中产生共鸣。应改变过去那种硬性安排的做法，不能总是把自己认为"最好吃的东西"硬塞给对方，不管人家"爱不爱吃"。只有人家乐意接受你讲故事的方式，才会有效果，否则将会适得其反。

　　进入新时代，中国应在全球范围内提升文化软实力和文化影响力，提高国际话语权；在注重话语对接的前提下，还要注重内容的深化，把握好创造性转化和创新性发展的精髓，精准提炼当代中国对外传播元素。要充分利用海外中国文化中心、孔子学院、文化节展、文物展览、博览会、书展、电影节、体育活动、旅游推介和各类品牌活动，助推中华优秀传统文化的国际传播。支持中华医药、中华烹饪、中华武术、中华典籍、中国园林、中国节日等中华传统文化代表性项目走出去。坚持解放和发展文化生产力，创新中国的文化价值链，不仅要提升文化产业附加值，还要提高产品、产业的文化附加值，推出一大批全球知名的文化产品与服务品牌。同时，要注重打造中华文化的新标识，如为万里长城、京杭大运河等古代文化地标赋予新的文化内涵，运用新技术手段向世界推介。进一步发挥好孔子学院的中华文化名片作用，突出其作为教育平台的功能。要超越产品性能和商业模式，把最新的科技创造与知名品牌的对外推介和中国文化的创新基因结合起来，突出当代中国的创意设计推动全球文明进步的影响力。要把提升网络文化国际传播力，作为增强文化软实力的重要手段。针对网络社会的新变化和新挑战，设计好新的内容传播议程和技术传播方案，促进文化与互联网技术深度融合，有效提高网络文化供给能力，推进中华优秀传统文化数字化，推进传统媒体与新型媒体融合发展。要注重把文化创新与科技创新、制度创新深度结合，让文化自信有效体现在创新自信上，为大众创业、万众创新营造良好的文化氛围，以创新的重大成果来展现中华文化的新辉煌。

---

① 习近平.论党的宣传思想工作[M].北京：中央文献出版社，2020：121.

从新时代中国特色社会主义文化价值体系的构建与推广来看，无论是从思想层面还是行为层面，都应树立更高的目标和追求，为人们提供高质量的精神文化产品与服务，以新的知识供给和文化创造能力，续写"文明型国家"的新篇章，切实担负起新的文化使命。"两步走"战略设计，是针对我国社会主要矛盾的变化，强调我国经济发展已转向高质量发展阶段。我国在现代化建设新征程中，必须把握社会主要矛盾的变化，着力解决发展不平衡、不充分的问题，突出追求高质量发展的理念和要求，这个高质量发展，从满足人民对美好生活的需要，特别是精神文化的需求来看，应着重体现在文化建设的高质量和文化创新的动能培育上。

因此，根据我国从全面建成小康社会向基本实现现代化过渡期以及"两步走"战略设计的安排，必须统筹设计好中国特色社会主义文化建设的阶段性任务，针对2035年、2050年的文化建设目标，在有了总体把握的前提下，对一些关键指标进行测算，参照发达国家的现代化进程，制定出具体的策略和措施。例如，体现"社会文明达到新的高度"的人的现代化的体系支撑、全体人民享受的公共文化服务水平等。对"国家文化软实力显著增强，中华文化影响更加广泛深入"的考量，应把推动中华文化"走出去"与促进政治互信、经贸往来统一起来，保障合作共赢。要在跨文化交流人才培养上下功夫，舍得大投入，特别是在"一带一路"建设上，必须有对应的国家人才战略。应充分把握互联网社会的新变革，展现中国作为世界最大数字经济体在创新生态、创新文化引领上对全球文明秩序重构的新贡献。中国高附加值文化产品的输出、文化创意产业价值链的建构与品牌打造，应领先于经济增长的平均水平；在国际人文交流方面，中国应充分发挥大国教育实力不断增强的优势，大力增加来华留学人员的规模，让中国成为世界上重要的教育中心、世界上人们最向往的留学目的地。同时，中国应针对城市化进程与现代化的阶段性特点，全力提升中国城市的文化软实力，在国家层面制定提升中国城市竞争力的策略，对城市文化的多样性、包容性给予方向性的指导。要科学把握好中国的城市化节奏和城市群快速发展的新趋势，着力提升中国城市在全球城市治理中的话语权和参与能力，构建新时代的中国城市文化自信。世界大国崛起的规律和经验表明，一个国家的现代化必定是基于高度的城市化，城市是现代文化的载体，城市的文化竞争力也直接体现了国家的文化软实力。从2020年到2035年这一时期，中国的城市化进入质量提升的新阶段，这一时期对于以城市群、大城市为主体的城市新文明、城市新文化的构建来说，将是一个关键期。但总体来看，我国大城市在文化的多样性方面弱于知名的国际城市，这不利于提升文化软实力。在我国现代化"两步走"战略的新要求下，大力提升城市文化软实力，将是提高国家文化软实力的重要方面。要充分发挥好中国城市硬件建设一流、公共安全保障好以及创业就业机会多的综合优势，在全球范围内聚集创新资源要素，吸引各类高端人才，特别是通过创新环境的培育，促进文化创意群体的集聚和壮大，让城市充满创新的激情和恒久的文化动力，以文化创造体现文化担当和时代使命。

第三节 吸收有益成果，提高中国特色社会主义文化包容力

文化的生命离不开包容，优秀的文化应该是具有较强包容力的文化。全球化时代，中国特色社会主义文化要在绚丽多彩的世界文化园地中占有一席之地，就必须扩大交流、包容多样、创新发展。

一、不忘本来，批判继承中国传统文化

中华优秀传统文化是中国特色社会主义文化发展的基础和根源。建设中华民族共有的精神家园，必须继承和发扬中华优秀传统文化。中华优秀传统文化，根植于农耕文明的经济基础，发展于宗法制度的社会政治结构中，以道德为核心，是一种伦理类型的文化。传统文化中，既有优点，也有弊端。因此，必须致力于搞清楚传统文化中哪些是值得继承和弘扬的优秀部分，哪些是需要被批判的糟粕；哪些是正反两面、能够剥离或者是比较容易剥离的，哪些是矛盾一体或者是难以剥离的。总体来说，中国传统文化强调整体与安稳、等级与秩序、和合与持中、修身与养性；其也着缺陷，如较为忽视个人与个性，较为缺乏竞争与创新，较为缺少科学论证等。特别是中国传统文化中的不少积极成分被封建社会统治阶级所利用，变为压迫人、奴役人的工具。

中华优秀传统文化，不仅是指占主导地位的儒家文化，还包括道家、法家、墨家等多家文化的优秀部分，不仅是指整个中华民族公认的、带有普遍性的优秀文化，还包括各地区、各民族富有特色的优秀文化；不仅包括物质文化，而且包括非物质文化。要坚持保护发展与开发利用相结合，挖掘中华优秀传统文化的精髓要义和时代价值，深度融合先进的现代文化。在五千多年的文化发展历史进程中，中华民族孕育了天人合一、以人为本、贵和尚中、刚健有为的基本精神，形成了以修己养身、仁爱孝悌、谦和有礼、克己奉公、精忠爱国、尊重自然等为代表的传统美德。这些优秀精神和传统美

德，都值得被进一步继承和弘扬。

二、吸收外来，学习借鉴外国先进文化

纵观历史，一种文化之所以能够生生不息、延绵不断，主要原因之一就在于这一文化能够兼容并蓄、海纳百川，注重学习借鉴外国先进文化。在全球化背景下，这一特征尤为明显。美国的好莱坞电影流行于世界，韩国的电视剧流行于东亚，除了其文化产业的发达、高新科技的融入外，很重要的一点就是其注重吸收其他国家的文化元素。例如，美国动画片《功夫熊猫》就吸收了中国功夫、大熊猫、书法等元素；韩国电视剧《大长今》则将中国传统文化中的建筑、服饰、中医、餐饮等文化发挥得淋漓尽致。因此，中华文化必须始终关注、不断吸纳世界各国文化发展的最新成果。

文化的先进性和文化的开放性密不可分，中国文化要博采众长、兼容并蓄；中国要稳步提高文化开放水平，积极开展文化交流与合作，发展同世界各国的友好合作关系，增强与各国的了解与信任。随着世界新科技革命的蓬勃发展，文化理论和文化实践日新月异；要立足我国实际，大胆学习和借鉴外国的有益文化，特别是发达国家最新的文化思想和文化技术。

三、着眼将来，不断推动文化创新发展

习近平总书记在出席解放军代表团全体会议时强调，"创新是引领发展的第一动力，实施创新驱动发展战略是我国发展的迫切要求，必须摆在突出位置。"[①] 创新是文化的本质特征，文化是最需要创新也是最能够创新的领域。当今世界许多国家都把改革创新作为文化发展的制胜之道。古代中国一直走在世界思想和科技的前列，而近代以来我国的文化创新力却处于弱势。英国前首相撒切尔夫人在《治国方略——应对变化中的世界》一书中说："中国没有那种可用来推进自己权力，从而削弱其他国家的具有国际感染力的学说""中国出口的是电视机，而不是思想观念"。因此，必须实现文化的创新发展。

包容与创新密不可分，包容是创新的基础，创新是包容的目的，包容是为了更好地创新。包容就是要学习和吸收多元多样文化的优秀成分，不仅包括传统的，还包括当代的；不仅包括外来的，还包括自己的。这里的包容，

---

① 新华社. 习近平在出席解放军代表团全体会议时强调：全面实施创新驱动发展战略 推动国防和军队建设实现新跨越[N]. 人民日报，2016-03-14（1）.

包括了对多种文化、多种学者、多种学派和多种思想的包容。这一包容，体现在不忘本来、吸收外来、着眼将来的过程中。它具有很强的开放性，不仅对外来文化开放，而且对文化的未来发展开放。包容是有原则的包容，包容的是在法律允许的范围内的多元多样的文化。

文化具有包容力，才能学习先进，包容多样，求同存异，和平共处。要在包容的基础上进行选择和甄别，在争论中体现真知灼见，产生创新动力，从而推动中国特色社会主义文化不断创新；要立足我国国情和文化发展现实要求，瞄准世界文化发展趋势和发展前沿，进行文化要素创新和体系创新，并通过创新，科学梳理、深入挖掘、精心提炼、推陈出新，实现中国文化的创造性转化和创新性发展。

第四节 维护文化安全，提高中国特色社会主义文化防御力

冷战结束后，以美国为首的西方国家，凭借经济上的优势、科技上的先进、军事上的强大、信息上的霸权到处宣扬和推行西方文化优越观，极力推销自己的文化。对此，中国必须提高警惕，把好防御关。

一、坚决抵制和防范外来的消极错误与腐朽落后思想

全球化、市场化、网络化的快速发展，在给我国文化发展带来诸多机遇的同时，也带来了诸多挑战。西方文化中存在的不良思想，也乘机涌入我国，侵蚀着我国的民族文化和本土文化。因此，我国必须高度警惕，在学习和借鉴外来文化时坚决抵制和防范腐朽落后思想的入侵。毛泽东同志曾经打过一个十分生动的比方，他说："一切外国的东西，如同我们对于食物一样，必须经过自己的口腔咀嚼和胃肠运动，送进唾液胃液肠液，把它分解为精华和糟粕两部分，然后排泄其糟粕，吸收其精华，才能对我们的身体有益，决不能生吞活剥地毫无批判地吸收。"[1] 江泽民同志也曾强调："学习和借鉴，要采取分析的态度，区分先进和落后、科学和腐朽、有益和有害，积极吸收先进、科学、有益的东西，坚决抵制落后、腐朽、有害的东西。"[2] 对外来文化的学习和借鉴，要辩证分析、区分优劣利弊，对先进、科学、有益的成分，

---

[1] 毛泽东.毛泽东选集：第2卷[M].2版.北京：人民出版社，1991：706.
[2] 中共中央文献研究室.江泽民思想年编：1989～2008[M].北京：中央文献出版社，2010：267.

要注重加以吸收，对资本主义唯利是图、腐朽没落的东西，应坚决抵制和摒弃。

二、注重防止文化共识的异化

全球化促成文化共识的生成，秉持共识意义重大。通过文化共识，不同的国家和民族能够更便利地交流沟通，这有利于不同文化之间误解和偏见的减少与消除。但是，同样的词语、不同的使用主体，或者同样的词语被同一使用主体在不同的话语环境下使用，含义可能会差别很大，甚至完全相反。拿"尊重人权"来说，中国与以美国为首的西方国家都主张"尊重人权"，含义却差别很大。中国讲"尊重人权"，首先强调最基本的是人的生存权和发展权。中国主张，集体人权与个人人权，经济、社会、文化权利与公民政治权利不可分割，国家主权是个人人权的前提和保障，实现人权的根本途径是社会进步和经济发展。而以美国为首的西方国家主张"人权高于主权""人权高于国权"。邓小平同志指出："西方的一些国家拿什么人权、什么社会主义制度不合理不合法等做幌子，实际上是要损害我们的国权。"[①] 并且它们以此为武器，遏制、污蔑和妖魔化中国。一些带有"文化霸权"和"文化殖民"的行为更是有强烈的政治目的，那就是对以中国为代表的社会主义国家和发展中国家进行文化和意识形态渗透，企图侵蚀其他国家的文化，干涉别国内政，以达到其"和平演变"的目的。因此，我国在寻求和确认这些文化共识的同时，要注意厘清它的历史背景和精神实质，辨析它的使用语境和价值属性，不能随波逐流，更不能上当受骗。

三、加强对外来文化的筛选和监管

当前，以美国为首的西方国家的文化充斥我国社会的每一个角落，深刻影响着人们的思想观念和行为方式。这些大量涌入我国的外来文化，鱼龙混杂、良莠不齐，特别是有些腐朽的、消极的、落后的东西也被裹挟而入。如果放任自流、不管不问，危害较大。因此，要在国家文化战略、制度和政策等层面采取措施，健全和完善对外来文化的分级、分类准入机制，建立健全对外来文化的预警、评估、筛选、监控和防范系统，加强组织引导和管理协调。要从质和量两个方面加强对外来文化的管控和审查，努力使外来文化的消极影响降到最低。

---

① 邓小平.邓小平文选：第3卷[M].北京：人民出版社，1993：348.

四、保护和发展我国的民族语言和文字

语言文字既是文化的重要载体，也是文化民族性的一大象征。一方面要注意英语毕竟是发达国家文明的外在表现，尤其在科技文明领域，很多核心技术都是以英文的形式表现出来，所以应该慎重对待如何学习英语这个问题。另一方面，要着力增强汉语在我国教育和考评体系中的地位。这不仅是我国国力增强的必然要求，还是抵御外来不良文化渗透、提高国家文化软实力的根本关切，更是解决我国当前汉语言文字教育面临严峻形势这一问题的深切呼唤。2013年以来，部分省市相继推行考试改革，提出减少英语分值、增加语文分值，与此同时更注重英语的实用性；2013年以来，中央电视台相继推出《中国汉字听写大会》《中国谜语大会》《中国成语大会》等节目。这些都意味着国家更加重视本民族语言文字，更加自信地看待本国文化，更加注重文明的传承。

第五节 推动文化走出去，提高中国特色社会主义文化影响力

推动文化"走出去"，提升文化国际影响力，是提升中国文化能力的重要组成部分，是推动文化繁荣发展、建设文化强国的重要内容。当前，中华文化的国际影响力与中国所拥有的五千多年悠久的文明史不相称，与经济大国的地位不相称，与中华民族伟大复兴宏伟目标的要求不相称。因此，党的十七届六中全会通过的《中共中央关于深化文化体制改革 推动社会主义文化大发展大繁荣若干重大问题的决定》（以下简称《决定》）指出："文化在综合国力竞争中的地位和作用更加凸显，维护国家文化安全任务更加艰巨，增强国家文化软实力、中华文化国际影响力要求更加紧迫。""文化走出去较为薄弱，中华文化国际影响力需要进一步增强。"党的十八届三中全会通过的《中共中央关于全面深化改革若干重大问题的决定》指出，要"提高文化开放水平"，强调要"推动中华文化走向世界"。《中华人民共和国国民经济和社会发展第十三个五年规划纲要》强调："加大中外人文交流力度，创新对外传播、文化交流、文化贸易方式，在交流互鉴中展示中华文化独特魅力，推动中华文化走向世界。"

一、树立良好的国家文化形象

国家文化形象,是指国内外公众对一个国家价值观念、文化成果、文化传统、文化行为等方面的总体认知与评价。国家文化形象是国家文化影响力的一张名片。能否树立良好的国家文化形象,关系到国际社会对一个国家文化的认识和评判,关系到文化"走出去"的效果。为适应国力增强的现实诉求,应对文化形象方面受到的严峻挑战,我国必须着力构建和维护中华优秀传统文化的良好形象。党的十七届六中全会通过的《决定》强调,要"增进国际社会对我国基本国情、价值观念、发展道路、内外政策的了解和认识,展现我国文明、民主、开放、进步的形象"。习近平总书记在主持中共中央政治局第十二次集体学习时强调,要注重塑造我国作为文明大国、东方大国、负责任大国与社会主义大国的形象。这些都为中国塑造国家文化形象指明了方向。总体来说,塑造国家文化的良好形象,就是要塑造我国和谐、包容、文明、民主、开放、进步的形象。

和谐,就是要坚持和平发展、和睦相处。和谐理念是中华优秀传统文化的核心理念之一,是我国坚持对内建设和谐社会与对外建设和谐世界的基本原则。塑造和谐的形象,就是要向国际社会表明,中国的发展是和平发展,坚持以和平方式处理与其他不同文化间的矛盾和争端,而不是动辄使用武力或以武力相威胁。中国将与世界上一切可能的国家互惠共赢、和睦相处,致力于建立平等、互利、互信、合作的国家间关系。

包容,就是要坚持包容多样、求同存异。文化多样性,是人类社会的基本特征,是人类发展的基本动力。中国政府一直主张并尊重世界文化的多样性;西方有些学者,如吉尔平、亨廷顿等人也认为世界文化具有多样性。每一种文化都在与他文化的交流融通中生存和发展,"非此即彼""势不两立"的狭隘心态有悖于时代发展的潮流。要不忘本来、吸收外来、着眼将来,学习和吸收多元多样文化的优秀成分,在包容中交流,在包容中创新,在包容中提升影响力。

文明,就是要坚持以礼相待、诚信友善。中国是有五千多年悠久历史的文明古国,素有"礼仪之邦"之称,在对外关系中一直秉持诚实守信、亲仁友邦的原则。要克服我国在对外交往中可能存在的一些不文明现象,遵守国际关系基本准则,争取国际社会对我国在政治上、道义上的更多的支持,展现我国历史文化博大精深、对外交往尊礼重义的文明形象。

民主,就是要坚持大小国家互相平等。哈贝马斯在《从感性印象到象征表现》一书中指出:"不同文化类型应当超越各自传统和生活形式的基本价值的局限,作为平等的对话伙伴相互尊重,并在一种和谐友好的气氛中消除误解,摒弃成见,以便共同探讨对于人类和世纪的未来有关的重大问题,寻找解决问题的途径。"① 这里,他强调了不同文化的国家平等对话的重要性。中国作为当今世界上最大的发展中国家和最大的社会主义国家,要坚决反对以强凌弱、以大欺小的文化霸权主义和文化殖民主义,鼓励与支持广大发展中国家发展自己的文化,主张多元文化主体间的平等交流,致力于实现国际文化交流的民主化。近年来中国先后和世界上大多数国家建立了各种形式的伙伴关系,基本形成覆盖全球的伙伴关系网络,如 2011 年《中华人民共和国与美利坚合众国联合声明》中确认的"中美致力于共同建设相互尊重、互利互赢的合作伙伴关系",2019 年《中华人民共和国和俄罗斯联邦关于发展新时代全面战略协作关系的联合声明》中宣布的"将致力于发展中俄新时代全面战略协作伙伴关系"等,这充分表明了中国为世界和平稳定与国际关系民主化作出的努力,有利于中国良好文化形象的塑造。

开放,就是要坚持对外开放、扩大交流。列宁曾精辟地指出:"只有确切地了解人类全部发展过程所创造的文化,只有对这种文化加以改造,才能建设无产阶级的文化。"② 文化的开放性与先进性密不可分。当今世界是开放的世界,各国的发展离不开世界,世界的发展离不开各国。一个民族要想保持自身文化的先进性,必须坚持对外开放、扩大交流。通过面向全球、开放交流,了解当今世界文化发展的前沿问题,吸收借鉴人类社会(包括资本主义社会)创造的一切优秀文明成果;充分利用世界资源和世界市场,在更大范围内和更高程度上参与国际竞争与合作;增强与他文化的交流与融合,提升用自文化吸引他文化、改变他文化、影响他文化的能力;不断实现自身文化内容的转换、丰富与发展,巩固和发展中国特色社会主义文化。

进步,就是要坚持勇立潮头、与时俱进。改革开放 40 多年来,中国取得了举世瞩目的伟大成就,各项事业飞速发展,综合国力显著增强,人民生活明显改善,国际地位日益提升。随着中国的快速发展,中国也积极主动地承担起应有的国际责任,在减免债务、提供援助、参与维和等方面都作出了一定的贡献。要将中国政治清明、经济发展、文化繁荣、社会稳定、人民团结、山河秀美的进步形象传播出去;要将中国充满正气、充满希望、充满活

---

① 哈贝马斯.从感性印象到象征表现[M].北京:中国社会科学出版社,1999:57.
② 中共中央马克思恩格斯列宁斯大林著作编译局.列宁全集:第 39 卷[M].北京:人民出版社,1986:299.

力的进步形象传播出去；要注重通过官方、民间等多重途径和平台，增进世界各国对我国基本国情、内外政策、文化精神、奋斗目标等方面的了解和认识；要有效提出国际议题，谋求主导国际舆论，明白讲述中国故事，大胆传播中国精神，着力塑造中国形象。

二、精选优化传播内容

近年来，我国对外文化交流的内容主要集中在器物和行为文化方面，如戏曲、武术、书法等，基本属于平面维度的文化。孔子学院是中国文化"走出去"的代表。数据显示，截至2021年底，全球已有159个国家开办了1500多所孔子学院和孔子课堂。孔子学院在扩大文化交流、传播中华文化、提升中华文化国际影响力方面起到了重要作用。但同时要看到，孔子学院建设面临一些不容忽视的质疑。例如，国外有人提出，孔子学院受中国政府"操控"，是中国政府对外进行意识形态宣传的工具，并不是独立的学术和文化交流机构。国内有人认为，孔子学院主要在教汉语和书法，没有较好地发挥文化交流的功能，没能有效地传播中国核心价值观念。这需要中国人深入思考：如何才能真正传播当代中国价值观念，在信仰和道德高度上充分彰显当代中国核心价值观念和精神风貌？

要注重提升对外文化传播层次。有这样一种说法：三流国家出口产品；二流国家出口标准和准则；一流国家出口文化和价值观。要改变我国文化"走出去"层次不高、内容主要集中在器物和行为文化等平面维度的局面，使我国成为出口文化和价值观的一流国家，就要注重提升我国对外文化传播层次。要坚持马克思主义的指导地位，繁荣发展哲学社会科学，创作更多高质量的文艺作品；坚持推动中国文化的深度融合，弘扬具有当代价值的中华文化精神，提炼当代中国文化发展最新成果，传播当代中国价值观念；要改变我国文化发展处于弱势的局面，增加其在世界文化市场中所占份额，提高文化"走出去"的层次；要紧紧抓住目前世界"汉语热"这一千载难逢的历史机遇，着力推动汉语的传播。

要凝练当代中国核心价值观念。缺乏核心价值观念的文化交流与传播，传递的只能是一种碎片化的声音，难以获得真正的话语权。中国特色社会主义文化的核心是社会主义核心价值观，因此要充分彰显当代中国核心价值观念和精神风貌，就是要向世界传播社会主义核心价值观，即当代中国核心价值观念。党的十八大报告将社会主义核心价值观的基本内容提炼为24个字：富强、民主、文明、和谐、自由、平等、公正、法治、爱国、敬业、诚信、友善。这一表述涵盖了国家、社会和个人三个层面,是全体人民能够接受的,具有普遍的适用性,为凝聚全党全社会共识、培育和践行社会主义核心价值观提供了遵循的准则。要推动中国特色社会主义文化有机整合,进一步增强当代中国核心价值观念的稳定性、凝练度和聚焦度,强化其对全体社会成员的主导和引领作用。

总体来说,对于传播内容,要注意实现两个转换:一是由主要传播传统文化、儒家文化到主要传播现代文化、创新文化的转换;二是由主要传播语言文化到主要传播核心价值观念的转换。

三、提升国际交流水平

当前,我国对外文化交流日益频繁。党的十八届三中全会审议通过的《中共中央关于全面深化改革若干重大问题的决定》提出要"坚持政府主导、企业主体、市场运作、社会参与,扩大对外文化交流"。因此,要发挥好党和政府、企业、市场等多元主体的作用,开拓多样渠道,并促使它们各尽其责,分工协作,共同联动,形成合力,建立全方位的交流,提高交流水平。

在党和政府层面,要搞好顶层设计,加强统筹协调。要加强和改进党对文化"走出去"的领导。党的十七届六中全会通过的《决定》指出:"中国共产党从成立之日起,就既是中华优秀传统文化的忠实传承者和弘扬者,又是中国先进文化的积极倡导者和发展者。"作为一个具有高度文化自觉的马克思主义政党,中国共产党在革命、建设和改革的各个历史时期都非常重视文化建设。特别是党的十八大以来,习近平总书记对继承弘扬中华文化作出了一系列重要论述,并多次强调要推动中华文化创造性转化和创新性发展,不断提高对外文化交流水平。

加强和改进党对文化"走出去"的领导,一是要着眼于牢牢把握党对意识形态工作的领导权,加强文化领导班子和党组织建设,统筹好文化国内发展与国际发展的两个大局,推动文化"走出去"与"引进来"协调并进,牢牢掌控文化"走出去"的正确方向,切实发挥好文化"走出去"的重要作用。二是搞好战略规划与多元统筹,健全对外文化交流的体制、机制。要对主管部门、参与主体、人才建设、资源分配等进行总体规划设计,整合现有文化外交力量,明确各主管部门权责职能,加强统筹协调,优化资源配置;要搞好文化宏观管理体制和微观运行机制改革,完善文化对外交流体制,形成科学有效的引导、协调和运行机制。三是加强法规政策制定,提供切实有效保障。要适应扩大文化对外开放的要求,进一步加强文化外交立法,健全和完善对外文化交流的法律法规，将文化国际交流的地位作用、宗旨任务、规划程序、协调运转、监督管理等都纳入法治化；要建立健全包括文化产业制度、文化企事业制度、文化开放与调控制度、文化交流与传播制度、文化教育引导制度、文化监管奖惩制度在内的文化制度；要完善对外文化交流的配套政策，在金融、财税、法律、信息、人才、审批等方面提供政策支持，真正做到有法可依、有章可循。四是抓住关键着力点。要不断打造文化品牌，扩大文化产品出口；要进一步搞好孔子学院和海外文化交流中心建设，举办好"中国文化年"活动；要特别注重加强文化教育交流。加强文化教育交流，吸引其他国家的年轻精英到本国学习，促使他们对本国的思想文化、语言文字和发展模式产生共鸣和认同，这也是世界各主要国家提升文化国际影响力的通用做法。美国、欧盟、日本和韩国等都采取了这一政策。因此，要注重通过教育交流，吸引国外更多的年轻精英到中国学习；要进一步加大资助外国留学生的力度，采取向外国优秀人才发放绿卡、提供政府奖学金等各种优惠政策。

文化企业是进行文化贸易的主体。要发挥文化企业在推动文化"走出去"中主体性、经常性、持久性的优势和作用，培育一批具有较强实力和国际竞争力的外向型文化企业，支持和鼓励文化企业开拓境外市场，参与国际竞争，加强商业化运作能力，创造出国际竞争力强的文化产品。作为企业本身，要引领科技潮流，着眼市场需求，不断创新创造，根据国际市场和消费者的需求提供产品和服务；要注重通过多种国际合作方式，推动中国文化的对外交流与传播。

要顺应国际文化交流趋势，尤其应注重发挥民间层面的作用。在国外许多受众看来，相较于政府，专家、学者、媒体以及一些非政府组织的信息更为可靠。不少国家的民众认为，我国对外文化交往官方色彩浓厚、宣传味道较重，这就容易使其产生不信任感，甚至产生抵触情绪。因此，要发挥好非政府组织、外交智库、专家学者等在传播中华文化中的重要作用。要鼓励社会组织、中资机构等参与孔子学院和海外文化中心建设，承担人文交流项目；发挥非公有制文化企业、文化非营利机构在对外文化交流中的作用，鼓励高水平的各类学术团体、艺术机构在相应国际组织中发挥建设性作用。

在人员层面，要加大对文化交流人才、翻译人才的培养力度，培养出具有中华文化认知和传播能力、熟悉国际文化交流规则和技巧的各行各业人才。数据显示，2019年底我国在海外已有8000万左右的庞大华人网络，这个网络是华侨华人传播和学习中华文化的重要平台。要充分发挥海外侨胞在传播中华文化、增强中华文化国际影响力中的桥梁和生力军作用，发挥海外华人社团在推动中华文化走向世界中的重要渠道作用，发挥侨资、侨智在文化软实力提升中的助推器作用。

四、提高国际传播能力

当前，国际舆论格局"西强我弱"，我国的对外文化传播缺少具有国际竞争力的跨国媒体集团，新闻媒体的传播能力不强，这与我国的国际地位不相称。就传媒集团来说，时代华纳、迪士尼、维亚康姆、新闻集团、索尼、TCL、环球、日本广播公司等世界传媒集团，控制了全球50家传媒公司和95%的世界传媒市场。相比之下，我国对外传播能力总体较弱，亟待增强。党的十八届三中全会强调，要"加强国际传播能力和对外话语体系建设"。因此，必须不断创新对外文化交流的形式方法，提高国际传播能力。

一是要加快发展现代传播体系。着力培育信息量大、影响力强、全球覆盖面广的国际一流媒体或媒体集团，加强新闻传播的设施设备、技术建设，提高新闻报道的原创率、首发率、落地率和覆盖率，提升新闻信息的国际传播力和影响力。要加强互联网建设和管理，打造一批在国内外有重要影响的网站，推进"三网融合"，充分发挥网络媒体空间广阔、快捷高效、多元互动的优势，占领网络信息传播制高点。

二是要秉持国际化思维。在对外文化交流传播中，我国往往习惯性地沿用国内宣传教育模式，存在着说教色彩浓厚、内容宏大空泛、方法简单僵化的情况。面对这一不成熟、不完善的传播模式和叙事方式，必须开阔视野，秉持国际化思维，贴近国际表达，创新话语传播模式。当前，国际文化交流更加频繁，竞争日趋激烈。增强对外文化交流与传播，需要结合国际社会实际，寻求中外民众需求与利益的契合点，采用国际化、故事化、人情化的表达方式，提升对外传播与表达方式的亲和力和感染力，遵守国际规则，运用国际方式，阐释和讲述中国故事，从而增强被国际社会接纳的程度。

三是要坚持市场化运作。在当前全球化、市场化日益明显的趋势下，一种文化产品能否走出去、能否在世界文化市场占据一席之地，不仅要看这一文化产品能否满足国际文化市场的需要，还要看其能否满足其他国家消费者的文化需求。根据国际文化市场需求生产、创作和销售文化产品，是国际文化贸易通行的做法，也是提升文化贸易水平的有效方式。我国文化贸易要把展示和传播中华文化核心价值观念作为首要目标，在此前提下讲求经济效益，这是文化贸易与其他一般货物贸易的明显区别。因此，要将我国丰富的文化资源转化为可参与国际文化贸易的文化产品,并且这些文化产品不能只是"送出去",更要"卖出去";要促使国际市场和外国消费者由"被动接受"转化为"主动接受";要把展示和传播中华文化核心价值观念的要求与市场化运作的方式密切结合起来,生产出既能够展现中华文化核心价值观念,又能够满足国际文化市场需求的文化产品,打造出一批这样的精品。

四是要采取本土化策略。纵观近年来的世界文化市场,能够取得成功的文化产品都有一个共同的特点,那就是瞄准了不同国家和地区、不同文化背景消费者的需求。我国与其他国家和地区不可避免地在经济制度、思想文化、价值观念、风俗习惯、意识形态、语言文字等方面存在差异。推动文化"走出去",必须把握这一特点,针对不同的文化背景、不同的话语体系,采取更易被所在国接受的方法策略。要将"对方想知道的"与"我们想让对方知道的"有机结合起来,用对方听得懂的语言、能够接受的方式传播文化。

五是要贯彻科技化引领。达·芬奇说过:"艺术借助科技的翅膀才能高飞。"的确,科学和技术的日新月异给文化的创新发展带来了无限生机。在文化"走出去"的过程中,科技融入能够起到明显的加速效应,科技能力强、科技融合度高的文化及其传播能够在日趋激烈的国际竞争中迸发活力、取得成效。要大力推进科技与文化、科技与传播的融合,不断提高文化产品、文化交流、文化传播的科技含量和科技水平;要努力使互联网成为传播中国特色社会主义文化的新阵地、成为提供文化服务的新平台,鼓励网络文化产品的创作和研发,开发移动文化信息服务、数字远程教育、数字娱乐等增值业务,运用好互联网、微博、微信等新兴媒介,使中国文化、中国话语与年轻一代、新型受众无缝连接,全面贴近。

五、增强国际话语权

福柯在《话语的秩序》一书中提出了"话语即权力",认为谁掌握了话语,谁就拥有了对世界秩序的整理权。话语权,就是一种话语体系在国际上所拥有的感召力、阐释力、影响力。当前,西方发达国家控制着世界传媒市场,垄断着国际传媒领域,掌控着世界新闻舆论的主导权,操控着国际核心概念的解释权。西方的政治话语体系成为国际政策和行为的主要参考标准,中国在国际话语体系中总体上处于防御状态,国际话语体系总体处于不公平、不合理、不平衡的状态。西方国家企图凭借话语优势,按照它们的话语体系和价值标准衡量、压制、批判和改造中国。因此,它们通过一系列举措,包括培植话语代理人和意见领袖、主动设置诱导性议题、更加隐秘地包装并输送自身意识形态、注重利用新媒体渠道扩大覆盖面等,企图凭借强大的国际话语权优势压制中国,主导国际社会对中国的了解和评判。

习近平总书记在中共中央政治局第十二次集体学习时强调,"要努力提高国际话语权。要加强国际传播能力建设,精心构建对外话语体系,发挥好新兴媒体作用,增强对外话语的创造力、感召力、公信力,讲好中国故事,传播好中国声音,阐释好中国特色。"

一是讲好中国故事。中华人民共和国成立70多年来,特别是改革开放40多年来,中国共产党领导全国各族人民,创造了人类历史上罕见的发展奇迹,取得了举世瞩目的伟大成就。中国所取得的伟大成就,让在东欧剧变、苏联解体时提出"历史终结论"的福山,都逐步修正了自己的理论,转而称赞"中国模式""中国经验"。如何向世界讲述这一传奇的"中国故事"?削足适履、硬搬照抄、套用西方话语体系,是注定讲不好的。要研究对象、熟悉对象、贴近对象,充分掌握国外受众的思维方式、风俗习惯、语言特征,切实了解和熟悉国外受众的精神风貌和思想状况,用国际上能够接受的方式传播中国的价值观,做到"中国故事、国际表达"。要立足中国实际,深化规律认识,不断推出融通中外的新概念、新范畴、新表述,不断打造具有中国特色、中国风格、中国气派,符合中国核心利益的话语体系。

二是传播好中国声音。近年来,随着实力的增强,中国已能够在国际上发出自己的声音了,但是声音还不够响亮。这一方面是由于中国对外传播实力与西方国家存在一定差距,另一方面是由于国际主流媒体和舆论对我国进行故意遏制。针对上述挑战,中国必须采取有效措施,通过积极参与设置国际话语议题、制定国际话语规则来完善国际话语表达、加强国际话语传播、引导国际话语走向、占领国际话语高地,在与中国利益有关的国际事件上发出响亮的声音;进而,向世界阐明中国对世界作出的巨大贡献,中国发展带来的是难得的机遇,中国发展是和平的、负责任的发展,并阐明中华优秀传统文化的世界意义,从而扩大"中国梦""中国奇迹""中国震撼"的国际影响力。

三是阐释好中国特色。中国特色,传承于五千多年的悠久文明中,积淀在对近代以来180多年中华民族发展历程的深刻总结中,来源于中华人民共和国成立70多年的持续探索,经过改革开放40多年来伟大实践的检验,获得了广大人民群众的认同支持,获得了国际社会的高度关注、积极评价。坚持和发展中国特色社会主义,是改革开放40多年来取得的宝贵经验和伟大成就。中国特色社会主义道路、理论体系和制度"三位一体",是伟大成就的根本表现；坚持道路自信、理论自信、制度自信、文化自信，是实现伟大成就的根本要求。"中国特色社会主义"是马克思主义基本原理、科学社会主义基本原则与中国基本国情和当今时代特征相结合的产物，是普遍性与特殊性、主体性与多样性、稳定性与开放性的统一，集中表现在实践特色、理论特色、民族特色、时代特色等方面。阐释好中国特色，就要改变轻视人文社会科学的现实，高度重视和繁荣发展哲学社会科学，在经济学、政治学、社会学等主流学科推出自己的原创话语，为增强国际话语权奠定话语基础；就要通过古今中外的纵横比较，用鲜活的语言和形象的表达，揭示"中国道路"的内涵、本质与特色，剖析"中国理论"的主题、体系与意义，阐明中国制度的构成、机制与优势，彰显当代中国核心价值和精神风貌，进而得到国际社会的理解与认同。

第六节　倡导国际文化新秩序，提高中国特色社会主义文化引领力

在影响和决定国家文化软实力的诸多因素中，国际文化秩序是不可或缺的一个因素。过去，人们更多关注和考察的是国际经济、政治秩序，随着全球化的深入发展以其对各国文化安全的影响，倡导国际文化新秩序的问题日益凸显。中国作为最大的发展中国家和最大的社会主义国家，理应为倡导国际文化新秩序作出自己的贡献。

一、提出构建国际文化新秩序的基本原则

国际文化秩序，指的是国际社会主要文化行为体为了维护某些利益、达成一定目标，根据一定的原则规范和体制机制形成的相对稳定的国际文化关系。在影响和制约国际文化秩序的诸多因素中，国家利益、国际格局、国际道德是三个主要的方面。判断一种国际文化秩序的性质，要看制定规则的主体、制定规则的内容、规则服务的对象等。国际文化秩序的现状亟须改善。在当前国际文化秩序中，以美国为首的西方文化是强势文化，占据主导地位；其他多种文化，如中华文化、伊斯兰文化、印度文化、日本文化、拉美文化、非洲文化等，暂时属于弱势文化，处于非主导地位。一方面，中国应积极采取措施，应对外来不良文化的侵蚀和扩张；另一方面，中国应注重保护、振兴和发展本国文化。总体来说，资本主义的文化、发达国家的文化居

于强势地位，社会主义的文化、发展中国家的文化属于弱势文化，国际文化秩序处于一种不公平、不合理、不平衡的状态。

应在和平共处五项原则基础上提出倡导国际文化新秩序的基本原则。结合当前国际文化交流的实际状况，倡导国际文化新秩序的基本原则应该包括尊重各国自主选择文化发展道路的权利，反对文化霸权主义和文化殖民主义，平等交流、尊重多样、求同存异、共存共荣等。从主体来看，国际文化秩序的主体应该是多元的，具体表现为不同的地区、国家、民族等。人类文明数千年的历史，就是多元文化不断繁衍的历史。汤因比在《历史研究》中把人类文明分为26种，提出西方文明、东正教文明、伊斯兰文明、印度教文明、中国文明是历经发展演变后传承下来的较为重要的文明。亨廷顿则认为，目前世界上有7种或8种文明，即中华文明、日本文明、印度文明、伊斯兰文明、西方文明、东正教文明、拉丁美洲文明以及可能存在的非洲文明。随着经济全球化、政治多极化的深入发展，文化多元化趋势日益明显。在新的时代背景下，要强调每一种文化的积极意义和价值，坚持不同文化的平等地位，互相理解和尊重，开展对话和交流，以解决问题与分歧。平等交流是互学互补的前提。坚持平等交流有利于做到互学互补。整个人类发展的历史，展示了各种文化相互交流融合、相互学习促进、相互补充发展的过程。正如罗素在《中国问题》一书中所指出的那样："不同文化的接触曾是人类进步的路标。希腊学习埃及，罗马借鉴希腊，阿拉伯参照罗马帝国，中世纪的欧洲又模仿阿拉伯，而文艺复兴时期的欧洲则仿效拜占庭帝国。"[1] 共存共荣是平等交流与互学互补的目的。坚持平等交流、互学互补，而不是恃强凌弱、互相排斥，这样各种文化才能在多元文化的合作与竞争中实现共存共荣，不断发展进步。

二、主张各国走自己的文化发展道路

中国基于自身独特的历史背景、文化传统和现实需要，选择了适合自己国情的文化发展道路。这条道路，就是中国特色社会主义文化发展道路，就是当代中国文化发展道路。推动中国文化"走出去"，是当代中国文化发展道路中的重要组成部分。中国不仅自己走独具特色的文化发展道路，而且主张各国无论文化实力强弱、文化发展能力大小，都有自主选择文化发展道路的权利，这一选择文化发展方向的权利属于一国主权和内政，不容他国干

---

[1] 罗素.中国问题.[M].上海：学林出版社，1996：146.

涉。中国在文化"走出去"的过程中秉持这一原则，主张尊重多样，平等交往，求同存异。

文化霸权主义是建设国际文化新秩序的主要障碍。在文化"走出去"的过程中，要坚决反对文化霸权主义，这有利于破除旧秩序的主导力量，彰显国际正义，赢得大多数国家的认同与支持。这里，尤其要注重加强与广大发展中国家的联合。通过团结合作，共同抵制西方国家的文化霸权、文化殖民和文化渗透，共同维护发展中国家的文化权益，争取在国际社会上发出更多发展中国家的声音，争取制定更多代表广大发展中国家利益的"规则"。

三、致力于打造人类"文化"命运共同体

当今世界，各国相互联系、相互依存，关系日益密切，人类越来越成为"你中有我、我中有你"的命运共同体。党的十八大以来，习近平总书记多次阐述"人类命运共同体"理念。他在中共中央政治局第二十七次集体学习时强调："要推动全球治理理念创新发展，积极发掘中华文化中积极的处世之道和治理理念同当今时代的共鸣点，继续丰富打造人类命运共同体等主张，弘扬共商共建共享的全球治理理念。"① "人类命运共同体"理念，表达了中国和平发展的愿望，反映了人类共同发展的诉求。"人类命运共同体"离不开文化支撑。"文化"命运共同体是"人类命运共同体"建设的重要内容和根本支撑。打造人类"文化"命运共同体，尤其需要积极挖掘中华优秀传统文化的理念，构建国际文化新秩序。

人类当前面临诸多问题。近代以来，西方发达国家的现代化道路充斥着"文明与野蛮"的二元认识论和思维方式，它们把自己看作"上帝的选民"和文明的模板，把其他文明看作"旧世界"的"苦海"；其所建立的世界秩序奉行弱肉强食的丛林法则，其主导下的社会发展道路也不可能给整个人类社会带来福音。英国历史学家汤因比说过："世界统一是避免人类集体自杀之路。在这点上，现在各民族中具有最充分准备的，是两千年来培育了独特思维方法的中华民族。"②

对于攻克人类的共同难题，打造人类命运共同体，中华优秀传统文化

---

① 新华社.习近平在中共中央政治局第二十七次集体学习时强调 推动全球治理体制更加公正更加合理 为我国发展和世界和平创造有利条件[EB/OL].（2015-10-13）[2024-05-23].https://www.gov.cn/xinwen/2015-10/13/content_2946293.htm.

② 汤因比，池田大作.展望21世纪：汤因比与池田大作对话录[M].荀春生，朱继征，陈国梁，译.北京：国际文化出版公司，1985：295.

有着重要的参考价值。习近平总书记在纪念孔子诞辰2565周年国际学术研讨会上指出:"中国优秀传统文化中蕴藏着解决当代人类面临的难题的重要启示,比如,关于道法自然、天人合一的思想,关于天下为公、大同世界的思想,关于自强不息、厚德载物的思想,关于以民为本、安民富民乐民的思想……希望中国和各国学者相互交流、相互切磋,把这个课题研究好,让中国优秀传统文化同世界各国优秀文化一道造福人类。"他还指出,"中国人自古就推崇'协和万邦''亲仁善邻,国之宝也''四海之内皆兄弟也''远亲不如近邻''亲望亲好,邻望邻好''国虽大,好战必亡'等和平思想。爱好和平的思想深深嵌入了中华民族的精神世界,今天依然是中国处理国际关系的基本理念。"我国优秀传统文化中的一些核心理念,如和谐、友好等,对建立国际文化新秩序具有较大的参考价值,应建议并努力促成国际社会对其吸收和采纳,进而将其用于各类国际文化规则与标准的修改与制定。中国文化就是和平、和谐的代表,对促进世界文化发展有着独特的借鉴价值。"和谐"理念深深植根于中国传统文化中。早在三千多年前,中国的甲骨文和金文中就有了"和"字。西周时期,周太史伯阳父提出"和实生物,同则不继"的观点,主张在"不同"的多样化和谐中追求事物的生生不息、蓬勃发展。儒家创始人孔子把"和"视为为人处世的重要标准,并提出"和为贵"的思想,认为和睦是最重要的。在文化"走出去"的过程中,中国需要把"和平、合作、和谐"理念传播出去,坚持与各国文化共生、共处、共赢、共荣,为国际关系发展营造良好氛围,为构建国际文化新秩序奠定思想基础。

党的十八大以来,习近平总书记提出了一系列外交新理念、新倡议和新观点,如"亲、诚、惠、容"的周边外交理念,"互信、互利、平等、协商、尊重多样文明、谋求共同发展"的"上海精神","和平合作、开放包容、互学互鉴、互利共赢"的"丝路精神","共同、综合、合作、可持续"的安全观以及"以义为先、义利并举"的正确义利观等,这些新理念、新倡议、新观点都贯穿着"和平、合作、和谐"的价值观,贯穿着"和平发展、和谐相处、合作共赢"的理念,并贯穿到了中国外交关系发展的方方面面。这必将有利于构建国际文化新秩序,打造人类命运共同体。

每一种文化都有其产生的根据和存在的价值,文化多样性是世界文化发展的基本规律、现实状态,文化多样化发展是未来趋势。尤其是在当今全球化时代,每一种文化都不应该封闭保守,而应该以宽阔的视野开展对话,学习借鉴异文化的优点,从中汲取自我更新和发展的动力。世界各个国家和民族的文化之间,既有冲突和矛盾,也有交流和共识。各国应该搁置和避免矛盾与冲突，加强交流和对话，寻求和达成共识。中华人民共和国自成立以来，特别是改革开放以来，高举"和平、发展、合作、共赢、包容"的旗帜，坚持相互借鉴、求同存异，尊重世界文明多样性，主张共同促进人类文化繁荣进步，赢得了国际社会的广泛认可和尊重，为中国文化"走出去"奠定了良好的基础。新时期，在对外文化交往中，以及推动文化"走出去"的过程中，中国将继续坚持相互借鉴、求同存异，坚持人类文明的多样发展，促进人类文明的共同繁荣；将通过建立、利用双边和多边、区域性和全球性的相关合作组织，维护我国文化发展权益，宣扬、保护和倡导本国文化；将进一步支持联合国及相关所属组织、上海合作组织、金砖国家等发挥积极作用，推动国际文化秩序向公正合理的方向发展。

四、在文化建设上体现"以人民为中心"的价值导向

文化是一个国家、一个民族的灵魂。文化兴则国运兴，文化强则民族强。没有高度的文化自信，没有文化的繁荣兴盛，就没有中华民族伟大复兴。要坚持中国特色社会主义文化发展道路，激发全民族文化创新创造活力，建设社会主义文化强国，就要把"以人民为中心"的执政理念落实到文化建设上，推进人的现代化，更好地应对社会基本矛盾的转化，满足人民对美好生活的向往和追求，特别是要满足人民在精神文化生活方面的需求，不断推进社会主义文化的繁荣兴盛。对此，习近平总书记在文艺工作座谈会上指出："人民的需求是多方面的。满足人民日益增长的物质要求，必须抓好经济社会建设，增加社会的物质财富。满足人民日益增长的精神文化需求，必须抓好文化建设，增加社会的精神文化财富。物质需求是第一位的，吃上饭是最主要的，所以说'民以食为天'。但是，这并不是说人民对精神文化生活的需求就是可有可无的，人类社会与动物界的最大区别就是人是有精神需求的，人民对精神文化生活的需求时时刻刻都存在。"

党的十八大以来，我国思想文化建设取得重大进展：加强了党对意识形态工作的领导，党的理论创新全面推进，马克思主义在意识形态领域的指导地位更加鲜明，中国特色社会主义和中国梦深入人心，社会主义核心价值观和中华优秀传统文化广泛弘扬，群众性精神文明创建活动扎实开展；公共文化服务水平不断提高，文艺创作持续繁荣，文化事业和文化产业蓬勃发展，互联网建设管理运用不断完善，全民健身和竞技体育全面发展；主旋律更加响亮，正能量更加强劲，文化自信得到彰显，国家文化软实力和中华文化影响力大幅提升，全党全社会思想上的团结统一更加巩固。所有这一切，都为

开启新时代的文化发展新征程、全面建成社会主义现代化强国，提供了坚实保障。

在文化领域，"四梁八柱"改革主体框架基本形成，文化发展理念思路有重大创新。在文化体制改革方面，实现了重大突破。积极推动建立国有文化资产管理体制，建立起了有文化特色的现代企业制度，搭建了中国特色社会主义文化制度的"梁"和"柱"。文化事业文化产业发展有重大成就：2021年，全国文化及相关产业增加值达到5.23万亿元，占国内生产总值的比重提升至4.56%。我国已经成为世界图书出版第一、电视剧制播第一、电影银幕数第一的文化生产大国。文化政策法规建设有重大成果：出台了《中华人民共和国网络安全法》《中华人民共和国电影产业促进法》《中华人民共和国公共文化服务保障法》以及《全国人民代表大会常务委员会关于加强网络信息保护的决定》等法律法规。

近年来所取得的成就，是深入贯彻以人民为中心的发展思想的结果，让中国人民进一步认识到坚持中国特色社会主义道路的重要性，中国人民在充满道路自信、理论自信、制度自信的同时，坚定文化自信的底气更足，对中国特色社会主义文化的繁荣兴盛充满信心。党的十九大报告指出，我国发展不平衡不充分的一些突出问题尚未解决，发展质量和效益还不够高，我国社会主要矛盾已经转化为人民日益增长的美好生活需要和不平衡不充分的发展之间的矛盾。当前，人民美好生活需要日益增长，对物质文化生活提出了更高的要求。如何满足人民日益增长的美好生活的需要，特别是精神文化生活方面的需要，就成为应对社会主要矛盾转化、解决不平衡不充分的发展问题的关键，这也是坚持以人民为中心的文化建设的重要使命。

始终坚持以人民为中心、把人民对美好生活的向往作为奋斗的目标，是我们党的初心、执政理念和恒久的价值追求。作为马克思主义政党，中国共产党的根本宗旨就是全心全意为人民服务，始终坚持以人民为中心，把人民的利益放在第一位。全心全意为人民服务，是我们党一切行动的根本出发点和落脚点。牢牢把握人民至上的准则，是贯彻在社会主义革命和社会主义建设主脉的本质要求。毛泽东同志在《新民主主义论》中指出："一定的文化（当作观念形态的文化）是一定社会的政治和经济的反映，又给予伟大影响和作用于一定社会的政治和经济；而经济是基础，政治则是经济的集中的表现。这是我们对于文化和政治、经济的关系及政治和经济的关系的基本观点。"他提出了建设"民族的科学的大众的文化"这一具有中国特色的思想理论，并且强调文化发展应该"立足于人民群众，站在社会的整体视角上，来自人民，服务于人民"。邓小平同志作为党的第二代中央领导集体的核心，将文化发展的方向进一步完善为"为人民服务，为社会主义服务"。他创造性地提出"建设高度的社会主义精神文明"的命题，要求物质文明和精神文明"两手都要抓，两手都要硬"，"我们要建设的社会主义国家，不但要有高度的物质文明，而且要有高度的精神文明。所谓精神文明，不但是指教育、科学、文化（这是完全必要的），而且是指共产主义的思想、理想、信念、道德、纪律，革命的立场和原则，人与人的同志式关系，等等"。1982年召开的党的十二大，明确指出社会主义精神文明建设的重要战略地位——"是社会主义的重要特征，是社会主义制度优越性的重要表现""没有这种精神文明，就不可能建设社会主义"，把精神文明建设放到了与经济建设和政治建设同等重要的位置。这表明，我国建设的社会主义文化，是人民大众的文化，人民群众共建共享是其根本特征之一。人民需要文化，文化更需要人民。在文化建设上，要牢固树立群众观点，充分尊重人民群众的主体地位和首创精神，大力支持人民群众的文化创造。

党的十八大以来，习近平总书记提出以人民为中心的发展思想，带领人民创造幸福生活，让改革发展成果更多、更公平地惠及全体人民，不断增强着人民群众的获得感、幸福感。文化是凝聚人心的精神纽带，也是增进民生福祉的关键因素，没有充实的精神文化生活，就不可能有真正幸福的人生。因此，在对美好生活的衡量方面，文化是一个重要尺度，也是一个显著标志。进入新时代，只有大力发展社会主义文化，才能更好地满足人民日益增长的美好生活需要，使人民的基本文化权益得到更为充分的保障，使人民获得基于文化获得感的更充实的幸福感。

党的十九大报告明确提出，我国社会主要矛盾的转化，是在新的时代条件下的以人民为中心的发展思想的深化。中国特色社会主义进入新时代，我国社会主要矛盾已经转化为人民日益增长的美好生活需要和不平衡不充分的发展之间的矛盾。中国人民物质生活已处在一个较好的水平上，国家进入人均 GDP 8000—10000 美元的阶段之后，人民对美好生活的需要，本质上应该是对精神文化的需要。以当前文化消费领域为例，我国居民在教育文化娱乐方面的支出比重为 13%—14%，但是按照发达国家的标准，支出比重应达到 20% 以上，这显示出我国文化产能不足，缺少合适的产品供人消费，整个社会需要更多的新的符合人民需求的知识产品和文化产品的供应。满足这种需要的关键是提升文化发展的质量，提高优质文化产品的供给能力。

经过改革开放 40 多年的发展，我国社会生产力、综合国力、人民生活水平实现了历史性跨越，人民对美好生活的向往更加强烈，人民群众的需要呈现多样化、多层次、多方面的特点，期盼有更好的教育、更稳定的工作、更满意的收入、更可靠的社会保障、更高水平的医疗卫生服务、更舒适的居住条件、更优美的环境、更丰富的精神文化生活。因此，推动人的全面发展、社会的全面进步，就必须把中国特色社会主义推向更高的发展层次，让我党"以人民为中心"的初心和发展思想，开放出更加灿烂的人类文明之花。

按照党的十九大报告指出的坚定文化自信、推动社会主义文化繁荣兴盛的要求，中国要发展的是面向现代化、面向世界、面向未来的，民族的科学的大众的社会主义文化，就必须坚持为人民服务，为社会主义服务，增加新的知识供给，进一步发挥社会主义核心价值观的引领作用，推出更多无愧于时代的优秀作品，通过文化事业和文化产业的高质量发展，为人民提供更加优质的精神食粮。依照"两个一百年"的奋斗目标，把以人民为中心的执政理念落实到文化建设中，有效促进人的全面发展。

目前，我国已全面建成小康社会，其是经济、政治、文化、社会和生态文明的"五位一体"总体布局的全面协调发展，其对文化建设的总体要求如下：文化软实力显著增强，社会主义核心价值观体系深入人心，公民文明素质和社会文明程度明显提高。文化产品更加丰富，公共文化服务体系基本建成，文化产业成为国民经济支柱性产业，中华文化"走出去"迈出更大步伐，社会主义文化强国建设基础更加坚实。文化建设是一项重要的民生工程、民心工程，文化可以在春风化雨中滋润人的心田，为人们提供精神正能量，在很多方面发挥难以替代的作用。

一个社会的发展，物质文明与精神文明必须同步推进，一旦出现脱节、错位，就会引发社会危机。因此，实现基本实现社会主义现代化的目标，文化建设不仅不能慢半拍，还要先行一步，发挥社会主义核心价值体系的引领作用。推进文化建设可以弘扬正气、凝聚人心、推动社会稳定和发展。要牢固树立文化为民的根本导向，把满足人民群众日益增长的精神文化需求，作为文化建设的出发点和落脚点，真正做到文化"为人民服务"。要把握好经济社会发展的阶段性特点，把文化建设作为促进社会经济发展的内生动力源，进一步强化文化的引领作用，坚持用先进的文化引领社会、教育民众，以文"化"人、凝聚人心。

文化建设一定要牢牢站稳人民立场，否则就会丧失根基、迷失方向。只有把文化改革和发展的成果更多更公平惠及全体人民，不断满足人民精神文化需求，才能更好推动人的全面发展、社会的全面进步。因此，在围绕新时代要求贯彻新发展理念，特别是在落实乡村振兴战略的行动中，要进一步发挥好文化建设的引领作用，传承发展好乡村优秀传统文化，构建新时代的乡村文化风貌，健全乡村公共文化体系，大力培育文明乡风，提高乡村社会文明程度，让现代乡村找回优秀传统文化的根与魂。

人民有信仰，国家有力量，民族有希望。在全面建成小康社会的基础上，我国开启社会主义现代化建设新征程，这标志着中国特色社会主义进入新时代。在实现全面建成小康社会的第一个百年奋斗目标之后，中国进入了社会主义现代化发展的新阶段，这要求我国在新发展理念的指导下，深化"五位一体"，把握新的战略机遇期，咬定目标不放松，创造新时代中国特色社会主义的新辉煌，走出一条世界上最大的发展中国家、惠及十几亿人口的独特的现代化之路。而从全面小康到基本现代化，文化建设将发挥更大的作用；文化的繁荣兴盛，将把民族的科学的大众的社会主义文化推向一个新的高度。在这个过程中，坚持以人民为中心的发展思想，必须深入推进马克思主义的大众化，建设具有强大凝聚力的社会主义意识形态，让全体人民在理想信念、价值理念和道德观念上紧紧团结在一起，深化群众性精神文明创建活动，培育社会主义核心价值观，构建以人民为中心的核心价值体系、以人民为主体的文化惠民工程、以满足人民需求为导向的精神文化服务体系，把为民、惠民、育民的行动贯穿精神文明创建全过程，促进人的全面发展、社会的全面进步。针对互联网时代的文化产品生产与传播的新模式、新特点，要注重把"文化+"与"互联网+"的优势结合起来，在创造性转化、创新性发展上下功夫，让文化产业与文化事业形成文化创新的价值链，引导文化资源向优势行业、优势企业集聚，营造"大众创业、万众创新"的文化氛围与保障体系，着力培育新时代的创新文化，壮大文化企业家队伍，培育出一大批具有市场竞争力的文化企业，为人民提供更高质量的文化产品与服务，满足人民对美好的精神文化生活的需要。

第四章　国魂：社会主义核心价值观与中华优秀传统文化

社会主义核心价值观是当代中国的"国家哲学"。党的十八大报告首次对社会主义核心价值观从国家价值目标、社会价值取向、公民价值准则三个层面做了精准的概括："倡导富强、民主、文明、和谐，倡导自由、平等、公正、法治，倡导爱国、敬业、诚信、友善，积极培育和践行社会主义核心价值观。"核心价值观是一个民族赖以维系的精神纽带，是一个国家共同的思想道德基础。如果没有共同的核心价值观，一个民族、一个国家就会魂无定所、行无依归。历史和现实无不表明，核心价值观是一个国家的重要稳定器，能否构建具有强大感召力的核心价值观，关系到社会能否和谐稳定，关系到国家能否长治久安。

社会主义核心价值观是在社会主义核心价值体系基础上提炼出来的。社会主义核心价值体系由马克思主义指导思想、中国特色社会主义共同理想、以爱国主义为核心的民族精神和以改革创新为核心的时代精神、社会主义荣辱观四个方面内容构成。社会主义核心价值观是社会主义核心价值体系的内核凝练和集中表达，体现着社会主义核心价值体系的根本性质和基本特征，反映着社会主义核心价值体系的丰富内涵和实践要求。一方面，两者方向一致，都体现了社会主义意识形态的本质要求，体现了社会主义制度在思想和精神层面的质的规定性，凝结着社会主义先进文化的精髓，是中国特色社会主义道路、理论、制度和文化的价值表达，是实现中华民族伟大复兴中国梦的价值引领。另一方面，两者各有侧重，相比于社会主义核心价值体系，社会主义核心价值观更加突出核心要素、更加注重凝练表达、更加强化实践导向。

孟德斯鸠在谈到国家体制和建设时曾强调："共和国需要品德。"他描述了一个国家当"品德消逝的时候"，就会弥漫物欲、贪婪、野心和权力的放肆，国家的发展、公民的幸福就都不可能实现。文化本质是"化人"，内核就是价值观。核心价值观是时代精神的精华，是国家或民族身份的标志，是维系国家生存和发展的精神支撑。

社会主义核心价值观倡导尊道贵德，崇德向善，具有强烈的时代性，又有历久弥新的文化传承性。价值观属于文化范畴，它的形成和发展一刻也离不开历史文化传统。传统文化是根脉，是社会主义核心价值观的思想来源。核心价值观是在一个国家、民族的长期发展中孕育形成的，能够反映这个国家、民族的文化积淀和精神基因、价值走向和精神气质。目前，国内对社会主义核心价值观的研究从不同视域和层面展开，从中共中央政治局集体学习到学者的广泛研究，传递了传统文化与社会主义核心价值观的重要内涵和时代要求。习近平总书记在中央政治局第十三次集体学习时强调："把培育和弘扬社会主义核心价值观作为凝魂聚气、强基固本的基础工程，继承和发扬中华优秀传统文化和传统美德，广泛开展社会主义核心价值观宣传教育，积极引导人们讲道德、尊道德、守道德，追求高尚的道德理想，不断夯实中国特色社会主义的思想道德基础。"

社会主义核心价值观作为中国特色社会主义核心价值体系的高度概括和集中表达，不仅与中国特色社会主义发展道路要求相契合，也与中华优秀传统文化和中华文明丰硕成果相承接，根植于传统文化的深厚土壤中，是中国共产党凝聚全党全社会的价值共识作出的重要论断，是兴国之魂、强国之基。社会主义核心价值观与中国传统文化是相互交融、淬炼、提升的有机体。要利用各种时机和场合，形成有利于培育和弘扬社会主义核心价值观的生活情景和社会氛围，使社会主义核心价值观的影响像空气一样无所不在、无时不有，既彰显民族精神，又体现时代核心价值。价值观自信对接道路自信、理论自信、制度自信、文化自信。应在厚植价值观自信中提升文化自信，没有"价值之翼"，任何伟大梦想都无法飞翔。因此，兴国必须强基，圆梦必须凝魂。悠悠五千年中华文明史，积淀了中华民族源远流长、博大精深的优秀文化，形成了传承不息的民族精神。这是中华民族智慧的凝结，是社会主义核心价值观的文化源泉，更是中华儿女永远自强不息的宝贵精神财富。习近平总书记在文艺工作座谈会上形象地指出："当高楼大厦在我国大地上遍地林立时，中华民族精神的大厦也应该巍然耸立。"物质文明和精神文明要有机统一起来。

事实上，社会主义核心价值观扎根于中华民族精神深厚的土壤里，因而具有蓬勃的生命力，中华民族精神也正是依靠社会主义核心价值观才得以彰显和弘扬。社会主义核心价值观是反映社会主义制度本质的价值取向，作为社会主义意识形态的核心内容与本质体现，其既是对中华优秀传统文化的继承与发展，也对人类文明优秀成果进行了汲取与借鉴；既是对马克思主义中国化的时代遵循，也是对社会主义先进文化的充分彰显，从而构成了中国特色社会主义的价值灵魂。习近平总书记在文艺工作座谈会上还指出："如果一个民族、一个国家没有共同的核心价值观，莫衷一是，行无依归，那这个民族、这个国家就无法前进。"价值观自信是民族凝心聚力的基石。

牢固的核心价值观，都有其固有的根本；抛弃传统、丢掉根本，就等于割断了自己的精神命脉。博大精深的中华优秀传统文化是中华文化在世界文化激荡中站稳脚跟的根基。中华文化源远流长，积淀着中华民族最深层的精神追求，是中华民族独特的精神标识，为中华民族生生不息、发展壮大提供了丰厚滋养。中华传统美德是中华文化的精髓，蕴含着丰富的思想道德资源。不忘本来才能开辟未来，善于继承才能更好创新。对历史文化，特别是先人传承下来的价值理念和道德规范，要坚持古为今用、推陈出新，有鉴别地加以对待，有扬弃地予以继承，努力用中华民族创造的一切精神财富来化人、育人。

第一节　中华优秀传统文化是社会主义核心价值观的土壤与基础

社会主义核心价值观是时代精神与民族精神、文化的世界性与本土性有机结合的产物，其中所有内容与因素都是传统与现代、世界文化与中国文化双向对流、相互渗透与包容的结晶。它同时是常变、统一的开放体系，是流动、变易着的，而在流动、变易之中又有普遍的常道。

习近平总书记在中共中央政治局第十三次集体学习时强调，培育和弘扬社会主义核心价值观必须立足中华优秀传统文化，这启发了人们去思考培育和弘扬社会主义核心价值观与弘扬中华优秀传统文化之间的关系问题。

一、立足中华优秀传统文化

中华优秀传统文化博大精深，源远流长。在中国这一广大地域上，生活于斯的各时代、各地域、各民族的人群，其历史文化与社会生活复杂多样、丰富多彩。在数千年的发展过程中，各族群、各文化，在这里不断碰撞冲突，交融整合，多样统一，和而不同，形成了多元一体的中华民族与中华文化。从上古先民至今，中华文化虽历经曲折变化，不断改易，但仍然顽强地、一以贯之地延续了下来，没有因外来文化的冲击而中断，成为世界文化史上的奇观。在人类文明史上，尚没有任何一个文明具有如此的柔韧性、连续性。中华文化逐渐形成了内在自我的独特精神，且具有很强的包容融合、吸取消化以及同化不同文化的能力。

中华文化的根源在六经之中。刘勰《文心雕龙》说："经也者，恒久之至道，不刊之鸿教也。"《诗》《书》《礼》《易》《乐》《春秋》"六经"并不神秘，是夏商周三代人们的生活世界的记录或反映。六经是诸子百家共有的精神源泉。六经的精髓是什么？是对天地、生命的敬畏，肯定"天视自我民视，天听自我民听""人无于水监，当于民监"，是对"天下为公"的大同理想、公平正义社会的憧憬，是对人文价值理念、多彩多姿的文化与多种审美情趣的追求，是自由人格与相互关爱、和谐与秩序的统一，是自觉对历史与现实予以评判、褒贬，是丰富的天地人相接、相处的智慧，包括动态平衡的中道，等等。其中凸显了中国人与中国文化的特征，保留了对天的信仰，又偏重于人文实务；特别肯定人与自然，人与人，家族、宗族内外，族群、民族、宗教之间，人之内在心灵与外在身体之间的融合；重视教育，强调礼乐教化与道德精神；有很强的历史意识，善于总结历史经验，鉴古知今，究往穷来；重视实践精神，知行合一，通经致用，明体达用。

春秋末期礼崩乐坏，文化下移。孔子继往开来，整理六经，创造性地转化三代尤其是周公以来的文化传统，奠定了中国传统文化价值系统的基本规模，尤其是点醒、凸显了其中居于核心地位的"仁爱"精神。以"仁爱"为中心的仁、义、忠、礼乃至后来社会孟子等儒家不断发掘的智、信、诚、恕、孝、悌、廉、耻的价值观念体系为中华文化所继承、弘扬。在政治文化上，儒家强调王道、仁政、德治，有民本主义、民贵君轻的传统。

汉代奠定了中国的基本格局与治国范式。朝野关注的焦点是"内裕民生"与"外服四夷"，因此尤其强调文治武备。中国文化有一种取向，即文化观念重于民族观念，文化界限深于民族界限。中国文化与中国人的性格中的"和合性"大于"分别性"，主张宽容、平和、兼收并蓄、吸纳众流，主张会通、综合、整体、融摄。我国陆上与海上丝绸之路开辟甚早，汉民族对外民族从来没有殖民、侵略、实行种族灭绝的传统。孔子讲"远人不服，则修文德以来之"，倡仁爱、泛爱众、修身律己、与人为善。孙中山同志接受蔡元培的建议，把"忠孝、仁爱、信义、和平"八个字作为中国文化的精神特质。中国人几千年来爱和平，都是出于天性，中国人讲谦让，同时不主张屈辱的和平，以自卫国家为大义，对侵略者一定要予以严惩。中华民族的忠义英烈千古传颂。

习近平总书记在中共中央政治局第十三次集体学习时指出："深入挖掘和阐发中华优秀传统文化讲仁爱、重民本、守诚信、崇正义、尚和合、求大同的时代价值，使中华优秀传统文化成为涵养社会主义核心价值观的重要源泉。"这一指示十分重要。中华优秀传统文化是我国现代文明的基础，是我国社会主义核心价值观的立足之地。只有把中华优秀传统文化坐实为我国现代化与现代文化的"本根"（不是枝叶）、"本体"（不是功用）、"本位"（不是客位）和"主体"（不是客体、对象），才不致左右摇摆，茫然失措。由此而开创出的现代化才真正是我国的、健康的现代化。当然这不是要排斥借鉴人类其他古今文明的精华与优长。

二、传统美德是中华文化精髓

周代的官方教育，是以六经为中心的教育。《周礼·大司乐》指出，让有道有德者以乐德教国子。而乐教中的六德是忠诚不偏私，和而不同、刚柔适中，恭敬，恒常，孝敬父母，友于兄弟。这六德就是当时的核心价值观。在"天下"观的指引下，乐教的功用与目的是"以和邦国，以谐万民，以安宾客，以说远人"。

《国语·楚语》记载，春秋时期即使在楚国，也有传习六经的传统。从楚庄王时期的大夫申叔时回答庄王如何教育太子的资料中，不难知道楚国君臣也强调诗礼之教，重视仁德、孝顺、忠诚、信义的价值指引。

传统道德中的"五常"和"四维"是我国古代思想家对中华民族基本道德观念和道德准则的总结，源于春秋，确立于汉代，是安定国家、稳定社会的最普遍、最重要的道德规范。

"维"是系物的大绳，"四维"是春秋初期著名政治家管仲及其后学——齐国稷下学宫的学者提出来的。"礼义廉耻，国之四维；四维不张，国乃灭亡。"礼义廉耻是治理国家的四条大纲，离开了这四条大纲的维系，国家可能会灭亡。官员、百姓懂得了礼义廉耻，就不会做出超过本分、违背常规的事，就会懂得羞耻，不隐蔽自己的恶行；这样，国家就会强盛。礼义廉耻之说，后被儒家接受。明清时代，"孝悌忠信"与"礼义廉耻"结合起来，被称为"八德"。

孔子及其以前的思想家分别提出了这些道德原则。子思、孟子明确指出"仁义礼智"四德。西汉贾谊、董仲舒正式提出包含"仁义礼智信"的"五常"之道，将这五种基本道德原则视作人的"常行之德"。东汉班固等撰《白虎通义》和王充撰《论衡》，都指出"仁义礼智信"是"五性""五常"，重申它们为五常之道和常行之道。"五常"是中华民族最普遍、最重要的道德规范，是中华民族独特的精神标识。

在观念与价值层面的文明上，儒家"仁爱忠恕"、墨家"兼爱非攻"、道家"道法自然"、佛家"慈悲为怀"、宋明理学家"民胞物与"等理念，成圣人贤人、成真人至人的理想人格追求及一系列修养功夫论等，都是了不起的调节身心的安身立命之道，也是对世界文明的伟大贡献。特别是世世代代的志士仁人，他们崇尚君子人格与"富贵不能淫，贫贱不能移，威武不能屈"的大丈夫精神，弘扬至大至刚的正气、舍我其谁的抱负、"知其不可为而为之"的气概，自强不息、弘毅、守正不阿、气节凛然，具有杀身成仁、舍生取义的品格，成为中华儿女的楷模。

宋代以后，四书取代五经，下移民间，远播海外，"五常""四维""八德"等中华传统核心价值观成为整个汉字文化圈（或儒家文化圈）的精神文明。这些内容通过蒙学读物、家训、家教、善书乃至唱戏人、说书人与民间三老五更，润物细无声地流传、滋养着社会底层的民众。"勿以善小而不为，勿以恶小而为之""老吾老以及人之老，幼吾幼以及人之幼""积善之家必有余庆，积不善之家必有余殃"成为老百姓的生活信条与"百姓日用而不知"之道。一直到今天，从老百姓身上还能体会到这些善根的存在，如资助贫困学生的白方礼、湖北的"信义兄弟"等。可见，中华优秀传统文化是社会主义核心价值观的土壤与基础。

三、增强文化自信和价值观自信

我们的文化自信来自文化自觉，即应当真正了解中华文化自身的宝藏及其对世界文化的伟大贡献。全盘西化派、文化虚无主义与自我主义者全面否定中国文化，有很多所谓的根据其实是无据的，是以他们想象中的西方来批判想象中的中国。习近平总书记有关中国文化的系列指示，实际上是要通过四个"讲清楚"来拨乱反正，正本清源，增强文化自觉与文化自信，尤其是价值观自信。

五四运动以来，一直到今天，我国思想界流行着对所谓"中国国民性"的讨论，其中不乏"哀其不幸，怒其不争"的批判，也有对中国文化与国民性中阴暗面的深刻自省、检讨，这是有益的。但是，也应当看到，这里面也非常复杂，不排除有西方、日本的一些人以所谓"劣等人种"对中国人与中国文化进行恶意歪曲、贬损。中华民族与中国文化在世界上延续了几千年，当然有自己的精神支柱，即民族精神，有自己的价值系统。这些价值曾经对西方近代启蒙运动起过一定的积极作用。例如,《世界人权宣言》与《全球伦理宣言》都借取了孔子、儒家价值观的"仁爱忠恕"之道。中国现代文化与道德文明建设,不能建立在沙漠上,不能建立在对中国传统文化与道德资源的"彻底决裂""斗倒批臭"上,这也是对改革开放40多年思想遗产的继承。反过来也可以说,只有振兴中华优秀传统文化,调动其积极层面,参与现代世道人心的重建,才能真正调治国民中不尽如人意的文明教养的缺失。多维厚重的中华人文精神对人类的生存发展有着长久深远的价值,对西方近代文化的缺失有补偏救弊之功。

第二节 社会主义核心价值观要有中国元素与现实性

多年来,关于中国特色社会主义核心价值体系与核心价值观的讨论日益兴盛。党的十七届六中全会以来,凝练核心价值观的探究,更是方兴未艾。

从方法论上来说,凝练核心价值观一定要考虑四个方面:一是时代性(普遍性,与世界各国人民的对话性);二是民族性(中华民族长期形成的,至今在民间活着的);三是实践性(针对现实问题,可行性);四是简易性(通俗简明,老百姓喜闻乐见)。核心价值观应是从社会现实中总结出来又加以提炼的,目的在于指导广大群众的生活,融化在人民大众的性情心理中,有助于凝聚社会人心的一些长久深远的价值。既然是中国特色社会主义核心价值观,就不能没有中国元素,因此一定要把渊源有自、源远流长、在"百姓日用"间影响最大的传统文化中最重要的价值纳入、凝练进核心价值观。

要凝练核心价值观,首先需要搞清楚价值观、核心价值观"是什么",而在理解它"是什么"时,先要明白它"不是什么"。需要特别指出的是,核心价值观不等于基本国策,不等于现实经济社会的发展目标,不等于社会规范与法律体系的要点,不等于各地区、各部门、各单位的文化精神;核心价值观与这些东西都有一些区别,都不尽相同,当然它们之间又有着一定的联系。

价值观一般指在经济价值、商品价值之外的社会与人最贵、最重的东西,是人们更为根本的期待、诉求与目的,如真、善、美等。价值观主要回答世界,特别是人类社会"应是什么""应该怎样",人"如何活着""应当怎样"的问题。它指向社会与人之"应然",分辨好与坏、福与祸、利与害、真与假、善与恶、美与丑。它与社会终极目标、人之目的、人生意义密切相关。人本身就有价值；价值有不同类型与层次的分别。有关人生价值的领悟，关系到人的生活意义与幸福感。核心价值观，是一定时空条件下社会价值观中普遍的、主导的价值。

它与人们的基本生活方式相适应，又指导人们的生活实践，在它的启导下，人们可以努力地把社会与人的"实然"状况提升为"应然"状况。

在我国思想文化的传统中，有关人生价值的评价一般用"上""贵"等词加以表达与肯定。春秋时期鲁国叔孙豹说："太上有立德，其次有立功，其次有立言。虽久不废，此之谓不朽。"（《左传·襄公二十四年》）这就是历史上有深远影响的"三不朽"说，肯定君子在道德、功业、言说上的价值，而以德为最高价值。孔子说，"君子义之为上"（《论语·阳货》）；"志士仁人，无求生以害仁，有杀身以成仁"（《论语·卫灵公》）；"富与贵，是人之所欲也，不以其道得之，不处也。贫与贱，是人之所恶也，不以其道得之，不去也"（《论语·里仁》）。可见，孔子把"仁""义"视为人的最高价值，不违背道与义的富与贵是可取的，但相对而言，"富贵"的价值在儒家追求的"道""仁""义"之下。至于不义的、用不正当手段取得的富与贵，则是应当唾弃的。孟子说："仁义礼智，非由外铄我也，我固有之也，弗思耳矣。""有天爵者，有人爵者。仁义忠信，乐善不倦，此天爵也；公卿大夫，此人爵也……欲贵者，人之同心也。人人有贵于己者，弗思耳矣。人之所贵者，非良贵也。赵孟之所贵，赵孟能贱之。"（《孟子·告子上》）这就是说，道德、良知良能是天赋予每个人的，是人内在固有的，只是人们往往不自觉自己有天下最珍贵、最有价值的东西，没有把它启导出来。功名利禄，世俗认为贵重的东西叫"人爵"，人家可以给你，人家也可以拿走。但道德良知、仁义忠信、不知疲倦地行善，是天赋予你的，人家夺不去，除非你自己放弃。每个人不论职位贵贱都有这天下最尊贵的东西。儒家认为，人是天地间最有价值的，"天地之性，人为贵"（《孝经》）。荀子说，比之水火、草木、禽兽，"人有气有生有知亦且有义，故最为天下贵也"（《荀子·王制》）。而之所以如此，就是因为人有道德。荀子强调后天的道德教育、训练、实践，化民成俗，以及美政、美俗的重要性。

根据张岱年、赵馥洁等学者的研究，历史上各民族、各地域、各时段、各流派、各宗教文化及社会的上层与下层的价值主张与追求各不相同，呈现出百花齐放、百家争鸣的样态，但从总体上来说，两千多年来，在社会治理与人性的实现上，最能深入社会底层、有影响力、有益于社会发展与长治久安的，还是儒家的道德价值论。

关于核心价值观的凝练，据王虎学的统计，国内学者目前已提出了60多种表述方式，涉及90多个范畴。但遗憾的是，其中涉及中国文化的精神与元素十分稀少。笔者反复掂量既是中国的又是社会主义的，且还是基本而又核心的价值，在这里也提出一种补充，即在现有的核心价值观中增添"仁爱"二字。

所谓"仁爱"，即孔子提倡的内在仁德与爱心——"仁者爱人""泛爱众"，也即孟子的"仁民爱物"，韩愈的"博爱之谓仁"，其中"仁"是"五常"（仁、义、礼、智、信）之首，义、礼、智、信"四德"都是围绕着"仁"而展开的。"仁"也是孝悌的根本。从一定意义上可以说，"仁"是中华文明的内核、主旨，朱熹解释为"爱之理，心之德"。按曾参的理解，"仁"的内涵包括尽己之心的"忠"与推己之心的"恕"："忠"是"己欲立而立人，己欲达而达人"；"恕"是"己所不欲，勿施于人"。"仁爱"价值下移到民间，诸如孟子的"老吾老以及人之老，幼吾幼以及人之幼"和蒙学读物中的"勿以善小而不为，勿以恶小而为之""积善之家必有余庆，积不善之家必有余殃""将心比心"等，千百年来成为中国老百姓的生活信念与行为方式。

那么，为什么要把"仁爱"范畴纳入核心价值观？

首先，"仁爱"是源远流长的优秀传统文化中重要的道德价值，是我国的传统美德，而且至今是活着的、有生命力的价值理念。当下普通平凡的老百姓，如全国道德模范吴天祥，防治艾滋病的专家桂希恩，"信义兄弟"孙水林、孙东林，以及一些青年志愿者朋友，仍然继承并实践着中华文明的精华，以一颗仁爱之心，时时处处为他人着想，爱利他人，服务社会，纯洁世道人心。"仁爱"当然属于"内圣修己"的层面，但人有了这种价值理想，往往就能敬业乐群，有益于"外王事功"的开拓。

其次，"仁爱"是当下与今后较长时期内我国社会生活中非常需要的道德价值。应当看到，当下仍有很多不健康的现象，这在某种程度上反映了价值失序与道德信念的危机。因此先要唤醒人的爱心，这是人之所以为人最重要的东西，是人性、人情之根。健康的市场经济，健康的吏治，非常需要"仁爱"价值理念的支撑，这有着现实针对性，有助于美政、美俗，整饬秩序，是人们现实生活的需要。"仁爱"的价值，是"明荣知耻"的基础，有助于社会规范和法律体系的建构、实施与完善。

最后，"仁爱"价值在我国传统文化的发展中，是多民族、多宗教共同的价值理念,是我国最重要的伦理共识。儒家的"仁爱"与佛教的"慈悲"、伊斯兰教的"仁爱"、基督教的"博爱"有共同性、互通性,也有若干差异,但千百年来它们在我国早已处在相互影响与交融之中了。今天提倡这个价值,不仅有利于国内各民族、各宗教的相互理解、团结和谐,也有助于我国文化与世界各文明、各宗教的对话与交流。

英国前首相撒切尔夫人说中国只能生产电视机,不能贡献给世界以价值观。这个说法是非常狭隘与罔顾历史的。实际上,以"仁爱"为核心的儒家文化通过传教士传到西方后,曾为莱布尼茨、沃尔夫、伏尔泰、狄德罗与百科全书派所重视。法国大革命之后,法国的《人权宣言》就引用了孔子的"己所不欲,勿施于人"。"二战"后颁布的《世界人权宣言》也引用了"己所不欲,勿施于人"的概念。如前所述,这一恕道原则恰好从属于"仁爱"的价值观。中国的价值观不仅在过去贡献给了全人类,而且在未来也会不断贡献给全世界。这就是软实力。

十年树木,百年树人。在全体国民中提倡"仁爱"价值具有实践性,尤其涉及中华民族的长远发展。性情教育、德行养育要从娃娃抓起,贯穿在家庭教育、国民教育、学校教育、社会教育之中,代代相承,这才是中华民族伟大复兴的根本。"仁爱"与"文明""和谐"相比,前者是体,后者是用;前者是本,后者是末;前者是因,后者是果;前者具体,后者抽象。

中国人对中华文明,对中国的历史文化传统,对中国的精神文明与价值系统,一定要有所敬畏与尊重;要有文化自觉与文化自信,真正理解中华文明的博大厚重,并予以创造性转化与创新性发展。因此,笔者呼吁把"仁爱"纳入核心价值观,同时非常重视现有的核心价值,这关乎中华民族的现在与未来。

第三节 社会主义核心价值观的时代气质和科学内涵

社会主义核心价值观吸收借鉴了中西方文明的一些价值精髓,是时代精神的精华。伟大的时代呼唤伟大的精神和价值观自信,伟大的精神和价值观自信为社会发展进步提供强大原动力和文化氛围。党的十八大报告指出,文化是民族的血脉,是人民的精神家园。优秀传统文化凝聚着中华民族自强不息的精神追求和历久弥新的精神财富,是发展社会主义先进文化的深厚基础,是建设中华民族共有精神家园的重要支撑。鲁迅说:"惟有民魂是值得宝贵的，惟有他发扬起来，中国才有真进步。"①

优秀的传统文化与核心价值观培育养成的逻辑向度和价值取向具有重要时代意义，符合科学发展观指导下的"五位一体"新布局；同时，社会主义核心价值观的功能发挥及其践行，应借鉴"文化母体"中的精华或成功经验的"内核"。文化传承体系的建成是贯彻落实"文化强国"战略、发挥文化软实力的重要载体和表征。因此，培育和弘扬社会主义核心价值观必须立足于中华优秀传统文化。

一、社会主义核心价值观的"三个倡导"

党的十八大报告将社会主义核心价值观的基本内容概括为"三个倡导"：倡导富强、民主、文明、和谐；倡导自由、平等、公正、法治；倡导爱国、敬业、诚信、友善。在这三个倡导中，富强、民主、文明、和谐是国家层面的价值目标；自由、平等、公正、法治是社会层面的价值取向；爱国、敬业、诚信、友善是公民个人层面的价值准则。这三个层面是有机联系、内在统一、密不可分的逻辑整体，体现了国家、社会与个人在价值目标上的有机统一。中国古代历来讲求格物致知、诚意正心、"修身、齐家、治国、平天下"。从某种角度上看，格物致知、诚意正心、修身是个人层面的要求，齐家是社会层面的要求，治国、平天下是国家层面的诉求。社会主义核心价值观把涉及国家、社会、公民的价值目标融为一体，既体现了社会主义本质要求，又继承了中华优秀传统文化。

"富强、民主、文明、和谐"既是社会主义国家的价值目标，又是我国社会主义现代化国家的建设目标，即建设什么样的国家。这是从国家价值目标层面对社会主义核心价值观基本理念的概括，在社会主义核心价值观中居于最高层次和目标指引地位，对其他层次的价值理念具有统领作用，表达了全党全国各族人民对国家发展的共同价值诉求和热切盼望。"富强"即国富民强，是社会主义现代化国家经济建设的应然状态和必然追求，是中华民族繁荣昌盛的美好宏愿，也是国家兴旺发达、人民幸福安康的物质基础。"民主"是人类社会的美好诉求。中国追求的民主是人民民主，其实质和核心是人民当家作主，实践证明，人民民主是一种全过程的民主。民主是社会主义的生命，也是创造人民美好幸福生活的政治保障。"文明"是人类社会进步的重要标志，也是社会主义现代化国家的重要特征，是社会主义现代化国家

---

① 鲁迅.华盖集续编[M].北京：人民文学出版社，1973：18.

文化建设的应有状态，是对面向现代化、面向世界、面向未来的，民族的科学的大众的社会主义文化的概括，是实现中华民族伟大复兴的重要支撑。"和谐"是中华传统文化的基本理念，集中体现了幼有所育、学有所教、劳有所得、病有所医、老有所养、住有所居、弱有所扶的和谐生动有序的局面，是社会主义现代化国家在社会建设领域的价值诉求，是经济社会和谐稳定、持续健康发展的重要保证。和谐也体现了社会主义建设规律、中国共产党执政规律和人类社会发展规律的有机统一。

"自由、平等、公正、法治"是社会主义形态和制度的价值取向，是从社会层面对社会主义核心价值观基本理念的概括，它反映了中国特色社会主义的基本属性，是对美好社会的生动表述，即建设什么样的社会主义。"自由"指人的意志自由、存在和发展的自由，是人类社会的美好向往，也是马克思主义追求的社会价值目标。"平等"是体现人与人、人与社会之间关系的重要范畴，主要表现为人们在经济、政治、社会、法律、尊严等方面具有平等地位，如公民在法律面前一律平等，实现权利平等、机会平等、规则平等，尊重和保障人权，人人依法享有平等参与、平等发展的权利。"公正"即社会公平和正义，它以人的解放、人的自由平等权利的获得为前提，是国家、社会的根本价值理念。"法治"是治国理政的基本方式，依法治国是社会主义民主政治的基本要求，它通过法治建设来维护和保障公民的根本利益，是实现自由平等、公平正义的制度保证。

"爱国、敬业、诚信、友善"是公民个人层面的价值准则与道德规范，是从个人行为层面对社会主义核心价值观基本理念的概括。它覆盖社会道德生活的各个领域，是公民必须恪守的基本道德准则，也是评价公民道德行为选择的基本价值标准。"爱国"是基于个人对自己祖国依赖关系的深厚情感，也是调节个人与祖国关系的行为准则，要求公民要有国家认同感，自觉报效祖国。"敬业"是对公民职业行为准则和职业操守的价值评价，要求公民忠于职守、兢兢业业、克己奉公、服务人民、服务社会，这充分体现了社会主义职业精神。"诚信"即诚实守信，是人类社会千百年传承下来的道德传统，也是社会主义道德建设的重点内容。它强调诚实守信、诚恳待人。"友善"强调公民之间应互相尊重、互相关心、互相帮助、和睦友好，努力形成社会主义的新型人际关系。

在这"三个倡导"中，如果没有国家的"富强、民主、文明、和谐"，便没有社会的"自由、平等、公正、法治"，更谈不上个人的"爱国、敬业、诚信、友善"。

二、社会主义核心价值观的时代发展

中华人民共和国成立后，确立了社会主义基本政治制度、基本经济制度和以马克思主义为指导思想的社会主义意识形态，为社会主义核心价值体系建设奠定了政治前提、物质基础和文化条件。

党的十一届三中全会确立了实事求是的思想路线，此后，我们党坚持把马克思列宁主义与改革开放和我国社会主义现代化建设伟大实践相结合，科学继承毛泽东思想，创立了邓小平理论、"三个代表"重要思想、科学发展观、习近平新时代中国特色社会主义思想，使马克思主义在意识形态领域的指导地位不断巩固。

2006年10月，党的十六届六中全会第一次明确提出了"建设社会主义核心价值体系"的重大命题和战略任务，明确提出了社会主义核心价值体系的内容，并指出社会主义核心价值观是社会主义核心价值体系的内核。从此，学界开始对社会主义核心价值观进行深入跟进探讨。

2007年10月，党的十七大进一步指出"社会主义核心价值体系是社会主义意识形态的本质体现"。2011年10月，党的十七届六中全会强调，社会主义核心价值体系是"兴国之魂"，建设社会主义核心价值体系是推动文化大发展大繁荣的根本任务。2012年11月，党的十八大报告明确提出"三个倡导"，这是对社会主义核心价值观的概括和提炼。2013年12月，中共中央办公厅印发的《关于培育和践行社会主义核心价值观的意见》明确提出，以"三个倡导"为基本内容的社会主义核心价值观，与中国特色社会主义发展道路和时代要求相契合，与中华优秀传统文化和人类文明优秀成果相承接，是凝聚全党全社会价值共识的重要论断。

习近平总书记在纪念孔子诞辰2565周年国际学术研讨会上指出，中国人民的理想和奋斗，中国人民的价值观和精神世界，是始终深深植根于中华优秀传统文化沃土之中的，又是随着历史和时代前进而不断与时俱进、与日俱进的。中国共产党人是马克思主义者，坚持马克思主义的科学学说，坚持和发展中国特色社会主义，但中国共产党人不是历史虚无主义者，也不是文化虚无主义者。中国共产党人从来都认为，马克思主义基本原理必须同中国具体实际紧密结合起来，应该科学对待民族传统文化，科学对待世界各国文化，用人类创造的一切优秀思想文化成果武装自己。在带领中国人民进行革命、建设、改革的长期历史实践中，中国共产党人始终是中华优秀传统文化的忠实继承者和弘扬者，从孔夫子到孙中山，中国共产党人都注意汲取其积极的养分。习近平总书记在中共中央政治局第二十九次集体学习时指出:"中国优秀传统文化的丰富哲学思想、人文精神、教化思想、道德理念等,可以为人们认识和改造世界提供有益启迪,可以为治国理政提供有益启示,也可以为道德建设提供有益启发。"

党的十八大提出的社会主义核心价值观的新理念,是对社会主义核心价值体系的补充与延伸,其认识更加深化,内涵更加完善。社会主义核心价值体系是社会主义核心价值观的宏观构架。社会主义核心价值观是社会主义核心价值体系的内核,体现社会主义核心价值体系的根本性质和基本特征,充分反映了社会主义核心价值体系的丰富内涵和实践要求。两者相互联系、相辅相成,共同构成社会主义核心价值理论。

三、价值观的特质

"价值"一词来自拉丁语 valere,意指"是好的"。马克思主张,"价值"这个普遍的概念是从人们对待满足他们需要的外界物的关系中产生的。[①] "价值"一词最初的意义是某物的价值,主要指经济上的交换价值。

到了 19 世纪末,价值的内涵得到了扩展,是指"值得个人或社会向往的行为或目标的特定方式之信念"[②]。李连科也认为,其是由人的问题,尤其是由人的需要问题进入价值领域,又由主体、客体关系问题形成关于价值问题的体系的。因为价值就是客体属性与主体需要之间的特定关系。[③] 由此可见,价值问题是和人的本质、人的需要、人性等问题密切联系在一起的。价值是人类生活中的一种普遍的主客体关系。价值本质存在于主体需要与客体属性的关系之中。价值也是一种社会关系范畴,价值离不开人与人的交往需要。纯粹地论述"价值的主体性"和真理的客观性相对立是不正确的。美国学者拉尔夫·L.基尼则从一个全新的视角提出,价值是用来评估的原则。这些价值观念不仅包含用作选择取舍的指导原则,还包含必须保留的伦理原则。"价值"即意义或作用,"从主体方面去理解"某事物对人有意义或有作用,就是有价值。价值观是价值思维和存在的关系问题的表征,包含自然世界、文化世界与意义世界的价值统一性。意义、作用的大小也表示价值的大小,价值的多样性或多元性是人的需求的差异性的表征。当然,经济学意义

---

① 中共中央马克思恩格斯列宁斯大林著作编译局.马克思恩格斯全集:第19卷[M].北京:人民出版社,1963:406.

② 孙杰.当代中国社会主义核心价值观研究[M].北京:人民出版社,2016:17.

③ 李连科.哲学价值论[M].北京:中国人民大学出版社,1991:62.

上的价值或"剩余价值"烙印上了人的"劳动力叙事",而原始天然的土地是没有价值的,因为它是纯粹自然物。这是马克思主义政治经济学意义上的价值界定。马克思指出:"'value,valeur'这两个词表示物的一种属性……的确,它们最初无非是表示物对于人的使用价值,表示物的对人有用或使人愉快等等的属性……使用价值表示物和人之间的自然关系,实际上是表示物为人而存在。"[①] 社会价值是个体及其活动对于社会的价值,是人通过活动满足社会的需要,或对社会作出的贡献。价值是人们认识某种客体的推动力。马克思和恩格斯认为:"个人怎样表现自己的生命,他们自己就是怎样。"[②] 人的目光所向就是价值追求的投射,自我价值的生命展开就是价值的绽放过程。哲学范畴的价值是指客体的存在、变化对于一定主体需要及其发展的某种适合、接近或一致。而价值观则是一种价值意识,是对价值关系的反映,是指导人们思想行为的根本准则。它所表达的是人们对物质世界和精神世界的判断、评价、取向和选择,所反映的是价值主体的根本地位、需要、利益以及主体实现自己利益、满足自己需要的能力和活动方式等。价值观可以分为一般价值观和核心价值观,核心价值观就是一个社会处于主导和支配地位的价值观。任何一个社会都有自己的核心价值观。

价值具有社会历史性、客观性、主体性、多维性的特点。价值是主体需要和客体属性的对接点。马克思主义价值论认为,价值可以被界定为客体在主客体关系中对主体需要表现出的积极性或消极性意义,即价值的本质存在于主体需要和客体属性的关系之中;或者说,价值是满足人的某种需要及其发展的某种必要。近年来,学术界将价值观概念界定分为广义和狭义两种。广义的价值观是指和历史观、自然观相似的,以价值为特定对象的理论学说系统。换句话说,价值观是关于价值的基本理论、观点与方法。狭义的价值观是指人们关于好坏、善恶、美丑等价值的态度、看法和选择。人们一般是使用狭义上的价值观概念的。笔者认为,价值观是关于价值的一定信念、主张、态度与倾向的观点,起到评价标准、评价尺度、价值取向与价值追求的作用。从内容上讲,理想、信仰、信念是价值观的集中表现形态;从宏观角度看,价值观是社会文化体系的灵魂,代表着社会对应该倡导什么、反对什么的价值性判断,也就是价值取向的"大是大非"问题;从微观角度看,价

---

① 中共中央马克思恩格斯列宁斯大林著作编译局.马克思恩格斯全集:第35卷[M].2版.北京:人民出版社,2013:277.

② 中共中央马克思恩格斯列宁斯大林著作编译局.马克思恩格斯文集:第1卷[M].北京:人民出版社,2009:519.

值观是人内心深处的信念系统，在人们的价值活动或社会行为中发挥着评价标准、情感激发与行为导向的功能。从不同的视角来看，价值观可以分为不同的类型。从主体角度而言，价值观可分为三类，即个体价值观、群体价值观与社会价值观；从时代关系上论，价值观可分为传统价值观与当代价值观；从外在表现与状态上说，价值观可分为消极价值观与积极价值观；从构成体系来谈，价值观可分为一般价值观与核心价值观。

四、社会主义核心价值观的内涵

社会主义核心价值观的"三个倡导"的新理念是我们党重要的文化价值贡献、思想理论成果。"三个倡导"集中反映了国家、社会与个人层面的愿景与诉求，体现了中国共产党与中华民族高度的价值自觉与价值自信，是兴国之魂、立国之本与强国之基的有机统一，是党中央立足于现代化建设实践作出的具有重大意义的价值战略决策。

每个社会都有其赖以支撑的核心价值观，社会主义社会也不例外。在马克思主义理论中，社会主义是指"科学社会主义"。它不仅是一种理论学说、一种实践运动、一种新型的社会制度，还是一种美好的价值诉求。社会主义核心价值观，就是人们对社会主义价值诉求的看法。它是一个历史范畴，在不同历史时期、不同国家有着不同的内涵与表现形态。社会主义在500多年的发展历程中先后实现了从空想到科学、从理论到实践、从一国到多国的转变，时空的变迁使社会主义核心价值观呈现出多样性。在社会主义价值观念体系中，既有居于主导地位、发挥核心作用的核心价值观，也有居于从属地位、发挥相对次要作用的一般价值观。中国倡导的社会主义核心价值观，即中国特色社会主义核心价值观。社会主义核心价值观是人们对社会主义价值的构成、标准、性质与评价的基本态度与总体看法，是人们从自身的需要与社会主义能否满足人的需要以及怎样满足人的需要的角度，考察与评价各种物质的、精神的现象以及主体的行为对社会与个人的意义。核心价值观是一个社会中居统治地位、起支配作用的核心价值理念，是能够体现社会主体成员的根本利益、反映社会主体成员的价值诉求、对社会变革与进步起维系和推动作用的最根本的思想观念、道德标准和价值取向等的集中表现，是一个社会必须长期普遍遵循的基本价值准则和追求的价值共识，具有相对稳定、引领现实和指向未来的现实特质。核心价值观既体现着现实性的价值要求，又包含着理想性的价值诉求；既有大多数人普遍接受并可以实践的广泛性价值体现，又有感召人们不断递升的先进性价值理念。人类社会发展的历史表明，对一个民族、一个国家来说，最持久、最深层的力量是全社会共同认可并努力践行的核心价值观。当然，就世界范围内来说，价值观的认同或价值观的冲突是意识形态的反映。"价值观自信"成为文化软实力提升的标识，也与"四个自信"的构筑密切关联。

党的十八大提出的"三个倡导"采用的是一种开放性的动态表述方式，因此可以认为社会主义核心价值观具有极大的包容性和开放性。所谓核心价值体系，就是在一个国家居核心引导地位、起决定作用的社会理论与意识形态的价值体系。它是一定价值体系的灵魂，主导着特定社会意识的方向与性质，引领社会的思潮与文化走向，蕴含着特定社会发展的价值指向、文化理念与指导思想，影响着广大民众的思维方式、思想观念、文化风尚、道德规范与行为准则，是推动社会发展进步与国家繁荣富强的精神旗帜。核心价值体系是一个完整、丰富的价值观系统，它主要包括核心价值观以及政治、经济、伦理与社会生活等方面的价值观。其中，核心价值观是内核，居于中心地位，和世界观密切相关，它统摄着核心价值体系的各个层次；政治价值观包括关于政治上层建筑的价值意识；经济价值观包括关于生产关系的价值意识；伦理价值观包括人们精神生活的道德准则与审美价值观等；社会生活价值观包括人们物质生活的行为规范与社会公德等具体价值观。在这个体系中，核心价值观最具统摄性和引导性，也最具稳固性和持久性。它支配着其他层次的价值观，而其他价值观也以不同的方式体现或反映着核心价值观。从根本上来讲，核心价值观的形成会受到社会经济基础与社会结构的制约，当然，统治阶级与精英阶层的建构也具有至关重要的作用。社会主义核心价值观"三个倡导"的内容，与中国特色社会主义的发展要求相契合，与中华优秀传统文化和人类文明成果相承接，是我们党为凝聚全党全社会价值共识作出的重要论断。"三个倡导"的概括简洁明了，容易被广大党员干部和人民群众理解和践行。"三个倡导"，是一个有机的价值整体。

社会主义核心价值观是社会主义意识形态的核心内容，是社会主义价值追求的集中反映。从所处地位来讲，它是社会主义核心价值体系的灵魂，体现了社会主义的本质属性；从产生基础来讲，它是在我国革命、建设与改革开放的实践中形成与发展起来的、引导我国健康发展的价值理念与目标；从功能来讲，它从更深层次影响着人们在社会主义现代化建设实践中的思维方法与行为方式。

第四节　社会主义核心价值观的历史向度和价值战略

一个民族成为独立自主的强国，屹立于世界民族之林，靠的是内化于心、外化于行的"民族魂"。中华民族在人类的文明史中创造了文化的奇迹，五千年的文明传承、发扬光大，价值观自信、价值观的力量是民族凝魂聚力的支柱。价值观自信对接道路自信、理论自信、制度自信、文化自信，价值观自信是"四个自信"的底色。

一、核心价值观的历史向度

人类的历史是文明的演进史。文明是文化的上位概念，反过来说，文化是文明的下位概念。文明的发展是文化实力的推进，而文化软实力是国家综合国力的核心组成部分。中国五千年绵延不绝的历史创造了世界文化的奇迹，这种历史并不是世俗生活的积淀，而是带有"历史神性"的文脉文运、国脉道统的传承创新。"以德配天"的神圣性就体现了其文化价值的天下观。在历史早期，中原地区的发展就已经奠定了其将成为一个"天下"体系的基础，"天下之中"的国度谓之"中国"。天下是与天对应的，也就是说，天下是"配天"的。天是神圣的，如果天下的存在方式遵循了天道，内质跟天道大德相似，尊道贵德，那么它就会因为"配天"而具有"神性"或"合法性"。中国的神性就是这么来的，这种神性始终贯穿在中华民族的历史文化中。中国文化价值的运动方式就是要把中国的存在方式塑造成一个"配天"的存在，形成天下之中国。所以它是神圣的，尽管它不是一种宗教。中国的信仰就是中国本身、"中国的存在"这个实体——这种巨大的时空存在感塑造了中国的信仰，所以中国人信仰的就是中国这一实体及其形成的中国精神文化。五千年的文化积淀内化并铸造了永恒不灭的国民精神，其如万里长城般屹立不倒，这就是价值聚合力。中华优秀传统文化，就是中华文明之根，就是中华儿女之魂。中华民族伟大复兴的实现，中华巨龙在未来的腾飞，都离不开民族文化的滋润哺育，离不开民族精神的坚实支撑。现代社会一个最大的时代特点是，几乎世界上所有的国家都无一幸免地被卷进以市场经济为主体的现代化浪潮中，每个民族的文化在此过程中都不得不遭遇相应的现代转型甚至是解构，中华传统文化也概莫能外。讲好中国故事，传播中国声音，引导建立一个代表全人类共同价值的世界和谐秩序，深度参与"全球治理"，中国义不容辞。

这可以从中国梦的历史纵深度来理解。富是一个层面建设的基础，富强才是全面的国家强盛。富强不仅是物质基础的丰裕，也是精神领域的丰富。《六韬·卷一》曰："天下非一人之天下，乃天下之天下也。同天下之利者，则得天下。"

习近平总书记在纪念孔子诞辰2565周年国际学术研讨会上指出："当今世界，人类文明无论在物质还是精神方面都取得了巨大进步，特别是物质的极大丰富是古代世界完全不能想象的。同时，当代人类也面临着许多突出难题，比如，贫富差距持续扩大，物欲追求奢华无度，个人主义恶性膨胀，社会诚信不断消减，伦理道德每况愈下，人与自然关系日趋紧张，等等。要解决这些难题，不仅需要运用人类今天发现和发展的智慧和力量，而且需要运用人类历史上积累和储存的智慧和力量。"今天，在践行社会主义核心价值观的过程中，只有从中华优秀传统文化中去寻根溯源、去汲取智慧，才能更深刻地理解、更全面地把握、更自觉地践行社会主义核心价值观。

审视古今中外的历史，笔者认为，实现国家或社会的蓬勃发展、长治久安，既要有雄厚的物质基础和经济实力，又要有先进的思想文化和制度优势。社会主义核心价值观，不仅团结凝聚了纷繁复杂的社会意识，整合了喧嚣多元的价值秩序，而且成为当代中国的兴国之魂、强国之基；社会主义核心价值观具有深刻内涵与现实意义，且延续了一脉相承的思想之源、文化之根。广大党员干部要真正认识民族文化的精髓，深刻领悟社会主义核心价值观的传统底蕴。这对于传承中华文明、弘扬民族精神、增强民族发展力、践行社会主义核心价值观，具有深远的历史意义和重大的现实意义。

二、社会主义核心价值观的历史文化向度

价值观具有历史性，有着文化传承的根与魂。所有的价值观都是生活在不同历史阶段的人们的价值取向或价值愿景，反映着社会历史发展不同阶段的特征。

"自由、平等、公正、法治"所代表的时代价值，在奴隶社会就不可能出现。理论的出现总是与时代的发展相关联，社会发展的时代性必然催生其时代精神的价值取向。古希腊的哲学家柏拉图也讲"公正"，这里的"公正"指的是"城邦正义"。但他所理解的公正是统治阶级、保卫者与劳动人民各司其职、不僭越。在柏拉图的理想国中，统治者、武士、劳动者的等级是根据他们所拥有的德行划分的，这是一种"智者尽其谋、勇者竭其力、仁者播其惠"（《贞观政要·卷一》）的划分，表面上看起来是人尽其才的自由选择，

实质上是带有柏拉图"灵魂回忆说"的一种预定。在那时，自由也只是少数自由民的特权。即使被认为是实行民主制的雅典，人人拥有同样的"自由"显然也不是当时的社会共识，连亚里士多德这样的哲人也认定奴隶只是会说话的工具。在封建社会，"民主""平等"显然是不可能的，农奴怎么敢与农奴主坐而论道谈"平等"。在那个时代，如果有人想与君主平起平坐，一定会被视为大逆不道。在一定意义上，封建社会也讲"法治"，如中国古代就有"王子犯法与庶民同罪"的说法，但那时讲的法是公开维护统治阶级特权地位的"王法"，而不是法律面前人人平等的"民法"。

"王法"的合法性来自替天行道式的"君权神授"的"天子"尊严，在"君权神授"的专制制度下，大多数民众并没有"法治"观念。在许多时候和许多地方，存在着"刑不上大夫，礼不下庶人"（《研经斋全集外集·卷十七》）的现象，而这种现象在当时普遍被认为是"正常的政治伦理"。历史就是历史，在特定的社会发展阶段只能提出适合这个社会需要的价值观。

马克思说过："历史不外是各个世代的依次交替。每一代都利用以前各代遗留下来的材料、资金和生产力。"[①] 物质生产是如此，精神生产更是如此。价值观具有继承性。任何真正推动历史进步的价值观都顺应了时代的需要，是人类文明成果的反映。每一时代的价值观都反映了自己时代的课题，是历史文化与时代精神的精华，其是在社会历史之中的，因而也发生了历史性的作用。封建社会等级制的核心价值观，显然不同于奴隶社会视奴隶为会说话的工具的价值观，具有历史进步性，推动封建社会取代了奴隶制度；资本主义社会法权抽象平等的核心价值观，显然比封建社会的等级制价值观更先进，因此成为资产阶级革命的旗帜和战斗口号。价值观的变动就是这样一个随着历史进步而不断演进的过程。在这个进程中，一方面，不能把较高阶段的价值观用于低级社会形态阶段。如果把资本主义社会的核心价值观置于奴隶社会去讲，"空降的价值观"会有"价值时空差"，它会因为没有现实的社会基础而根本不为人所理解，因而不"接地气"的价值观不可能发挥价值引导作用。另一方面，处于较高社会形态阶段的价值观一定吸收了以往价值观的积极因素，体现人类文明成果的演进过程。既然价值观的变迁反映了历史的进步，那么社会主义核心价值观就不能脱离人类历史发展规律而无中生有，而是要积极吸收人类历史发展中产生的一切文明成果。社会主义是作为

[①] 中共中央马克思恩格斯列宁斯大林著作编译局.马克思恩格斯全集：第3卷[M].北京：人民出版社，1960：51.

资本主义的替代物出现的，虽然同资本主义有着千丝万缕的联系，但社会主义与资本主义是两种根本不同的社会发展阶段形态，社会主义核心价值观与资本主义核心价值观有着本质的区别。这样，在"三个倡导"中，出现"自由、平等、公正、法治"等字眼也就不难理解了。社会主义核心价值观是在吸收包括资本主义文明成果在内的一切文明成果的基础上发展起来的，代表了人类进步的价值理念。

　　社会主义核心价值观主要基于生产资料的公有制。资本主义的核心价值观反映的是资本主义制度的本质，是资产阶级意识形态的集中体现，代表的是资产阶级的利益。而社会主义核心价值观反映的是社会主义制度的本质，是社会主义意识形态的价值体现，是社会主义核心价值体系的内核，体现社会主义核心价值体系的根本性质和基本特征，反映社会主义核心价值体系的丰富内涵和实践要求，是对社会主义核心价值体系的高度概括和集中表达，代表的是广大人民群众的根本利益。在当代中国，社会主义核心价值观必须反映中国的实际和全面深化改革开放的伟大实践，必须继承中华优秀传统文化和革命文化，必须能够发挥引领方向、发展力量、展示形象的作用。这就决定了社会主义核心价值观所倡导的自由、平等、民主等价值，尽管概念术语与资本主义的核心价值观相同，但两者的外延和内涵有着制度性的差异。

　　显然，不同的价值观反映不同的社会形态所有制。社会主义的自由就不再是基于资本主义制度的代表私有制的自由，而是基于人民主权的广大人民的自由，人民群众享有实实在在的生存权和发展权。就平等而言，资产阶级从法权的角度提出每个人的平等权利问题，它不仅将古希腊时期的权利适用范围扩大了，而且在法律上确立了抽象的人人平等，相较于封建社会，这的确是一个进步。但是，由于权利的法权形式的抽象性，资本主义社会很难实现它所允诺的平等的"民主"权利。在这里，财产权是关键。例如，西方国家所看重的"投票权"一开始就有财产的规定，更别说因为革命的妥协性使英国贵族长期保持某些政治特权。在社会主义社会，平等是人与人之间经济、政治、社会、文化等诸方面的全面的平等。民主、公正也是如此，社会主义的民主是真正的人民当家作主；社会主义的公正规定着社会主义人人平等、共同富裕，反映社会主义本质要求。

　　总之，价值观都是历史的、具体的，核心价值观反映的是不同社会制度的本质。"自由""民主""平等""法治"等价值，在同一制度下的不同国家就有不同的理解，不同社会制度的国家对它们的理解更是存在根本的差异。

三、社会主义核心价值观的价值战略

面对世界范围内各种思想文化交融的新态势，面对改革开放和发展社会主义市场经济条件下思想意识多元化的新特点，积极培育和践行社会主义核心价值观，对于巩固马克思主义在意识形态领域的指导地位、巩固全党全国人民团结奋斗的共同思想基础，对于促进人的全面发展、引领社会全面进步，对于凝聚实现中华民族伟大复兴的中国梦的强大正能量，具有重要且深远的历史意义和现实意义。

（一）社会主义核心价值观体现了价值战略选择

从适应国内国际大局深刻变化看，我国正处在大发展、大变革、大调整的叠加时期。在前所未有的改革、发展和开放进程中，各种价值观念和社会思潮纷繁复杂。这迫切需要国人积极培育和践行社会主义核心价值观，扩大主流价值观念的影响力，提高国家文化软实力。随着政治多极化、经济全球化和文化多元化，价值观念和意识形态的碰撞、冲突与交融比历史上任何时期都更加激烈。西方发达国家凭借雄厚的经济实力和传播媒介优势，竭力推销资本主义的思想文化、价值观念和生活方式，而且手段越来越多、方式越来越隐蔽。如果国人对资本主义的文化价值渗透丧失警惕，缺乏强有力的应对措施，势必落入"全盘西化""分化"的陷阱，使国家和民族的主流文化失落，精神支柱崩塌。20世纪80年代末90年代初，东欧剧变、苏联解体事件发生的主要原因是社会主义主流文化失落、核心价值理念崩塌。东欧剧变、苏联解体后，意识形态的斗争并没有像西方学者所宣称的那样"历史地终结了"。特别要看到，东欧剧变、苏联解体后，以美国为首的西方国家开始把思想文化渗透的重点指向中国，这种渗透并不是权宜之计，而是一项有计划的长期战略。其中，既有政治、经济方面的渗透，也有文化、技术、军事等层面的渗透。在对外开放的环境下，我国同世界的联系，包括与西方国家的文化交流还会扩大，这对我国文化事业的发展是有利的。与此同时，我国作为世界上最大的社会主义国家，将长期面对激烈的国际文化竞争，特别是将面对西方资本主义国家传播其意识形态、进行文化扩张和思想渗透的压力。因此，积极培育和践行社会主义核心价值观，将提升我国国家文化软实力和意识形态的竞争力，这种提升必然会对西方意识形态的渗透产生抵消效应。

全面深化改革，完善和发展中国特色社会主义制度，推进国家治理体系和治理能力现代化，必须构建好价值体系，加快构建充分反映中国特色、民族特性、时代特征的价值体系，在全社会大力培育和弘扬社会主义核心价值观，提高整合社会思想文化和价值观念的能力，掌握价值观念领域的主动权、主导权、话语权，引导人们坚定不移地走中国道路。从提升民族和人民的精神境界看，核心价值观是精神支柱，是行动向导，对丰富人们的精神世界、建设民族精神家园具有基础性、决定性作用。一个人、一个民族能不能把握好自己，在一定程度上取决于核心价值观的引领。发展中的当代中国，更加向往美好的精神生活，更加需要强大的价值支撑。要振奋起人民的精气神、增强全民族的精神纽带，必须积极培育和践行社会主义核心价值观，铸就自立于世界民族之林的中国精神。

从实现民族复兴中国梦的宏伟目标看，核心价值观是一个国家的重要稳定器。构建具有强大发展力、感召力的核心价值观，关系社会和谐稳定，关系国家长治久安。实现"两个一百年"的奋斗目标，实现中华民族伟大复兴的中国梦，必须有广泛的价值共识和共同的价值追求。这就要求我们党持续加强社会主义核心价值体系和核心价值观的建设，巩固全党全国各族人民团结奋斗的共同思想基础，凝聚起实现中华民族伟大复兴的中国力量。从推进国家治理体系和治理能力现代化的要求看，培育和弘扬社会主义核心价值观，有效整合社会意识，是国家治理体系和治理能力的重要方面。"推进国家治理体系和治理能力现代化，必须解决好价值体系问题。"①

积极培育和践行社会主义核心价值观，有利于整合社会力量、凝聚社会共识、解决和化解社会矛盾。当前，改革深水区的利益格局盘根错节、矛盾错综复杂，文化激荡、思想交锋、价值碰撞也更加激烈。社会主义核心价值观体现了价值上的"最大公约数"，不但能最大限度地为改革的推进整合力量、凝聚共识，也能最大限度地为改革带来的利益调整波动区减震抗压。积极培育和践行社会主义核心价值观不仅是"聚精会神搞建设，一心一意谋发展"的重要举措，也是增强文化软实力、提升中国特色社会主义文化自信、增强社会主义发展力和向心力的现实要求。一般来说，软实力是指精神力量，包括文化、制度、价值观念等的软要素表现出来的能力，它在当今综合国力竞争中的作用越来越突出。

在文化软实力中，核心价值观直接反映着民族的发展力和国家的核心竞

---

① 中共中央宣传部.习近平总书记系列重要讲话读本：2016年版[M].北京：人民出版社，2016：76.

争力。从一定意义上讲，核心价值观的感召力、发展力、生命力决定国家的文化软实力。因此，积极培育和践行社会主义核心价值观，是站在国家战略的高度作出的重大战略选择，有着深邃的世界眼光和战略思维。

（二）核心价值观事关国家道德体系的长远建设

我们党始终强调，两个文明都搞好才是中国特色社会主义。邓小平同志严肃地批评说："现在有一些值得注意的现象，就是没有理想、没有纪律的表现，比如说，一切向钱看。"①"风气如果坏下去，经济搞成功又有什么意义？会在另一方面变质……"②

党的十七届六中全会通过的《决定》指出："社会主义核心价值体系是兴国之魂，是社会主义先进文化的精髓，决定着中国特色社会主义发展方向……把社会主义核心价值体系融入国民教育、精神文明建设和党的建设全过程，贯穿改革开放和社会主义现代化建设各领域，体现到精神文化产品创作生产传播各方面，坚持用社会主义核心价值体系引领社会思潮，在全党全社会形成统一指导思想、共同理想信念、强大精神力量、基本道德规范。"

要在全社会大力弘扬和践行社会主义核心价值观，使之成为全体人民的共同价值追求。要号召全社会行动起来，通过教育引导、舆论宣传、文化熏陶、实践养成、制度保障等，使社会主义核心价值观内化为人们的精神追求、外化为人们的自觉行动。中国改革开放40多年来最主要的成果是开创和发展了中国特色社会主义。党的十八大以来，习近平总书记的系列重要讲话从理论上进一步发展了中国特色社会主义。在省部级主要领导干部学习贯彻党的十八届三中全会精神全面深化改革专题研讨班开班式上，他指出必须高度重视价值观念问题，他强调要"坚守我们的价值体系，坚守我们的核心价值观"。

在中国40多年的改革开放历程中，价值观的变迁是个突出问题。正如潘维在《中国社会价值观变迁30年（1978—2008）》一书的序言中所说："在精神文明的范畴里，价值观变迁显然是个核心话题。在改革开放30年的下半期，价值观的'混乱'或者'混战'是我国人文社科界关注的一个焦点。"《中共中央关于培育和践行社会主义核心价值观的意见》明确指出，"中华优秀传统文化积淀着中华民族最深沉的精神追求，包含着中华民族最根本的精

---

① 邓小平.邓小平文选：第3卷[M].北京：人民出版社，1993：111.
② 邓小平.邓小平文选：第3卷[M].北京：人民出版社，1993：154.

神基因，代表着中华民族独特的精神标识，是中华民族生生不息、发展壮大的丰厚滋养"，要"发挥优秀传统文化怡情养志、涵育文明的重要作用"；要"加强对优秀传统文化思想价值的挖掘，梳理和萃取中华文化中的思想精华，作出通俗易懂的当代表达，赋予新的时代内涵，使之与中国特色社会主义相适应，让优秀传统文化在新的时代条件下不断发扬光大"。培育和弘扬核心价值观，有效整合社会意识，是社会系统得以正常运转、社会秩序得以有效维护的重要途径，也是国家治理体系和治理能力的重要方面。习近平总书记在省部级主要领导干部学习贯彻十八届三中全会精神全面深化改革专题研讨班开班式上指出："推进国家治理体系和治理能力现代化，要大力培育和弘扬社会主义核心价值体系和核心价值观，加快构建充分反映中国特色、民族特性、时代特征的价值体系。坚守我们的价值体系，坚守我们的核心价值观，必须发挥文化的作用。"[1]

（三）社会主义核心价值观反映社会主义的本质要求

富强、民主、文明、和谐，体现了社会主义核心价值观在发展目标上的规定，倡导富强、民主、文明、和谐是从国家层面来揭示社会主义核心价值观的价值取向和追求目标。从社会主义核心价值观的内容来看，涉及国家层面的"富强、民主、文明、和谐"，就是党在社会主义初级阶段的基本路线的总目标中取来的。党的十三大报告就明确提出了党在社会主义初级阶段的基本路线，只不过当时还没有反映在党的章程之中。当时对基本路线总目标的概括是"为把我国建设成为富强、民主、文明的社会主义现代化国家而奋斗"。这个目标此后写入党的十四大修改通过的章程，党的十五大、党的十六大延续了这个提法。一直到党的十七大，党的章程中这一总目标增加了"和谐"二字，成为"为把我国建设成为富强民主文明和谐的社会主义现代化国家而奋斗"。党的十八大延续了党的十七大的这个提法。党的十九大提出，"为把我国建设成为富强民主文明和谐美丽的社会主义现代化强国而奋斗"。

社会主义核心价值观中倡导的"富强、民主、文明、和谐"，其实就是党在社会主义初级阶段的基本路线的总目标中的四个定语用词。所以说，这一内容明显地体现了社会主义初级阶段的要求，是科学社会主义在当前的直

---

[1] 新华网. 习近平在省部级主要领导干部学习贯彻十八届三中全会精神全面深化改革专题研讨班开班式上发表重要讲话[EB/OL].（2014-02-17）[2024-05-23]. https://news.12371.cn/2014/02/17/VIDE1392636904458296.shtml.

接目标，代表了社会主义的价值承诺、价值诉求和价值实现，表明了"建设怎样的国家"，体现了科学社会主义在中国现阶段的目标。

自由、平等、公正、法治，体现了社会主义核心价值观在价值导向上的规定，倡导自由、平等、公正、法治是从社会集体层面来揭示社会主义核心价值观的价值取向和追求目标。

爱国、敬业、诚信、友善，体现了社会主义核心价值观在道德准则上的规定，倡导爱国、敬业、诚信、友善是从公民层面来揭示社会主义核心价值观的价值取向和追求目标。

虽然社会主义核心价值观反映的是社会主义的本质要求，体现的是社会主义的发展目标和价值诉求，但从根本上说，价值观需要通过人这一主体来体现，价值观最基本的主体还是个人。社会主义核心价值观践行的主体，既包括国家，也包括社会，但最主要的主体应是公民，即最广大的人民群众。

社会主义核心价值观，内涵丰富，博大精深。想要完整准确地把握其精神实质，需要理解好三个关键词：一是"社会主义"，特别是"中国特色社会主义"，这是对价值体系性质的限定。核心价值观具有鲜明的社会意识形态属性，社会主义核心价值观就是立足于巩固和完善社会主义基本制度，坚持社会主义道路，充分发挥社会主义制度优越性，从人民这个社会主义的价值主体出发，以实现社会公正、共同富裕和人的全面发展等社会主义的目标为价值取向。新发展理念中"共享发展"的价值理念就是实现社会的公平正义，让人民共享人生出彩、梦想成真的机会。二是"核心"。社会主义社会的价值观念是多元的，而核心价值观，是指在社会生活中居于统治和引导地位的社会价值观，是社会主义价值体系的灵魂。它在整个社会的所有价值目标中处于统摄和支配地位，并引领和主导同一个社会的各种不同的价值观念、价值评价和价值取向，使之沿着一定的正确方向发展。三是"价值观"。社会主义核心价值观，不仅是单个的价值目标，而且是由理论旗帜、理想信念、精神支柱和道德规范等多种因素构成的价值观体系。把握社会主义核心价值观的观念体系，就要紧紧围绕"中国特色社会主义"这个主题，在统一性和整体性上下功夫。

第五节　社会主义核心价值观的内质遵循和文化传承

社会主义核心价值观作为社会主义意识形态的核心内容与本质体现，既是对中华传统文化精华的继承与发展，也是对人类文明优秀成果的汲取与借鉴；既是对马克思主义的严格遵循，也是对社会主义先进文化的充分彰显，从而构成了中国特色社会主义的灵魂。

一、社会主义核心价值观的内质遵循

当代中国社会主义核心价值观的基本特征包括崇高性、科学性、现实性、先进性、开放性、人民性、民族性、整体性与历史进步性等方面。

（一）社会主义核心价值观的崇高性

崇高性，就是社会主义核心价值观蕴含着鼓舞和激励人们不断前进的特性与崇高的精神因子，鞭策着人们前赴后继为之奋斗。社会主义核心价值观作为一个民族向上的精神追求与思想的升华，它必须是高尚的、优秀的。一个民族，没有核心价值观的支撑，则难以屹立于世界先进民族之林。社会主义现代化建设宏伟目标的实现，离不开社会主义核心价值观的支撑和引领，这是中国特色社会主义事业胜利的保证，也是大力弘扬先进文化主旋律的现实迫切需要。社会主义核心价值观将理想、精神、道德作为基本表现形态，包容了最高理想、共同理想和现实目标、民族精神和时代精神、基本道德规范和具体道德规范。崇高的价值理想激发精神动力，营造崇德向善、见贤思齐的道德氛围。

历史与实践反复证明，媚俗与世故的东西是很难有强大的吸引力的，只能导致一个民族道德的沦丧。要努力做到去庸俗、远低俗、不媚俗。引领一个民族的核心价值观理应具有强大的发展力与号召力，而这种发展力与号召力只能建立于崇高之上，这样才能凝聚社会共识，引领社会思潮，增强民族向心力与发展力，促进社会团结；才能保持全社会的共同理想与道德基础，形成团结和睦的精神纽带；才能将社会主义现代化建设变为举国统一的行动。另外，作为一个欲以价值观自信影响世界、掌握话语权、打破西方的话语垄断和舆论垄断的国家，唯有以崇高精神内涵才能产生道德感召力和道德优势。

当前积极培育和践行社会主义核心价值观，是提升国家文化软实力，建设社会主义文化强国的需要,彰显了我们党带领人民推进民族复兴的道路自信、理论自信、制度自信、文化自信,也展现了当代中国追求发展进步的精神基调。

2014年习近平总书记在文艺工作座谈会上指出:"每个时代都有每个时代的精神。我曾经讲过,实现中国梦必须走中国道路、弘扬中国精神、凝聚中国力量。核心价值观是一个民族赖以维系的精神纽带,是一个国家共同的思想道德基础。如果没有共同的核心价值观,一个民族、一个国家就会魂无定所、行无依归。为什么中华民族能够在几千年的历史长河中生生不息、薪火相传、顽强发展呢?很重要的一个原因就是中华民族有一脉相承的精神追求、精神特质、精神脉络。"

(二)社会主义核心价值观的科学性与现实性

社会主义核心价值观以科学的世界观和方法论为指导,体现了社会主义意识形态的本质,反映了对共产党执政规律、社会主义建设规律、人类社会发展规律的深刻认识。社会主义核心价值观立足于中国特色社会主义伟大实践,反映了马克思主义中国化的最新成果,蕴含着以人为本、科学发展的要求,包含着富强、民主、文明、和谐的价值目标,能够极大地激发人民群众的积极性和创造性,能够把价值力量转化为人民群众共同奋斗的物质力量,是真正能够引领当代中国发展进步的价值观。如同马克思所说,"理论一经掌握群众,也会变成物质力量"[1]。毛泽东同志说,代表先进阶级的正确思想,一旦被群众掌握,就会变成改造社会、改造世界的物质力量。[2] 社会主义核心价值观,是鲜活的实践经验的提炼,是群众创造精神的升华,是时代呼唤的产物,来自实践、贴近实践、指导实践。社会主义核心价值观是社会主义制度在价值层面的本质规定,它深深扎根于中国的现实,反映我国社会主义基本制度的本质要求,渗透于经济、政治、文化、社会、生态文明建设的各个方面,在所有社会主义价值目标中处于统摄和支配地位,为中国特色社会主义的发展和完善提供了思想根基,是我国社会主义制度的内在精神之魂。

---

[1] 黎澍,蒋大椿.马克思恩格斯论历史科学[M].北京:人民出版社,1988:228.
[2] 毛泽东.毛泽东著作选读:下册[M].北京:人民出版社,1986:839-841.

（三）社会主义核心价值观的先进性与开放性

社会主义核心价值观作为社会主义意识形态的核心，坚持马克思主义的根本立场，契合马克思主义的精神要旨。从这个意义上讲，社会主义核心价值观是迄今为止最科学、最进步的价值观，它具有主导社会思潮的先进性特质。任何价值观一旦滞后于时代发展潮流，呈现封闭僵化状态，就必然会落伍和被历史摒弃。在我国，富强、民主、文明、和谐以及人的全面发展，代表着最广大人民的根本利益，具有其他价值观不可替代的先导性和影响力，因而必然成为主导社会思潮和实现中国梦的伟大精神旗帜。

当今世界是一个开放的世界，任何一个民族的文化都不是孤立存在的，因此作为中华民族文化精髓的社会主义核心价值观，也必须是一个动态的、开放的、不断变化的理论体系。开放性、包容性就成为当代中国社会主义核心价值观的基本特征之一。价值的开放性要求具有世界眼光。社会主义核心价值观的开放性主要表现在以下两点：一是与时俱进。社会主义核心价值观是一个开放的而不是封闭的价值体系，其理论内容和思想形式，都会随着时代的发展而与时俱进地进行动态提升，并不是封闭僵化的。例如，作为社会主义核心价值观道德基础的社会主义荣辱观伴随着社会的发展在不断地充实与丰富着，从而彰显出它的生命力与吸引力。二是包容性。社会主义意识形态的特征之一就是它强调"尊重差异、包容多样"，这就使作为社会主义意识形态本质体现的社会主义核心价值观也要做到既坚持自身在多元价值观中的主导地位，又能平等地对待各种不同价值观的存在与发展，还能从各种不同价值观中汲取有价值的思想营养，不断丰富和完善自己，以更好地适应时代的发展。社会主义核心价值观的开放性特征，体现了它对待其他非主流价值观所持的一种理性态度。因此，要理性、科学地分析社会上存在的各种价值观，既尊重价值观念的多样性，又能在多样中树立主导，自觉以社会主义核心价值观引领各种社会思潮。

在改革开放的伟大实践中，社会主义核心价值观的内涵随时代的发展变化而不断丰富。社会主义核心价值观要素的不断增加，并不仅是提法的变化，更为重要的意义在于这是一种整体性系统思维方式和发展理念的确立，为我们党从更广阔的视野来审视和处理现代化建设的各种问题提供了新的、更为完整的、更加科学的坐标体系。因此，社会主义核心价值观是着眼于当今时代的发展变化和要求、把握时代脉搏、体现时代潮流、富有时代气息、具有鲜明的时代特色的价值观。

社会主义核心价值观内涵的概括具有表述的开放性，采取的是一种开放而未定性与定论的动态表达方式，这为社会主义核心价值观的进一步凝练、概括和总结留下了充分余地与广阔空间，符合历史辩证法的特质。当然，价值观的世界眼光与开放性，并不意味着在对外开放的方针政策层面上采取"形而上学"的态度，而是应该全面地、科学地认识对外开放。正如邓小平同志所说的那样，在实行对外开放政策时，对于西方的好的东西，应该大胆借鉴学习；但开放也会带来一些消极影响，所以同时必须反对资产阶级自由化。①

作为马克思主义中国化的重要成果，社会主义核心价值观是一个不断丰富和发展的开放体系。习近平总书记在中共中央政治局第十二次集体学习时强调："要加强提炼和阐释，拓展对外传播平台和载体，把当代中国价值观念贯穿于国际交流和传播方方面面。"王晓晖在《积极培育和践行社会主义核心价值观》一文中也明确指出，党的十八大提出的社会主义核心价值观，"一方面为培育和践行社会主义核心价值观提供了基本范畴，另一方面也进一步明确了提炼、概括社会主义核心价值观的基本原则。我们要大力弘扬这些思想、理念和精神，在凝聚全社会共识的基础上，进一步提炼和概括更为简洁、更为有力的社会主义核心价值观"。这些论述都表明，概括社会主义核心价值观的工作并未完结，不存在"历史终结论"。在积极培育和践行社会主义核心价值观的同时，对实践检验的效果进行及时的反馈和理论的总结，并在此基础上经过多次的反复，提炼出更为精粹简明、更为成熟的社会主义核心价值观，仍然是理论工作者的使命。根植于创新的沃土之上，社会主义核心价值观自然具有创新的张力与驱动力，能够在继承传统、与时俱进的结合中形成创新性，在跟进形势和任务变化的步伐中保持创新性，在增强培育效果的实际举措中体现创新性。创新性使社会主义核心价值观具有无限的生机与活力，能够发挥持续的思想牵引和理念引导作用。

（四）社会主义核心价值观的人民性与民族性

人民性，就是社会主义核心价值观的价值取向以追求人民根本利益为旨归。不论在经济生活、政治生活还是思想文化生活之中，人民都是价值主体，"人民当家作主""人民的利益高于一切"。"人民当家作主"是社会主义民主的本质与核心。党的十七大明确提出，人民民主是社会主义的生命。

---

① 孙杰.当代中国社会主义核心价值观研究[M].北京：人民出版社，2016：151.

可见，民主在社会主义国家中的重要地位。我国是人民民主专政的社会主义国家，国家的权力是人民赋予的，因此要接受人民的监督；国家权力也要对人民负责，保障与维护人民的自由和权利不受侵犯。人民是社会物质财富和精神财富的创造者，人民的衷心拥护与支持，人民积极性主动性创造性的发挥，是建设和发展中国特色社会主义的不竭动力。党和国家的一切工作都是为了实现广大人民群众的根本利益。这就要求在培育和践行社会主义核心价值观的过程中，将人民视为最高的价值主体，将"为民、务实、清廉"真正落到实处，视人民利益高于一切，努力实现人民的根本利益，切实维护人民的自由和权利。这是我们党的根本宗旨，也是马克思主义群众观点与价值取向的根本所在。否则，社会主义核心价值观将成为空谈。

价值观具有民族性。文化的民族性对于本民族和国家来说是根基。对于文化来讲，越是民族的，就越是世界的。价值观是文化的核心与灵魂。恰是这样的民族性特征，使社会主义核心价值观能够获得各族人民的广泛认同，体现中华民族最深层的价值追求，成为全民族的共同精神财富。社会主义核心价值观的民族性是指其产生与形成建立在社会主义国家民族优秀文化传统之上，它凝聚了各族人民的根本利益，反映了各族人民的共同愿景，具有鲜明的民族特色与广泛的群众基础。

坚持社会主义核心价值观的民族性特征，必须充分弘扬中华民族的优秀传统文化。其关键就是要加强中华优秀传统文化教育，发扬爱国主义精神。邓小平同志强调，必须发扬爱国主义精神，提升民族自尊心与自信心，否则我们就会被种种资本主义势力所侵蚀腐化，建设社会主义就会面临多种困难。[1] 由此可见弘扬中华民族爱国主义优良传统的重要性。同时，还要全面、科学地认识传统文化，学会批判地继承文化遗产。建设当代中国社会主义核心价值观，必须从我国具体国情出发，不允许也不可能"复制"任何外国模式；必须扎根于民族的生命力、发展力与创造力之中，传承中华民族的价值传统与历史血脉；必须树立民族自信心，培养民族自豪感，坚决抵制各种错误思潮，尤其是资本主义腐朽价值观的侵袭。概括来讲，对待中国传统文化，既要反对民族文化复古主义倾向，也要反对民族文化虚无主义倾向，应采取批判分析的"扬弃"态度，汲取其民族性的精华，去除其封建性的糟粕，努力建设和传统美德相承接的社会主义核心价值观。核心价值观的冲突也是意识形态较量的反映。尤其在面对西方的所谓"普世价值"时，应保持

---

[1] 孙杰.当代中国社会主义核心价值观研究[M].北京：人民出版社，2016：153.

意识形态的阶级立场和必要警惕，不能被"颜色革命"所浸淫。

（五）社会主义核心价值观的整体性

整体性，就是指社会主义核心价值观的主要内容是一个有机统一的整体，包含着国家、社会与个人三个层面的主导价值观，国家价值目标、社会价值取向、公民价值准则这三个层面并不是割裂的，而是有机联系的。中国所倡导的社会主义核心价值观，把涉及国家、社会、公民的价值要求融为一体，既体现了社会主义本质要求，继承了中华优秀传统文化，也吸收了世界文明有益成果，体现了时代精神。每个时代的核心价值观都具有整体性、综合性的特点。当代中国社会主义"三个倡导"的核心价值观，也是内在融会贯通的统一体。中国社会主义核心价值观的完备性在于，它是现实性和理想性、部分性和整体性的内在统一，是对人类社会以往任何类型社会核心价值观的积极扬弃。

"三个倡导"构成了一个内容丰富、从思想到行为、从理论到实践的整体，对于维护社会的和谐稳定发挥着至关重要的作用。在社会主义核心价值观中，国家层面是目标，社会层面是中间环节，个人行为层面是基础，其实现了国家、社会、个人在价值目标上的统一。因此，建构社会主义核心价值观应严格遵循部分和整体、单一和综合相统一的原则，做到三个层面协同互动、整体推进。

（六）社会主义核心价值观的历史进步性

中国倡导的社会主义核心价值观，植根于中国特色社会主义实践，既体现了科学社会主义的基本原理，又借鉴和发展了中西方价值观的合理因素，具有鲜明的历史进步性。

如前所述，中华优秀传统文化和人类文明优秀成果是社会主义核心价值观的重要思想资源，但是这并不是说其完全接受了中华优秀传统文化和人类文明优秀成果。社会主义核心价值观有一个定语——"社会主义"，因此它首先是"社会主义的"，是对人类社会价值观的崭新表述，也是马克思主义人学和价值理念中国化的表达。

社会主义作为人类社会发展到今天的一种最先进的思想体系、社会制度和实践运动，其核心价值观的一个鲜明特征和根本标志就是站在人类价值共识的制高点上。社会主义是一个社会生产力逐步走向发达，逐步消灭剥削、消除两极分化，最终达到共同富裕，从而为实现共产主义创造条件的历史发展阶段。在革命、建设和改革的各个历史阶段中,我们党既有每个阶段的基本纲领,也有确定长远奋斗目标的最高纲领。我们党是最高纲领与最低纲领的统一论者。党的二大首次明确把党的纲领区分为最高纲领和最低纲领。党的最高纲领:实现社会主义、共产主义。最低纲领:消除内乱,打倒军阀,建立国内和平;推翻国际帝国主义的压迫,达到中华民族完全独立;统一中国为真正的民主共和国。毛泽东同志在《新民主主义论》中系统阐述了新民主主义的政治、经济和文化。在党的七大政治报告《论联合政府》中,毛泽东同志强调:"我们共产党人从来不隐瞒自己的政治主张。我们的将来纲领或最高纲领,是要将中国推进到社会主义社会和共产主义社会去的,这是确定的和毫无疑义的。"中华人民共和国成立以后,中国共产党确立了社会主义初级阶段的基本路线。根据这条基本路线,党的十五大又制定了社会主义初级阶段的基本纲领,党的十八大进一步丰富和完善了党在社会主义初级阶段的基本纲领。我们党在社会主义初级阶段的基本纲领是共产主义运动在社会主义初级阶段的行动纲领,是我们党最高纲领在社会主义初级阶段的具体体现。最高纲领和最低纲领在理论上是相互联系的,辩证统一于为实现共产主义奋斗的全部历史过程。社会主义社会阶段虽然还不能达到像共产主义社会阶段那样生产力高度发达、物质极大丰富、人的觉悟极大提高的程度,但是必须看到社会主义核心价值观与社会主义的最高价值——共产主义核心价值观之间的内在的、本质的必然联系——因为社会主义是共产主义的初级阶段。社会主义核心价值观与共产主义核心价值观虽然有一定的区别,体现着共产主义实践运动内部的发展变化,体现着现实性与理想性、阶段性与最终性、部分性与全面性等程度上的差别,是一种现实与理想、坚持与发展的关系,但在内在本质上两者应该是统一的、一致的。因此,社会主义核心价值观具有崇高性、理想性和先进性,是对人类社会以往各种类型社会核心价值观的超越。在这种超越中,既有否定,也有汲取,用哲学的话讲就是"扬弃",这是理解社会主义核心价值观超越性的总要求。

  社会主义核心价值观,也是对中国传统社会核心价值观的超越。中华民族是一个重精神权威的民族,秦汉以来逐渐建构起以皇权为核心、以"三纲"等级秩序为特征的核心价值观,尽管存在着缺陷,但基本上还是符合农业文明社会的道德规范和伦理原则的。而随着社会主义制度在我国的建立和发展,我国开始由农业社会向工业社会转型,由封闭半封闭向改革开放转变,因此必然需要建构起一套能够反映社会主义本质、时代发展主题,具有广泛的认同性,依托文化积淀传承的核心价值观。社会主义核心价值观,把历史与时代连接起来，被赋予符合时代要求的新内涵，既有深厚的历史文化底蕴，又充满时代气息；既能实现对传统文化价值观的继承、创新、发展和升华，又能充分体现社会主义的本质属性。

社会主义核心价值观既具有一定的稳定性，也具有开放性。相对于一般价值观，核心价值观具有相对稳定性。核心价值观是一个社会最根本的、比较稳定的价值观。当一个社会的核心价值观确立以后，它将社会化、时代化、大众化、日常化，逐步进入人们的思想和意识深处，融入这个社会的文化血脉和精神信仰，这样才能稳定地影响社会成员的价值判断和价值选择，逐步形成人们的价值追求、价值取向和价值尺度，并最终形成整个社会普遍认同的价值理想、价值信念、价值信仰，成为人们共同遵循和维护的根本价值准则。

不同时代具有不同的核心价值观，尽管封建社会和资本主义社会都经历了不同的发展阶段，但它们的核心价值观并没有因为发展阶段的不同而改变，而是在整个封建时代和资本主义时代都不过时，原因在于封建社会和资本主义社会的核心价值观都体现了各自社会时代精神的"精华"，而不是仅体现时代精神的"一部分"。文化传承的价值积淀过程具有历史超越性。随着时代的变迁和发展，一个社会的一般价值观都会发生变化，这种变化正是为了维护核心价值观的相对稳定。核心价值观的这种稳定性也是相对的，随着中国特色社会主义事业不断发展和进步，其会对社会主义核心价值观建设提出新的要求，社会主义核心价值观也会被赋予新的内涵。而且，文化发展永远都是动态的、开放的、不断变化的，离不开与其他文化的交流、沟通和传播。只有各种文化相互交流，相互借鉴，取长补短，在求同存异中共同发展，才能达到费孝通"各美其美，美人之美，美美与共，天下大同"[①]的理想境界。

社会主义核心价值观是实践发展和理论构建的统一过程。核心价值观不是从来就有的，也不会永远不变，它需要有一个"倡导""培育""践行"的过程。社会主义核心价值观重在建设，其建设是一个不断充实、加强和提升的过程，体现了历史超越性。这需要一个被理解、接受并逐步实现的过程。随着中国特色社会主义实践的发展，社会主义核心价值观也会更加丰富、更加完善、更加科学、更加凝练。

[①] 1990年费孝通在东亚社会研究研讨会上，做完"人的研究在中国"发言以后写下的题词。

总之，崇高性、科学性、现实性、先进性、开放性、人民性、民族性、整体性与历史进步性等，构成了社会主义核心价值观的基本特征，彰显了社会主义本质与中国特色的统一。只有正确理解与把握当代中国社会主义核心价值观的基本特征，并在各种价值取向之间保持适当张力，才能深刻领会社会主义核心价值观的科学内涵，才能在社会主义先进文化建设中牢牢把握正确方向，全力筑牢各族人民团结奋斗的思想基础。

二、社会主义核心价值观的文化传承

核心价值观是意识形态的精髓，它必须是国家社会制度价值取向的体现。核心价值观必须是基本性的、持久性的价值观，而不能是次生性的、短暂性的价值观。核心价值观必须是真正目标性、理念性的价值观，而不能是工具性、手段性的价值观。核心价值观是社会意识形态，反映的是制度先进与否的问题，不是一般的生活道德观。因此，社会主义核心价值观必须是反映社会主义制度本质的价值取向。例如，法治是实现民主的途径和手段，民主社会必定是法治社会。又如，"共同富裕"就包含在社会公正之中，公正可以很好地解释人的自由权利和共同富裕等价值，没有公正就不可能尊重每个人的权利，也不可能实现共同富裕；反过来，共同富裕就含有公正价值的基础，公正不仅是大家都富裕，它还有政治和文化等方面的含义。因此，"共同富裕"等都包含于社会主义核心价值观中。核心价值观必须是具有一定的超越性的理念，可以凝聚人心、振作精神、引领方向，具有强大的精神感召力。核心价值观必须是代表历史前进方向和具有世界意义的理念，可以吸引全人类的认同和向往。习近平总书记在文艺工作座谈会上指出："要讲清楚中华优秀传统文化的历史渊源、发展脉络、基本走向，讲清楚中华文化的独特创造、价值理念、鲜明特色，增强文化自信和价值观自信。要认真汲取中华优秀传统文化的思想精华和道德精髓，大力弘扬以爱国主义为核心的民族精神和以改革创新为核心的时代精神，深入挖掘和阐发中华优秀传统文化中讲仁爱、重民本、守诚信、崇正义、尚和合、求大同的时代价值，使中华优秀传统文化成为涵养社会主义核心价值观的重要源泉。要处理好继承和创造性发展的关系，重点做好创造性转化和创新性发展。"[①]

[①] 新华网.习近平：把培育和弘扬社会主义核心价值观作为凝魂聚气、强基固本的基础工程[EB/OL].（2014-02-25）[2024-05-23].http://politics.people.com.cn/n/2014/0225/c1024-24463022.html.

（一）关于"富强、民主、文明、和谐"的文化表征

《论语》中记载有这样一件事："子适卫，冉有仆。子曰：'庶矣哉！'冉有曰：'既庶矣，又何加焉？'曰：'富之。'曰：'既富矣，又何加焉？'曰：'教之。'"故事大意如下：孔子前往卫国，感叹卫国的人口兴旺。冉有问，人口众多，然后应当如何？孔子说，应当使人民富足。冉有又问，富足之后，又当如何？孔子回答：对他们进行教化。孔子师生这一段简短对答，总结出了一种社会发展规律，其后的中国历史进程，也在一次次地验证这种规律，即国家社会的发展，必然要经过国强、民富、文昌这样的进阶顺序。国强，使政治稳定，使人民安定；民富，使经济发展，使百姓富足；文昌，使文化繁荣昌盛，使社会文明和谐。回顾中国历史上每一段兴衰历程、每一次政权统一，都要先稳定局势保太平，再休养生息促发展，后盛世修文垂青史。以此分析，我们当代社会也同理可鉴。

自1949年中华人民共和国成立到1978年这30年里，我国为了政治稳定、人民安定，保障国家安全，促进经济发展、文化繁荣昌盛进行了一系列探索与实践。从1978年底开始改革开放一直到近些年，我国经济发展突飞猛进，社会繁荣，这40余年发展社会经济，实现了人民生活的相对殷实。自2012年党的十八大报告中提出"建设优秀传统文化传承体系，弘扬中华优秀传统文化"以来，传统文化不断升温，文化产业蒸蒸日上，这正是当人民安居乐业、丰衣足食之后，对精神文化的追求逐渐增多的反映。要靠文化的滋养，尤其要靠本民族传统文化的滋养来丰富人民的心灵沃土。

习近平总书记在联合国教科文组织总部发表演讲时说："没有文明的继承和发展，没有文化的弘扬和繁荣，就没有中国梦的实现。"既然中国梦是物质文明和精神文明的"比翼齐飞"，既然弘扬中国精神是实现中国梦的重要部分，那么代表中国精神、树立中国形象、传达中国声音的中华优秀传统文化，在今天、在未来必须复兴、必然崛起、必须繁荣。文化是一个民族生生不息的灵魂，文化是一个国家走向世界的软实力品牌。因此，国学开始升温，传统文化开始回归。一时的热度仅是文化昌盛的开端，全民文化素养的提升才是文化繁荣的标志。人们在今天呼吁中华优秀传统文化的复苏、崇仰国学的博大精深，并不仅是出于追求潮流，而是因为中国人走在了符合历史多次印证的客观规律的道路上，走在了社会正确发展的必然道路上，走在了中华民族实现伟大复兴中国梦的重要历史进程中。

（二）关于"自由、平等、公正、法治"的来源和性质

社会主义核心价值观中"自由、平等、公正、法治"这8个字的来源同样具有科学社会主义和中国特色社会主义的形态特质。科学社会主义的"自由"概念出自马克思和恩格斯合著的《共产党宣言》，其指出了未来理想社会的实质特点："代替那存在着阶级和阶级对立的资产阶级旧社会的，将是这样一个联合体，在那里，每个人的自由发展是一切人的自由发展的条件。"[①]这是马克思主义自由观中科学的自由概念的表述。世界共产党人就是根据这一"自由"的概念对待自由问题的。中国共产党第七次全国代表大会制定了党的第一个正式的"总纲"，并写入党章。在党的奋斗目标中就提出了"建立独立、自由、民主、统一与富强"的共和国，其中就提到了"自由"的目标。在哲学层面上，毛泽东同志在《十年总结》一文中认为："自由是必然的认识和世界的改造。由必然王国到自由王国的飞跃，是在一个长期认识过程中逐步地完成的。"

人们通过实践认识和掌握了事物的规律，又在实践的运用中获得了成功，就算是获得了一份自由。从社会发展的角度讲，人类超越物质生产条件的限制，进而在政治上超越阶级压迫、阶级剥削，才能获得充分的自由，也就是只有到了人类理想的共产主义社会才能谈得上获得充分的自由。对于资产阶级所认为的"一切社会状态所共有的永恒真理，如自由、正义等"，马克思、恩格斯则嗤之以鼻，宣布与之"实行最彻底的决裂"。[②]

在政治层面上，真实的自由从来都是具体的、相对的，有限定条件的。在社会主义社会，自由显然比资本主义社会有了较高的水平和真实性，人们的自由具有生产资料公有制的经济基础保障，受到法律的保护。2018年修订的《中华人民共和国宪法》第五十一条规定："中华人民共和国公民在行使自由和权利的时候，不得损害国家的、社会的、集体的利益和其他公民的合法的自由和权利。"所以，社会主义社会的自由概念是真实、具体、有限制、有边界的，不是抽象的、说教的、为所欲为的，自由的本质是自律。还有，由于历史的影响，生产力发展水平的限制，人们在现阶段应该享受的自由权利，有时会受到不应有的破坏和干扰。这是社会主义社会不允许的。先进的人们会努力与这种破坏公民自由权利的现象做斗争。因此，在社会主义社会

[①] 中共中央马克思恩格斯列宁斯大林著作编译局.共产党宣言[M].北京：人民出版社，1997：50.

[②] 陈学明.重读《共产党宣言》[M].北京：人民出版社，2018：44.

讲自由，讲具体的自由，是为了更加充分地不断创造物质和精神的条件，推动自由的发展。当然，自由是一个过程，每个社会形态和国度都有与其社会形态相符合的具体的自由意识。如同人权一样，自由从来不是抽象的，而是具体的、历史的。但是，在不断出现资产阶级自由化思潮的情况下，本来美好的"自由"二字就在无形之中被西化、虚化、分化、曲解了。今天，中国人应该以马克思主义和科学社会主义的自由观，为"自由"恢复名誉，与西方资产阶级意识形态的"自由"划清界限。

资产阶级的平等观，在历史上反对封建主义的等级制度的时期具有一定的革命性和进步性。即使在资产阶级革命时期，这种"平等"的虚伪性和局限性也是很明显的。今天的西方资本主义发达国家，最高统治者大多出自名门望族，属世袭寡头政治。英、美、法、德这些发达国家，在现代社会中仍然存在歧视问题，至今也谈不上真正的平等，富豪与穷人之间的差距何其大；种族与性别歧视仍在，话语认同并没有完全平等建构起来。社会主义核心价值观中的"平等"，在制度价值取向上有别于西方资产阶级的平等观。在马克思主义者看来，平等只有在人民当家作主的社会主义国家才能变成现实。社会主义的平等是真实的，全面的，不断发展的。

《新时代公民道德建设实施纲要》中提倡的规范就有"爱国守法""明礼诚信""团结友善""敬业奉献"，提倡的职业道德就有"爱岗敬业""诚实守信"，提倡的家庭美德就有"尊老爱幼""夫妻和睦""邻里团结"，提倡的社会公德就有"文明礼貌""助人为乐"。因此，社会主义核心价值观中的"爱国、敬业、诚信、友善"，就是从传统文化沃土中提炼出来的。"爱国、敬业、诚信、友善"就是在集体主义的指导下，正确处理人与人、人与社会、人与自然的关系，正确处理从业人员与服务对象、职业与职工、职业与职业之间的关系，正确处理夫妻、长幼、邻里之间的关系。它体现的是马克思主义、科学社会主义原理指导下的新型人际关系。

总之，"三个倡导"的具体内涵体现了马克思主义、科学社会主义的本质要求，是其外显形式和具体化的内容。这就是它们之间关系的本质。事实上，社会主义核心价值观扎根于中华民族精神丰厚的土壤里，因而具有蓬勃的生命力，中华民族精神也正是依靠社会主义核心价值观才得以彰显和弘扬。社会主义核心价值观是新的中华民族精神的聚焦表达，中华民族精神也因为社会主义核心价值观而得以新生。

（三）传承和创新传统文化

马克思主张，人们创造自己的历史，并不是在自己选定的条件下创造，也不是随心所欲地创造，而是在他们既定的、直接碰到的、从过去继承下来的条件下创造。① 人的一切活动都是在一定历史条件下进行的，都不能脱离历史。中国是一个拥有五千年文明史的古老国家，几千年来创造的光辉灿烂的传统文化，内容博大精深，影响十分深远。中国传统文化是中华民族智慧的结晶。例如，"天人合一、政通人和"的和谐理念，"民为邦本、民贵君轻"的民本思想，"天下兴亡、匹夫有责"的家国情怀，"仁、义、礼、智、信"的行为准则，"天行健，君子以自强不息"的自强精神，"修身、齐家、治国、平天下"的人生理想，"己所不欲，勿施于人"的待人之道以及"和而不同"的处世之道等，都是社会主义核心价值观的重要思想来源。同时，应该看到传统文化也是一个良莠并存的统一体，其也有消极、保守、落后的一面。所以，在社会主义核心价值观的培育和践行过程中，要正确对待中国传统文化。"我们是马克思主义的历史主义者，我们不应当割断历史。从孔夫子到孙中山，我们应当给以总结，继承这一份珍贵的遗产。"② 同时要全面认识中华传统文化，取其精华，去其糟粕，使之与现代文明相协调、与当今社会相适应，保持民族性、体现时代性。也就是说，对待传统文化，要做到批判与继承、发展与创新。

近代以来，西方文化对传统中国产生了重要而深刻的影响，助推了国民意识的觉醒，加速了中国近代化的步伐。自新文化运动起，西方民主思想成为批判封建思想文化的强大思想武器。尤其是改革开放以后，弗洛伊德的潜意识理论、尼采的唯意志论、萨特的存在主义、人本理论、人权理论、后现代主义以及生态理论等西方社会思潮的传播，使民主、人权、人本、效率、可持续发展等理念深入人心。当然，应该理性地看到，随着经济全球化的迅猛发展，以美国为首的西方发达资本主义国家凭借其科技、军事与经济上的优势，对我国实施"文化渗透"，甚至"文化侵略"，这就导致了中华文化"话语权"的缺失。同时，西方文化中的消极因素，如享乐主义、拜金主义、极端个人主义等，通常以文化商品为载体，打着消遣与娱乐的幌子向社会大众大肆传播，极力宣扬西方的生活方式和价值观，给我国社会主义核心价值观建设带来了一定的负面冲击。所以，在对待西方文化的态度上，中国

---
① 肖冬松.马克思主义及其中国化研究散论[M].北京：人民出版社，2016：368.
② 刘海藩，万福义.毛泽东思想综论[M].北京：中央文献出版社，2006：6.

人既要反对全盘接受、走向文化的虚无主义,也要反对全面排斥、走向文化的保守主义。要以开放、包容、自信的态度学习世界各民族的一切优秀文化成果,学会辩证地取舍,做到古为今用、洋为中用、博采众长、兼收并蓄,积极汲取异质文化中的营养。当前,培育和践行社会主义核心价值观应该积极吸纳人类社会的优秀文化成果,借鉴符合社会历史发展方向的诸如"法治""人权""平等""民主""自由""理性主义"等思想,使之形成中国气派,符合中国风格,为"我"所用。

文化产品是价值观的承载,价值观则是文化的灵魂。文化产品在陶冶情操、愉悦心情、开阔视野的同时,不断传递着价值信息、彰显其价值内涵,这有助于核心价值观的塑造和培育。所以,通过文化产品的影响力与独特魅力获得影响力与吸引力是文化贸易的重要功能。把精神融入其中,充分体现当代中国的"中国元素"与"中国风格",彰显出社会主义核心价值观,使其不仅在全体国民的心中扎根,也在世界人民的心中留下深刻印象。

从传承创新中的价值层面,阐述社会主义核心价值观与传统文化的内在逻辑向度和价值契合,主要内容框架是阐明两者的道德价值、政治经济价值、社会文化伦理价值向度,并连接到国家、社会、公民的立体层次,也从民族文化的前进方向上把握两者的关系。在具体内容上,社会主义核心价值观在三个层面的倡导直接或间接地继承了传统文化中的思想精华。

国家层面倡导"富强、民主、文明、和谐",借鉴了传统文化中"自强不息""以和为贵"等思想。

社会层面倡导"自由、平等、公正、法治",借鉴了儒家"天人合一""允执厥中""隆礼重法"思想。"自由"在古代多指人通过发善心,进而知性、知天,"参天地之化育",最终实现天道与人道交融互通,达到物我为一、天人合一的境界。"中则正",一个人如果能守护善性,言行不偏不倚,就会保持公心,体现公正。自由也蕴含了以人为本的思想。"法治"在传统文化中作为德治的重要补充,受到不少思想家的推崇。

个人层面倡导"爱国、敬业、诚信、友善",传承了中华民族几千年的传统美德。"爱国"是中华儿女的信念,是精神财富。"诚信"思想最早来自儒家。《中庸》讲:"诚者,天之道也。"天道至诚、真实。所以,人道也应如此,人性真诚善良。"信"为"人言",言必信,行必果。由"诚"到"信",是做人的基本要求。儒家认为,"仁、义、礼、智、信"是每个人都应遵守的道德规范。"仁"的推行表现为善待他人,推己及人,即"友善"的人际关系。"义"的推行表现为处事得体,办事尽心,即"敬业"。中华传统文化是社会主义核心价值观的重要思想源泉。

　　核心价值观是历史经验的提炼和时代精神的精华。要深入把握社会主义核心价值观，理性看待中国传统文化资源，辩证分析社会主义发展史，科学把握马克思主义中国化历史进程；要体现人民群众主体地位、人的全面发展的终极关怀，要体现共同理想和最高理想的辩证关系，要体现先进性与广泛性的时代要求。理解社会主义核心价值观与中华传统文化是相互联系的辩证体，是相互交融的有机体，深入发掘社会主义核心价值观与传统文化的内在契合性与逻辑联系和共同的价值向度；分析传统文化在社会主义核心价值观培育过程中的地位和作用；在历史传统的"文化场"中助推提升社会主义核心价值观的影响力。因此，要重点解析两者的道德伦理向度、政治经济价值及文化价值等走向，对社会主义核心价值观的实现途径与价值影响力作出理论探讨和现实考量。

　　要解析社会主义核心价值观对传统文化的价值超越与提升，以及这个核心价值观本身所表现出的创新力如何发挥其社会影响力，如何从传统文化的母体中汲取养分、成功经验、精华。核心价值观是历史经验的提炼，也是时代精神的精华。"国学热"也表现出传统文化的热度在一定层面上提升了社会主义核心价值观的广泛影响力与时代精神性导向。社会主义核心价值观与中国传统文化是相互共生的统一体。

　　要发挥社会主义核心价值观对传统文化的超越性，并联系其对当代人价值取向的影响力，结合群众路线教育、"三严三实"专题教育、"两学一做"学习教育、"不忘初心、牢记使命"主题教育等党性修养实践活动，强化社会主义核心价值观对党员干部的品德教育和品行的内在塑造力，做到在传承中创新、在创新中传承。

　　培育和践行社会主义核心价值观，要把社会主义核心价值观融入社会生活的各个方面。一种价值观要想真正发挥作用，必须通过强化教育引导、舆论宣传、文化熏陶、实践养成、制度保障等融入社会生活，让人们在实践中感知它、领悟它，达到"百姓日用而不知"的程度。培育和践行社会主义核心价值观要注意把所提倡的与人们日常生活联系起来，在落细、落小、落实上下功夫。要把社会主义核心价值观的要求融入各种精神文明创建活动，吸引群众广泛参与，培育文明新风尚。要利用各种时机和场合，形成有利于培育和践行社会主义核心价值观的生活情景和社会氛围，使社会主义核心价值观的影响像空气一样无所不在、无时不有。

　　培育和践行社会主义核心价值观，要坚持全民行动、干部带头，从家庭做起、从娃娃抓起。习近平总书记在会见第四届全国文明城市、文明村镇、文明单位和未成年人思想道德建设工作先进代表时强调"人民有信仰，国家有力量，民族有希望"。要在全社会培育和弘扬社会主义核心价值观，使之成为全体人民的共同价值追求，成为人民自觉遵循的行为准则。党员干部要带头培育和践行社会主义核心价值观，用自己的模范行为和高尚人格感召群众、带动群众。家庭是社会的基本细胞，是人生的第一所学校，对一个人的价值观的养成有重要影响。要重视家庭建设，注重家庭、注重家风，发扬光大中华民族传统家庭美德，促进家庭和睦，促进亲人相亲相爱，促进下一代健康成长，促进老年人老有所养，从家庭做起培育和践行社会主义核心价值观。"少成若天性，习惯如自然。"培育和践行社会主义核心价值观，事关青少年"扣好人生的第一粒扣子"，必须从小抓起、从学校抓起。要把社会主义核心价值观的基本内容和要求渗透到学校教育教学之中，体现在学校日常管理中，做到进教材、进课堂、进头脑，让社会主义核心价值观在青少年的心田中生根发芽。

培育和践行社会主义核心价值观，必须立足中华优秀传统文化和革命文化。中华文明绵延数千年，创造了博大精深的中华文化，有独特的价值体系。中华优秀传统文化已经成为中华民族的文化基因，植根在中国人内心深处，潜移默化地影响着中国人的思维方式和行为方式。培育和践行社会主义核心价值观，要利用好中华优秀传统文化蕴含的丰富的思想道德资源，深入挖掘中华优秀传统文化蕴含的思想观念、人文精神、道德规范，结合时代要求继承创新，推动中华传统文化创造性转化、创新性发展，让中华文化展现出永久魅力和时代风采，使其成为涵养社会主义核心价值观的重要源泉。革命文化是中国革命和建设光荣历史的见证，渗透着中国共产党人的崇高理想，凝聚着广大人民群众的高尚道德和优良品质，包含了体现社会主义、共产主义价值目标的精神形态，要大力传承和弘扬。

培育和践行社会主义核心价值观，还必须发扬中国人民在长期奋斗中培育、继承、发展起来的伟大民族精神，这就是习近平总书记在十三届全国人大一次会议上的讲话中明确提出的"四个伟大精神"，即伟大创造精神、伟大奋斗精神、伟大团结精神、伟大梦想精神。只要中国人民始终发扬这种伟大精神，就一定能够创造出一个又一个人间奇迹，就一定能够达到创造人民更加美好生活的宏伟目标，就一定能够形成勇往直前、无坚不摧的强大力量，就一定能够实现中华民族伟大复兴。

第五章　坚定文化自信，弘扬中华优秀传统文化

中共中央办公厅、国务院办公厅印发的《关于实施中华优秀传统文化传承发展工程的意见》指出："文化是民族的血脉，是人民的精神家园。文化自信是更基本、更深层、更持久的力量。中华文化独一无二的理念、智慧、气度、神韵，增添了中国人民和中华民族内心深处的自信和自豪。"国人的自信、民族的自豪来源于文化的自信，来源于中华优秀传统文化的"源头活水"对文化自信的滋养。只有以追本溯源的执着定位中华优秀传统文化在文化自信中的地位，从一脉相承的联系中厘清中华优秀传统文化与文化自信的关系，才能认清中华优秀传统文化现代性传承的路径，以自信的魄力实现中华优秀传统文化的现代化。

第一节　文化自信与中华优秀传统文化概述

一、定位传统，厘清源头

（一）概念梳理，文化定位

文化是一个生生不息的运动过程，任何一种民族文化，都有它发生、发展的历史，都有它的昨天、今天和明天。梁启超先生指出："文化者，人类心能所开释出来之有价值的共业也。"[①] 这种广泛意义上的"大文化"能够使人理解中华优秀传统文化是文化自信的"源头活水"。中华文化是以文化的民族性和国度性为依据，以地理环境为依托划定的文化概念。中华传统文化则是融合了地理性和历史性，进而在时空中划出的一片文化领域。这是"昨天"的中华文化，具体指1840年鸦片战争以前的中华文化。中华传统文化是先辈传承下来的丰富遗产，是历史的结晶，并不只是博物馆里的陈列品，

---

① 梁启超. 梁启超全集：第 7 册[M]. 北京：北京出版社，1999：4060.

而且有着鲜活的生命。黑格尔说："传统并不仅仅是一个管家婆，只是把她所接受过来的忠实地保存着，然后毫不改变地保持着并传给后代。它也不像自然的过程那样，在它的形态和形式的无限变化与活动里，永远保持其原始的规律，没有进步。"[①] 传统是社会的一种生存机制和创造机制，借助它，历史才得以延续，社会的精神成就和物质成果才得以保存和发展。

（二）把握优势，厘清源头

中华传统文化源远流长、博大精深的特质不仅给文化继承提供了丰富的资源，也给文化传承带来了因袭的负重。由于对自身的传统认识和外部环境的客观把握都不够透彻，这样一年年、一代代的传承难免泥沙俱下、良莠不齐。中华优秀传统文化概念的提出，让探索文化的眼光在纷繁、迷茫中定位到优秀的内核，既能详细地了解传统文化的发展历程，又能避免被无法穷尽的细枝末节所淹没；量上的减少为找寻最核心的本质节省了精力。外延的收缩、内涵的提炼，让人们认清了中华优秀传统文化是当代国家、社会、个人应该忠实坚守的文化自信的"源头"。

二、认识内涵，划定范围

文化有广义和狭义之分，还有隐性和显性之别。中华优秀传统文化是中华传统文化的组成部分，它既有文化的共性，也有自身的个性。因此，在探讨其内涵时，可以从共性角度对中华优秀传统文化进行显性和隐性两方面的考察，从而划定优秀传统文化的范围，使其在既定的范围内给文化自信输送"活水"。

一方面，显性文化是人的本质力量的对象化。首先，表层显性文化特指器物层面的文化实体，即由"物化的知识力量"构成的物态文化层。它"是人的物质生产活动及其产品的总和，是可感知的、具有物质实体的文化事物，构成整个文化创造的基础"[②]。其能满足人类最基本的衣、食、住、行的生存需要、生产生活的劳动需要以及休闲娱乐的精神需要。其材料是人类主体通过社会实践活动，利用、改造自然界客体而创造出来的包含人的价值取向的产品。其次，中层显性文化指在人类社会实践中形成的各种社会规范和社会组织，即制度文化层。物的文化生产过程形成一定规模进而成为一种社

---

① 黑格尔.哲学史讲演录：第1卷[M].北京大学哲学系外国哲学史教研室，译.北京：商务印书馆，1956：8.

② 于铭松.文化自信：中华文明的当代价值和世界意义[M].北京：人民出版社，2021：9.

会的活动，必然会形成一定的社会关系。马克思曾说："动物也生产，它为自己营造巢穴或住所……但是，动物只生产它自己或它的幼仔所直接需要的东西；动物的生产是片面的，而人的生产是全面的。""动物只生产自身，而人再生产整个自然界。"[①] 人类高于动物的根本之处在于人不仅进行满足直接肉体需要的生产，而且进行摆脱这种需要支配的真正的生产。在对对象世界的改造中，使自然界表现为他自身的创造物和他的现实性，从而创造出一个属于他自己、服务于他自己，同时又约束他自己的社会环境，即"人化自然"，这便是人通过不断反观自身的实践达到的"自然人化"过程，创造的"人化自然"结果。人在"人化自然"中创造准则，并将其规范为社会制度，固化为社会组织，上升为政治制度。最后，深层显性文化即精神文化层，包含社会意识和社会思想。"社会意识形态，则是指经过系统加工的社会意识，它们往往由文化专家对社会心理进行理论归纳、逻辑整理、艺术完善，并以物化形态（著作、作品）固定下来，播之四海，传于后世。"[②] 如政治理论、法权关系、宗教信仰、文学艺术等。而社会思想除一些学术思想或成一家之言的学派观点之外，其思想的最高抽象和凝练便是哲学思维。

另一方面，隐性文化是人的本质力量的内在化，体现在心理潜意识和符号上。人类长期社会实践和意识活动中孕育出的思维方式、价值观念、审美情趣以及由心理动机而产生的行为模式均属于心理文化层的范畴。符号中的言语符号包括声音言语、文字言语、图形言语以及非言语符号中的情态言语、体态言语，其既为人类文化的传承提供了载体，又是人类文化的重要组成部分。特别是汉字作为文字言语同中华优秀传统文化有着极为密切的关系。它既是中国文化的重要文化项之一，又是中华文化中其他文化项的载体。

对中华优秀传统文化显性和隐性内涵的范畴进行界定，能够在既定的文化范围中甄别文化自信建设的营养成分，清除源头的污染物，从而保证汇入文化自信的中华传统文化的优秀与纯洁。

三、文化自信的历史发展

文化自信的历史命运，与人类经济、社会、政治的发展密切相关。马克思、恩格斯在《共产党宣言》中指出，资产阶级时代不同于过去一切时代，

---

① 中共中央马克思恩格斯列宁斯大林著作编译局. 马克思恩格斯选集：第1卷[M]. 2版. 北京：人民出版社，1995：46.

② 徐宗华. 现代化的政治文化维度[M]. 北京：人民出版社，2007：101.

过去那种地方的和民族的自给自足和闭关自守状态，被各民族的各方面的互相往来和各方面的互相依赖代替了。物质的生产是如此，精神的生产也是如此。事实上，文化自信的历史命运，在资本主义兴起之前和之后，确实表现出显著不同的特点。

随着国家、民族的形成和发展，各国各民族之间的交往愈发频繁，冲突与合作、对峙与融合、战争与和平变幻莫测。但是，在资本主义兴起之前人类社会发展的历史中，这种交往从范围来说还是地区性的，从性质和价值取向来说则受到不同时期地区主要强国的文化特性的明显影响。例如，世界的东方，就受到历史悠久的中华文化的深刻影响，以和平、友好为主旋律，在交往中各国各民族的文化自信得到了高度体现。古代中国出现了如汉唐盛世那样推动东方各国各民族友好相处、和平繁荣的局面，张骞通西域、郑和下西洋等开辟了古代丝绸之路，其贯通欧亚大陆、横跨亚非海路，促进了更大范围内各国各民族人民的友好贸易、和平交往的发展。

资本主义的产生和发展，推动了各国各民族在各方面的全球性相互往来和相互依赖，这合乎经济、社会发展的规律，是历史的进步。但是，资本的本性及逻辑却把少数国家、民族的繁荣建立在劫掠大多数国家、民族的财富与尊严的基础之上，把世界推入殖民掠夺的"血海"，开启了世界历史在近代的大变局、大动荡、大分裂。西方列强用坚船利炮满世界抢夺殖民地，同时到处践踏和摧毁殖民地半殖民地人民的文化自信。世界不是更加和谐而是更加分裂，民族之间不是更加平等而是更加对抗。

全世界从此既紧密相连又深刻分裂，一边是西方列强，一边是被侵略被掠夺的殖民地半殖民地国家和民族。西方列强以"文明"自居，以"世界中心"自诩，以"文化优越感"自恋，他们把文化自信扭曲成自己的"文化霸权"，既要把自己的价值观强加于人又伪善地到处实行"双重标准"。他们"霸气"十足，奉行"强权即真理"的强盗逻辑，同时肆意摧毁殖民地半殖民地国家和民族的文化自信，豢养奴才、培植"奴气"。文化自信从来没有像这样在全世界面临被扭曲、被践踏的大危机。

有压迫就会有反抗。在帝国主义、殖民主义的压迫和洋奴的为虎作伥面前，殖民地半殖民地人民的文化自信，以不屈不挠、宁折不弯的"骨气"迸发出来，放射出带有强烈民族精神独立性的时代光辉。这种"骨气"，就是毛泽东同志面对疯狂的日本侵略者发出的庄严宣示："我们中华民族有同自己的敌人血战到底的气概，有在自力更生的基础上光复旧物的决心，有自立于世界民族之林的能力。"① 这种"骨气"就是毛泽东同志高度赞赏的"鲁迅的骨头""鲁迅的方向"："鲁迅的骨头是最硬的，他没有丝毫的奴颜和媚骨，这是殖民地半殖民地人民最可宝贵的性格。鲁迅是在文化战线上，代表全民族的大多数，向着敌人冲锋陷阵的最正确、最勇敢、最坚决、最忠实、最热忱的空前的民族英雄。鲁迅的方向，就是中华民族新文化的方向。"②

殖民地半殖民地人民以"骨气"反对西方列强的"霸气"，以坚决的革命斗争反抗帝国主义殖民主义的侵略压迫，这不仅反映了被压迫民族的要求，而且反映了整个世界的要求。因为西方列强对世界的统治其实是国际资产阶级的阶级统治，所以全世界无产阶级和被压迫民族便成为声气相投的兄弟、并肩战斗的盟军。恩格斯强调："不恢复每个民族的独立和统一，那就既不可能有无产阶级的国际联合，也不可能有各民族为达到共同目的而必须实行的和睦的与自觉的合作。"③ 文化自信由此在新的历史条件下以深刻的时代内容和深远的世界意义获得了升华。

正如毛泽东同志在《新民主主义论》中指出的，中国共产党是在一个殖民地、半殖民地、半封建的社会，在"我们民族的灾难深重极了"的条件下领导中国人民进行革命的；中国革命发生在国际资本主义"非更加依赖殖民地半殖民地便不能过活的时代"，发生在各个资本主义国家的无产阶级"宣布他们赞助殖民地半殖民地解放运动的时代"，因而中国革命已经是"新的世界革命的一部分"，是"无产阶级社会主义世界革命的一部分"，因而"不为帝国主义所容许，而为帝国主义所反对"。中国共产党就这样准确判定了时代发展的必然趋势，准确判定了中国革命的历史方位，深刻认识了中国人民肩负的世界历史使命。因此，毛泽东同志提出了"发展民族新文化提高民族自信心"的庄严任务，强调这种新文化首先就是"反对帝国主义压迫，主张中华民族的尊严和独立"的。这种高度的文化自觉、坚定的文化自信，帮助中国人民推翻了三座大山，取得了新民主主义革命的胜利，为实现近代以来无数志士仁人"振兴中华"的梦想提供了基本前提。经历了百年屈辱，"中国人民从此站起来了"，这是对全世界无产阶级革命和被压迫民族争取独立、解放事业的巨大鼓舞，是对当时正在土崩瓦解的殖民主义体系的沉重打击。

---

① 毛泽东.毛泽东选集：第 1 卷 [M].2 版.北京：人民出版社，1991：161.
② 毛泽东.毛泽东选集：第 2 卷 [M].2 版.北京：人民出版社，1991：697.
③ 中共中央马克思恩格斯列宁斯大林著作编译局.共产党宣言 [M].北京：人民出版社，2018：24.

世界反法西斯战争胜利以后,许多国家和民族走上了独立自强的发展道路。中华人民共和国成立后,中国共产党领导中国人民进行社会主义革命,进而开始了巩固和建设社会主义的艰辛探索。但是,西方列强称霸世界的野心没有改变,它们拉拢资本主义国家、敌视社会主义国家,把世界拖入冷战的漩涡。它们信奉和推行西方中心论的观念没有改变,竭力摧毁其他各国各民族文化自信的企图没有改变。它们继续推行强权政治、炮舰外交,把自己的社会制度和意识形态强加于人,同时大搞种族歧视、双重标准,对不顺从自己的国家实行经济封锁、政治颠覆,挑起内乱和战争。它们对社会主义国家实施西化分化战略,大肆煽动抹黑其历史荣光、抹黑其领袖和英雄,从而摧毁其理想信念与文化自信,使其陷入历史虚无主义思潮。20世纪80年代末90年代初,东欧剧变、苏联解体,世界社会主义运动跌入低谷。

但是,中国却以坚定的文化自信,在中国共产党领导下,高举社会主义旗帜,历经曲折,战胜艰险,成功地找到了建设中国特色社会主义的道路,改革开放和现代化建设取得了辉煌成就,国家兴旺发达,人民生活水平不断提高。特别是进入21世纪以来,和平与发展的时代潮流席卷全球、势不可当。以中国为代表的新兴经济体和广大发展中国家,经济、社会快速发展,在世界经济中的分量越来越重,国际影响力和话语权越来越大。而西方发达国家经过国际金融危机的打击、中东战争的消耗、恐怖袭击和难民潮的冲击,新自由主义到处碰壁,"华盛顿共识"声名扫地,霸权主义捉襟见肘,"民主"神话濒临破灭,体制失效,警号长鸣。整个世界的财富和力量的重心正在发生历史性转移。广大发展中国家和新兴经济体的文化自信越来越有底气。在这样的形势之下,西方国家特别对中国的文化自信感到担忧,甚至视为威胁,这深刻反映出它们面对霸权主义滑落轨迹的历史挫败感。

施害者和受害者的历史记忆和历史感受迥然不同,但是,历史的前行却不以人的主观意志为转移。时代不同了,各国各民族的文化自信再也不容随意践踏,这是全世界人民历史奋斗的胜利成果,是文化自信自身真理性和正义性的历史证明。坚定文化自信,将继续成为各国各民族兴旺发达的精神支撑,将帮助全世界人民奔向持久和平、共同繁荣的未来。历史已经证明并还将证明,坚定文化自信,促进世界各国各民族全球性普遍交往和相互依赖,实现各国各民族独立自主、相互尊重、合作共赢,共建人类命运共同体,这符合世界各国人民的根本利益,是历史发展不可阻挡的大趋势。殖民主义、霸权主义,终将被汹涌澎湃的历史潮流所吞噬。

中华民族是世界上最古老的民族之一。从很早以前,中国人的祖先就劳动、生息、繁衍在这块广袤的土地之上。在这一漫长的岁月中，中华各民族经过几次大的迁徙和融合，形成了以汉民族为主体的多民族共同体。中华民族在形成与发展过程中，创造了灿烂的中华文明，形成了优秀的中华传统文化。中华优秀传统文化产生于中华民族开拓、奋斗、前进的漫长历史岁月中，又反过来给中华民族的进一步发展与进步以滋养，成为中华民族永恒的宝贵财富，成为中华民族对世界、对人类不朽的贡献。

四、论文化自信

"文化自信"的前提是"文化自觉"。没有"自觉"的"自信"是盲目的。所谓"文化自觉"，是对这一文化的方方面面、来龙去脉、内涵与特色有深切的了解，能以健康的心态与理性的精神，如实分析其历史作用、利弊得失与未来发展的契机、潜能或困境。

王阳明的《咏良知四首示诸生·其四》曰："抛却自家无尽藏，沿门持钵效贫儿。"他的意思是指人们常常泯灭良知，不知自家的精神宝藏，堕落为精神的弃儿。放着自家的宝藏不管不顾，成了精神文化上的"叫花子"，这可以说是鸦片战争以后一段时间，中国的"全盘西化"思潮的真实写照。

当然，今天讲的"文化自信"，不是发思古之幽情，不是回到过去，而是立足于当代，面对今天中国与世界上的诸多问题。在今天中国的现代化建设中，在人类命运共同体的构建中，中华优秀传统文化如何发挥其生命力，提供给世界新的价值？这是值得认真思考的问题。

长期以来，对于中华文化，国人的自信力有所缺失。然而，时至今日，"文化自信"已然成为时代的话语。那么，如何理解"文化自信"？如何减少盲目性，增强自觉性呢？

（一）"文化自信"是对"文化自虐"与"文化自恋"的双重扬弃

清末民初，全盘反传统、全盘西化渐成主流思潮，国人对自己的文化妄自菲薄、自我矮化。胡适说："我们必须承认自己百事不如人，不但物质机械上不如人，不但政治制度不如人，并且道德不如人，知识不如人，文学不如人，音乐不如人，艺术不如人，身体不如人。"[1] 胡适的文化观虽然有批判传统惰性、针砭现实弊端的用意，但由此表现出的文化虚无主义的态度和民族自信心的丧失，已达到无以复加的地步，是"文化自虐"的典型。

---

[1] 胡适.胡适文选[M].北京：中国长安出版社，2013：前言9.

只有批判传统才能真正继承传统，但真正的批判必须是全面深入理解基础上的内在性批判，需要以缜密功夫从中国文化思想系统自身的内在理论出发而对它做系统梳理，避免将某种特定的思想框架强加在中华传统文化之上。不由分说，寻章摘句，以简单粗暴的方式来宰制、肢解传统，先入为主地把中国传统指定为粗糙、落后、保守等，这类所谓的"批判"或美其名曰之"新批判"，实与中国思想文化毫不相干。

当下，中国文化的复兴已成大势，又有人不加分析地歌颂传统文化，陷入一种"文化自恋"情结，好像凡是国学、传统的都是好的。近年来，我国提倡弘扬中华优秀传统文化，一再两面批判、两面出击：一是批判"全盘西化"思潮；二是批判自恋情结，批判各种形式的伪国学。传统政治文化中的皇权专制主义是首先要深入批判的，这是我国建设现代化的严重阻碍。还应及时批评时下的"国学热""儒学热""书院热"中的负面，批判沉渣泛起；批评把国学作为敛财手段的功利倾向和误人子弟的做法，强调"正"讲国学，让国学、儒学中的核心价值、做人做事的正道，创造性转化为现代人的人生智慧，使人以此安身立命。

"文化自信"是对"文化自虐"与"文化自恋"、西方中心论与中国中心观的双重扬弃。没有全面真正的继承，就不可能有文化创新。创新不仅要有厚重的历史感，具备深厚的理论功底，也要有时代精神，具有深刻的问题意识。创新固然是应时代的挑战而生，但创新绝非无源之水、无本之木，它一定是对传统的批判性继承。弘扬传统文化并不是要脱离社会现实而开历史倒车，而应批判现代性的负面，批判世俗流弊，抛弃"五四运动"以来相沿成习的对中国文化的某些误解、成见，调动并创造性转化传统文化资源，介入、参与、批判、提升现实，促使传统与现代的互动，双向批判、双向扬弃。这才是应取的态度。

（二）以"文化自觉"为前提的"文化自信"

钱穆说："欲其国民对国家有深厚之爱情，必先使其国民对国家以往历史有深厚的认识。欲其国民对国家当前有真实之改进，必先使其国民对国家以往历史有真实之了解。我人今日所需之历史智识，其要在此。"[①] 这就是说对自己的文化要有一种自觉，这种自觉源自深度的理解。

有"文化自觉"的"文化自信"，才是真正的自信，才有助于中国文化

---

① 钱穆.国史大纲：上册[M].北京：商务印书馆，1972：引论 3.

的创造性转化与创新性发展。中国文化,特别是儒释道文化,在两千多年来一直塑造和滋润着中国人的心灵,但在近百年来却遭到了前所未有的指责和批判,这固然与"救亡"的时代背景有关,但也与中国文化中的负面,即其中的僵化和异化有关,同时与那一代知识分子的学识、心态乃至个人遭遇等有关。这总体上表现为自信不足。

儒学等在当下中国得到重新认识和重视,呈现复兴之势,当然也是鱼龙混杂,其中的原因也是多重的:中国经济的崛起、国势的强盛当然是一个重要原因,外来思想资源无法安顿大多数中国人的心灵也是一个重要原因,但根本原因在于,中国文化自身的价值理念仍具有生命力,如"仁义礼智信""孝悌忠恕"等。不管是传统的农业社会,还是现当代的工业社会、信息社会等,只要是人类社会,无论其组织方式如何,要形成公序良俗,就离不开这些价值。此外,中国文化自身所具有的因时损益、与时俱进、自我更新的精神也是其葆有生命力而传承不断的重要原因。

新时代文化的"两创"不是无源之水、无本之木。实际上,有本则不穷。相比传统中国社会而言,国学与现实的脱节确实较为严重。在此方面,笔者认为,当今首要之计是注重和加强国学的教育与普及。包括国学经典等在内的中华优秀传统文化应该让大中小学生有所了解,要让国学等中华优秀传统文化成为滋润中国人心灵的文化资源,成为党政干部的起码修养。积极推进民间国学的培育和发展,让国学深深扎根于中国的这片土壤。

为政之道在于明德、亲民。王阳明解释"大学之道,在明明德,在亲民,在止于至善"时,特别强调在明明德的基础上亲民。他强调为政者要修身以德,以仁德为核心价值,引领和实现政治的正义。官德不仅仅是一种职业道德,更是人的良知在政府事业上的直接运用。为官不讲官德,就是违背良知。进一步来说,亲民就是要以民为本,视百姓为骨肉亲人,尊重民心民意,体察民间疾苦。在具体的政治实践中,王阳明以高超的政治智慧,将社会教化、社会治理以及具体的行政手段结合起来,治理了很多难治之地,实现了民不骇政、四方咸宁。王阳明的为官之道,对于今天加强党员干部修养、化解社会矛盾、转变政府职能等,有借鉴意义。王阳明讲"知行合一",其中"知"指良知,强调真知真行,即要在日常伦理之中,在礼乐刑政之中,将"天地万物一体之仁"发用出来,用来敬老爱亲,用来修身齐家,用来尽伦尽职、为政理事。做一分,就体认一分良知;体认一分良知,就要行一分。这一点,可以赋予今人实践道德、完善自我的勇气。

首先,要像孟子所说的那样"深造自得",对自家文化经典要有全面而深刻的研读、理解和实践,唯其如此,方能"居安思危",才能"左右逢源",也才能有真正意义上的文化自信。其次,应该带有批判的眼光和精神,不能堕入所谓"宗教激进主义"。再次,应该积极推进"灵根再植"的体制、机制之建构,如让国学经典进入课堂,作为兴趣课,主要目的就是使学生对其有所了解,培养学生对国学的兴趣,而不是简单粗暴地进入课堂,进而成为学生考试的重要组成部分。这是至关重要的。成人对国学理解起来都有一定难度,有的文章不是一般成人能理解的,何况一些中小学生,他们理解起来更加困难。学生懵懵懂懂、不知所云,读着晦涩难懂的文章,甚至还被要求背诵下来,这使部分学生从小就对其产生厌恶心理,这是教育的一大悲哀,不是我国宣扬中华优秀传统文化的初衷。可以把国学纳入一级学科并且建设一批一流学科,让真正有兴趣爱好的学生有进一步深造的机会,恢复或重建民间书院及其功能,继续推进民间国学的良性发展。最后,有必要防止鱼龙混杂、警惕国学骗术,警惕一些乌烟瘴气的东西以国学之名沉渣泛起。

(三)"文化自信"与构建人类命运共同体息息相关

今天,人类社会是一个相互依存的共同体已经成为共识。既然人类已经处在"地球村"中,那么全球的利益也就是各国自己的利益。可持续发展不仅关涉各国,而且关乎全人类的长久发展。中国文化可大而可久,"大"指的是空间,"久"指的是时间。人类命运共同体的建设仍是一个长期、复杂和曲折的过程。如果各国能真正从全人类长远利益出发来考虑问题,而不是从短期国内需求出发来制定政策,一个更高程度的、走向共同繁荣的人类命运共同体完全是可以建成的。

钱穆96岁时口授了他一生的"文化遗言",即《中国文化对人类未来可有的贡献》一文。其中指出,中国文化中,"天人合一"是最重要的观念,是中国文化的归属之处。他深信,中国文化对世界人类未来生存之贡献,主要也在于此。

中国文化早在唐宋时代就已经国际化,彼时的朝鲜、日本、越南等皆为儒教国家,而且也不乏西欧传教士开始研习、翻译儒学经典。时至今日,儒学中国文化更是在世界范围内得到了越来越多的研究和传播。为何如此?原因是多重的,但最为根本的还是与中国文化自身的价值理念有关。中国文化可以为当今人类面临的共同问题和危机提供智慧与思想的资源,重"时"(如《礼记·月令》)的观念、"天人合一""仁者,以天地万物为一体"的观念就可以为解决当代环境问题提供智慧,即要根本扭转近代以来西方所形成的那种征服自然、个人权利本位、刺激消费的观念。例如，王阳明的"致良知"，就是把"真诚恻怛"的仁爱之心发挥、扩充、实现出来，去应对万物，使万物各安其位，各遂其性。"致良知"包含着从人性上反思自己，反思人的贪欲、占有欲及人对自然万物自身权利与价值的不尊重，以及由此而产生的过度取用与开发。再如，儒家所提倡的"仁者爱人""温良恭俭让""反求诸己""和而不同"，可以化解当代世界因宗教冲突等因素而产生的恐怖主义问题。儒家对待其他文明或外来文明，不像有的宗教那样排外，因其基本原则就是"和而不同"，宽容、包容，尊重其他文明，并尽可能学习其他文明的长处。

推动构建人类命运共同体，源自中华文明的"天下"观念。"以和为贵""协和万邦"的思想，"己所不欲，勿施于人"的忠恕之道，人与自然、人与社会、人与人的和谐理念等，都是中华文化的重要精神因素。为构建人类命运共同体注入中国智慧，贡献中国力量，是中国人的职责。

五、中华各民族共同创造了优秀传统文化

中华民族具有悠久的历史，创造了灿烂的文化。在这种创造中，不只是汉族有所贡献，而是中华各民族都作出了贡献。

中华民族传统文化的发端与形成，最早可以追溯到170万年前的旧石器时代，当时就已形成华北和华南两大文化谱系，其中包括元谋文化、周口店文化、蓝田文化、许家窑文化、丁村文化等。发展到距今9000—4000年前的新石器时代，又形成了旱地农业经济区文化、稻作农业经济区文化和狩猎采集经济区文化。而其中距今7000—4600年前又形成了黄河流域的仰韶文化、大汶口文化和龙山文化以及长江流域的马家窑文化。这些文化具有发展内容与形式上的差异，这实际上也表明创造这些文化的氏族、部落也即后来的民族的前身是有很大差别的。这些文化绝非某一个氏族、部落或者民族所单独创造的。在中国史前文化谱系相互联系与影响的过程中，它们趋同发展并最终导入古代文明，形成古代文化，这应当说也是众氏族、众部落或众多民族之力共同作用的结果。

中国古代传说中，燧人氏、伏羲、神农、黄帝、尧、舜、禹等被视为中华民族的祖先，这些发明了种种有益于民众社稷生存的器物或方法，有征伐兼并或治理社会国家的功绩，保持、推动民族文化发展的圣人，也都不是出自同一个民族。燧人氏钻木取火；伏羲教人结网捕鱼，驯养牲畜；神农尝百草，发明医药，耕而作陶；黄帝伐蚩尤，兼并扩疆；尧、舜治世，择贤而

"禅让"；禹治大水，"传子"而治。他们的种种功绩，无不与中国传统文化中的某些东西、某些精神有着渊源。这些祖先、圣人的作为，证明中华各民族的祖先都对优秀传统文化的发端作出过自己的贡献。

在中华优秀传统文化的形成发展过程中，出现了许多杰出人物。这些人物中，有哲学、史学、文学、艺术、科技方面的精英；有治国有方、文韬武略过人、开创盛世的政治家；有运筹帷幄之中、决胜千里之外的军事家；有反抗外来侵略、反对分裂、维护国家统一的民族英雄；有变革图强、致力民族兴旺发达的志士仁人。这些杰出人物、民族精英，有的出自汉民族，有的出自各少数民族。他们都以自己的成就和功绩，为中华优秀传统文化增添了光彩。

在构成中华优秀传统文化的方方面面中，有光辉灿烂的古代科技发明与创造；有风采独异的古代建筑、园林艺术；有令世界感到神奇的中医药学；有独具魅力、深不可测的汉字文化；有灿烂辉煌的中国文学；有绚丽多姿的中国艺术，其中风韵独具的中国书法篆刻，意境天成、融诗书印画于一体的中国画，气魄宏大、手法细腻的中国雕塑，神奇瑰丽、令人拍案叫绝的中国戏曲等都是它的代表；有完备翔实、举世闻名的中国典籍。如此种种，不胜枚举。在这方方面面中，有汉民族的创造，也不乏少数民族的创造与成就。例如，中国诗歌由《诗经》而至《楚辞》，从汉乐府再演变为唐诗，最终形成韵律铿锵、表达凝练、句式长短整齐、形式简洁严谨的五言、七言律诗和绝句，也是包括汉族诗人在内的中华各民族诗人共同探索、创造和实践的结果。

在中华各民族共同创造优秀传统文化的过程中，各少数民族的贡献是相当突出、不容忽视的。从历史上看，各少数民族都在相对集中的居住区内建设和发展当地的经济、文化事业，然后将其融入中华民族的经济、文化事业之中，使之更加丰富和完善。中国古代在今天的东北地区开发建设的民族就有乌桓、鲜卑、契丹、奚、室韦、女真等。在北方和天山以北地区，匈奴、丁零、乌孙、鲜卑、突厥、蒙古等少数民族都曾在此居住、开发和建设过。天山以南地区则是由羌诸族和阿拉伯系统的各城邦、游牧民族及维吾尔、蒙古等族开发建设的。青藏高原在古代由吐谷浑、吐蕃等民族开发建设，云、贵、川、湘则是由百越诸族最初开发建设的。像承德、遵义、昆明、大理、拉萨、呼和浩特、镇远、丽江、日喀则、银川、喀什等名城，有的完全由少数民族建成，有的则最初是由少数民族开发建设的。在国务院批准的前两批确定有重大价值的62座历史文化名城中，就有承德、拉萨等12座是由或者最初是由少数民族兴建的。作为全国重点文物保护单位的秦汉以来的古遗址中，就有楼兰故城遗址（新疆维吾尔自治区若羌县）、辽中京遗址（内蒙古自治区宁城县）等多处属于少数民族在古代建成的。其他古建筑、古文物之类，出自少数民族的也不在少数。直至今天，维吾尔族的地毯，藏族、白族的漆器，阿昌族的刀具，壮族、黎族、苗族、傣族、侗族的织锦，苗族、瑶族、布依族的蜡染等工艺美术制品，都仍然是中华优秀传统文化中的重要组成部分，受到国内外的广泛赞誉。

中华各民族在历史上首先是努力创造自己优秀独特的文化，并在历史发展过程中不断充实、丰富和完善自己的民族文化。然后随着各民族相互交往和联系的增多，又彼此吸收、消化他民族文化的优点和长处，对自己的民族文化加以发展，或者将自己的文化融入一种更先进、更博大的文化之中。中华民族的形成与发展，为中华各民族文化的融合奠定了基础，创造了条件，从而最终形成了包容广泛、博大精深的中华民族的传统文化。这是中华各民族共同奉献与创造的结果，也是中华各民族引以为豪的成就与业绩。

中华优秀传统文化产生于中华各民族的交往与融合的过程之中，伴随这一过程的深化而升华。另外，中华优秀传统文化一经形成，又以自己凝聚人心的魅力给予中华各民族以巨大的熏陶和影响，从而巩固民族融合的成果，增进民族大家庭的团结，通过自己所推崇的精神、气节、道德、价值观念等，把中华民族凝聚为一个牢固的整体。因此，中华民族的形成、巩固与发展，是形成中华传统文化的土地、根基，而中华优秀传统文化则是产生于这片土地、这一根基之上的参天大树，反过来对这片土地、这一根基以回报。两者相辅相成，相得益彰。任何割裂两者关系的看法或观点，都是不正确的。

第二节　面对传统文化现代化危机，树立传统文化塑造性意识

传统文化是文化自信的"活水"还是"死水"？这类问题，是大而无当的假问题，真正该探讨的问题应该是传统文化的某一部分是否、以何方式、在多大程度上影响、制约着人们今天的生命活动，中国人应该怎样去塑造新的传统。为此，应将所探讨的文化定位于中华优秀传统文化，在这样的大前提下回答传统文化是文化自信的"活水"还是"死水"的问题就会有话可说、

有理可持了。

"活水"既有流淌之势，又有动态之感。中华优秀传统文化的"活水"在"过去"往"现在""未来"流淌的历程中，人们不仅能看到文化基因的悠久沉淀，更能体会到传统文化血脉难以割断。费孝通认为，文化自信指的是生活在一定文化历史圈子中的人对其自身文化的自我觉醒、自我反省和自我创建，其对文化的发展历程和未来有充分的认识。[①]当传统文化遇见现代文化自信时，不同支流的活水是泾渭分明还是相互融合？这个问题在中华优秀传统文化与文化自信的融会中难以避免。面对传统与现代两种不同的表现形式，传统文化存在着"活水"变成"死水"的危机。

一、破除全盘否定观念，寻找自身传统的自信曙光

"全盘西化论"与"彻底重建论"否定了传统文化的合理性。中华优秀传统文化的"活水"经过几千年的流淌进入了现代化的大门。在现代化的进程中一些学者倡导"冲击—反应"论，认为以儒学为核心的中华优秀传统文化是一个内部缺乏活力的惰性体系。它长期停滞不前，只有在西方文化的冲击下才被迫做出反应，被迫向近代转变。这一观点虽肯定了近代西方文明对中国近代化进程的历史推动作用，但也具有一定的片面性。它仅看到了传统文化在这一进程中的消极阻碍性，从而单方面认定传统文化是中国近现代发展的阻碍。在片面性思想的发酵下容易产生"全盘西化论""彻底重建论"等对中华传统文化全盘否定的倾向。"全盘西化论"认为西方皆优，自身皆劣，对传统文化满腹牢骚，在妄自菲薄中丧失了民族自豪感和文化自信心。"彻底重建论"则认为必须对中华传统文化进行全力的动摇、震荡，使之彻底解体，尽速消亡，认为想要建设中国新文化，"必须进行彻底的反传统""断裂传统""以反传统来继承传统"，甚至宣传反传统是"永远不悔的旗帜"。

无论是"全盘西化论"还是"彻底重建论"都是对自身文化的不自知、不认同、不自信。"人贵有自知之明"，民族也是一样，唯有客观认识自己的缺点，才能舍旧取新，大步前进；唯有了解自己的优秀传统，才能保持高度的文化自信。优秀传统中的家国天下的经世理想、"穷则变，变则通，通则久"的变易哲学、民贵君轻的民本意识、自强不息的进取态度，都是连接中华优秀传统文化与文化自信建设的纽带。这些传统文化内在的活力因素必

[①] 费孝通．费孝通论文化与文化自觉[M]．北京：群言出版社，2007：190.

然唤醒文化的自信。把握自己的文化，认识到传统文化本身内在的活力因素，这是中华优秀传统文化在面对历史和时代的阻碍时，冲破阻滞流淌的束缚、寻觅传统现代化发展的曙光、建设文化自信的希望所在。

二、冲破全盘接受观念，恢复文化传统的自信信念

泛化优秀，全盘接纳，是指对中华传统文化不加辨识，夸大传统文化内部的优秀成分，以偏概全，只看到其丰富的精神内涵，忽视其中的驳杂内容。将中华优秀传统文化泛化为中华传统文化的文化保守主义者倡导复兴儒学，认为中国社会的出路在于文化的出路，而文化的出路在于儒学的复兴。但是作为中华传统文化核心的儒学思想本身并非尽善尽美的，更不是包治百病的良方。从儒学思想本身的优劣不齐来看，如果说完全恢复儒学的地位，充分恢复传统文化在中国的统治地位并以其指导中国的文化建设，这无疑会给文化自信本身带来不自信。若以中华传统文化为文化自信的补给，必然会因源头的不纯洁而污染文化的自信，从而降低文化自信的活力，动摇文化自信的信念。

应把握"传统"与"文化传统"的本质，澄清全盘接受的误区。从传统角度看，"传统"的本质首先是"传"，它应该是动态的、富有生命力的东西，因此具有"传下去"的合理性和必然性。正如黑格尔在《法哲学原理》序言中所讲的"凡是现实的都是合理的"，这里的"理"也昭示着一种文化传统，即符合社会规范之理。合理的文化是时代选择的结果，是文化内在机制调节的结果。在历史演变的大叙事下，中华优秀传统文化是时代"合理性"积聚的结晶。从文化传统角度看，"所谓文化传统，就是受特定文化类型中价值系统的影响，经过长期历史积淀而逐渐形成的，为全民族大多数所认同的思想和行为方式上的难以移易的心理和行为习惯"[①]。当文化传统这种事实判断的范畴与民族文化的"基本精神""民族精神"相结合时，在价值指向上，就有优劣之分。因此，只有优秀的传统文化才能指引文化传承的现代性路径，才能成为助推文化自信最深厚的文化基因。

三、"四维度"建构传承网络，"三立足"夯实传承基石

在新民主主义革命时期，毛泽东同志汲取前人智慧、综合党内外意见指出，研究党史的根本方法是"全面的历史的方法"，并将其称为"古今中外

---

① 赵洪恩.中国传统文化通论[M].北京：人民出版社，2016：352.

法",即弄清楚所研究问题发生的一定时空,把问题当作一定历史条件下的历史过程去研究。对于文化研究来说,"古今"就是从时间角度把文化及其传统看作历史地发展着的;"中外"就是从空间角度正确处理民族文化和外来文化的关系。

因此,对于中华优秀传统文化,应在讴歌中探索,在自豪中反思,在固守中并蓄,在传承中创新。要树立四个维度——古、今、中、外;坚守三个立足点——建筑、教育、精神。只有这样的传承拓展,才是丰富中华文化、建设文化自信的王道。但是百年实践探索中仍存在建筑单一趋同化、教育定位机械化形式化、精神空洞化的趋向。

(一)"四维度"构建,古今中外贯穿

1. 探古寻根,清澈源头

应讲清中华优秀传统文化的价值理念、深邃内涵、鲜明精神,探清中华优秀传统文化的历史渊源、发展脉络、基本走向,在探古寻根中增强文化自信。

横向领会中华优秀传统文化内涵,在浩瀚广博的中华优秀传统文化内涵中树立自信。中华优秀传统文化实质上是民族精神的具体表现。从中华文化基本精神的主体内容方面能领会传统文化的丰富内涵。"天地与我并生,万物与我为一"的精神境界,"人事为本,天道为末"的人本意识,"苟利国家生死以,岂因祸福避趋之"的报国情怀,"富贵不能淫,贫贱不能移,威武不能屈"的浩然正气等,都体现了中华民族的优秀传统文化和民族精神,都是不应该忘却的"本来"和"初心"。

要扩宽传统文化的范围,在更广阔的天地感悟文化的广博;坐井观天、一叶障目只会滋长自负的情感,唯有眼界开、认识深、站得高,方知宇宙之大、人之渺小,从而端正对中华优秀传统文化的态度,树立文化自信。

纵向探寻中华优秀传统文化根源,在历史流动中沉淀自信。列宁说过:"只有确切地了解人类全部发展过程所创造的文化,只有对这种文化加以改造,才能建设无产阶级的文化。没有这样的认识,我们就不能完成这项任务。"[1] 我国现今建设文化自信,必须对中华传统文化的历史进行科学的考察

---

[1] 中共中央马克思恩格斯列宁斯大林著作编译局. 列宁全集:第39卷[M]. 2版. 北京:人民出版社,1986:299.

和分析，从而对传统文化史作出科学的总结，端正对传统文化的看法。从上古时代至西汉时期，中华文化独立流淌，滋润中华大地。两汉之际佛教传入，与中国固有的传统思想既对峙又相互影响。在彼此融会中，佛教接受中国本土思想的熏陶而凝铸在中华传统文化之中。明代后期，传教士来华，带来了西方的自然科学知识。西学东渐的风气下，仅凭简单模仿并不能解除民族的危机。马克思主义在中国的传播，使中华文化的发展进入一个新的阶段。文化史探究中，中华文化创造性、延续性、兼容性的特点，让中华优秀传统文化持续地焕发出生机，凝结着历史的精华，它并不是博物馆里的陈列品，而是有生命的。历史探究，让人们认清现实发生的合理性和存在的必然性，即使局部存在着中华优秀传统文化与文化自信的碰撞，中国人依旧会信心满满地进行先进文化建设。

2. 守望今朝，坚守活水

重视传播手段，加快传统文化现代化。大多数人都感到"时代变了"，特别是当人们把自己和父母的生活相对比的时候，这种感觉便是人们对近代文化变迁的切身感受。文化变迁并不仅仅出现在文化中，在整个人类历史上，随着人们需要的变化，传统行为也在不断地被取代或被改变。中华传统文化在几千年的文化变迁中传承至今，眼下的中华优秀传统文化仍然面临着变迁，面临着现代化的问题，因此应通过创造性转化、创新性发展实现文化自立、自强。优秀文化只有借助传播手段才能让国人接受，让世人尊重。文化传播不仅在传播方式上存在着"地理文化中心论"，而且在传播内容上也形式多样，不管是打上文化烙印的实体还是无形的思想都属于传播的对象。

传播社会主义核心价值观须立足中华优秀传统文化。因为中华优秀传统文化是中华民族的精神命脉，是涵养社会主义核心价值观的重要源泉，也是我国在世界文化激荡中站稳脚跟的坚实根基。成体系的核心价值观有其固有的根本。抛弃传统、丢掉根本，就等于割断了自己的精神命脉。新时代提出的社会主义核心价值观，把涉及国家、社会、公民的价值要求融为一体，既体现了社会主义本质要求，继承了中华优秀传统文化，又吸收了世界文明的有益成果，再现了时代精神。社会主义核心价值观传承着中华优秀传统文化的基因，寄托着近代以来中国人民上下求索、历经千辛万苦找寻的理想和信念。要在全社会广泛传播社会主义核心价值观，积极吸取中华优秀传统文化中与时俱进的新内容，不断进行价值观的建设，让社会主义文化更加自信，让中华民族更加自信、自立、自强。

3. 立足中华，捍卫清流

清理失衡环境，捍卫文化自信。文化是民族进步的灵魂，文化软实力是民族精神的纽带。当今中国倡导文化自信的首要一步便是肃清文化生态环境。"文化生态环境"是指由构成文化系统的各种内、外在要素及其相互作用所形成的生态关系。中华文化发展的现状中存在文化生态的失衡——民族传统文化常常被误解，高雅文化、精英文化市场日渐萎缩，而娱乐文化则大行其道。培育良好的文化生态最有效的措施是政府发挥激浊扬清的作用，肃清文化生态环境，为文化自信保驾护航。

首先，组织领导统帅传统文化传承路径。2017年1月，中共中央办公厅、国务院办公厅印发的《关于实施中华优秀传统文化传承发展工程的意见》（以下简称《意见》）指出："各级党委和政府要从坚定文化自信、坚持和发展中国特色社会主义、实现中华民族伟大复兴的高度，切实把中华优秀传统文化传承发展工作摆上重要日程。"党的十八大以来，以习近平同志为核心的党中央高度重视中华优秀传统文化的传承发展，始终从中华民族精神追求的深度看待优秀传统文化，从国家战略资源的高度继承优秀传统文化，从推动中华民族现代化进程的角度创新发展优秀传统文化，使之成为实现"两个一百年"奋斗目标和中华民族伟大复兴中国梦的根本力量。

其次，政策保障捍卫传统文化传承路径。《意见》指出："加强中华优秀传统文化传承发展相关扶持政策的制定与实施，注重政策措施的系统性协同性操作性。"加大中央和地方各级财政投入力度，支持中华优秀传统文化传承发展重点项目建设，制定文物保护和非物质文化遗产保护专项规划等，这些都是传统文化发展必不可少的政策性路径。

最后，文化法治环境为传统文化传承护航。文化自信离不开传统传承、现代规划的引导，更离不开文化法律建设的推动和保障。立法的宗旨是加强公共文化服务体系建设，弘扬社会主义核心价值观，增强文化自信，提高全民素质，营造健康文化法治环境。第一，立法保障。逐步建立中国特色社会主义文化法律体系和制定一系列与之配套的制度与机制，为文化市场、文艺创作、遗产保护、文化安全提供重要保障。第二，执法监督。提高文化系统的依法行政能力，满足人民的文化权益，加大对文化执法行为的监督，对涉及保护传承弘扬中华优秀传统文化的相关法律法规的施行力度进行重点监督检查。第三，法治宣传。在全社会宣传营造守法光荣、违法可耻的氛围。增强全社会依法传承发展中华优秀传统文化的自觉意识，形成礼敬守护和传承发展中华优秀传统文化的良好法治环境。

4. 放眼世界，百川汇海

马克思说："过去那种地方的和民族的自给自足和闭关自守状态，被各民族的各方面的互相往来和各方面的互相依赖所代替了。物质的生产是如此，精神的生产也是如此。各民族的精神产品成了公共的财产。民族的片面性和局限性日益成为不可能，于是由许多种民族的和地方的文学形成了一种世界的文学。"① 开放世界的八面来风驱散了曾经笼罩在民族心头封闭的阴云，人类各民族相互交流的深度和广度都在不断拓展。在这样的时代大潮中，中华优秀传统文化将以怎样的姿态参与世界文化的合作、交流，这涉及中华优秀传统文化的适应性问题。郭道荣曾说："一个民族的文化，只有遇到更先进的文化，在冲突与融合中才能更新发展。"② 在地理环境、经济方式和制度传统的影响下，中国曾一度产生了强烈的文化优越感和自我中心的文化心态。在文化自负心理的发酵下，这种自我本位，视中华文明为高明精微，"外来"文化为低劣粗浅。近代的落后挨打，让大部分国人改变了这一看法，但时至今日，仍然存在着中西文化融合道路方面的分歧。就文化本身，中西文化无优劣之分。中华文化之所以在与世界文化交流适应中曾表现出弱势和消极之感，并不是文化本身造成的，而是文化背后的经济、政治等因素在起作用，其中最关键的便是科学技术的作用。

5. 科技助跑，自信交往

科技创新推动的首次工业革命，诞生了近代机器大工业，孕育了现代市场。马克思曾说："资产阶级除非对生产工具，从而对生产关系，从而对全部社会关系不断地进行革命，否则就不能生存下去……资产阶级，由于一切生产工具的迅速改进，由于交通的极其便利，把一切民族甚至最野蛮的民族都卷到文明中来了。"③ 在先进国家和落后国家的文明冲突中，落后国家必然会主动或被动地学习先进国家的科技成果，甚至产生崇尚先进文明、贬低自身传统的不自信思想。因此，中西文化应秉承平等交流的理念，强化自身开放性和适应性。中国不仅需持有平等观念、全球观念等现代意识，而且需发

---

① 马克思，恩格斯.共产党宣言[M].北京：中国社会出版社，1999：10.
② 郭道荣.中国文化概论[M].天津：天津人民出版社，2018：183.
③ 中共中央马克思恩格斯列宁斯大林著作编译局.马克思恩格斯选集：第1卷[M].2版.北京：人民出版社，1995：275-276.

展科学技术，用硬实力支持软实力的建设，在中西文化交流中彰显自信的民族文化。

(二)"三立足"回归文化初心：建筑固化、活动活化、精神升华

1. 建筑：固化文化，积淀自信

建筑是凝固的艺术，是固化的文化。建筑的本质是为了栖息，但是人们在建造过程中会不经意留下自己文化的影子。中国古代建筑从有据可依的西安半坡遗址中的圆形和大方形住房开始，就一直同自身文化观念和与之相适应的审美趣味相联系。中国建筑的根本特色是由中华文化的特点决定的。中国建筑提倡"透风漏日"，从门窗到亭台廊榭的设计均得自然之动景，感宇宙之情韵，体现了中华文化气化流动、衍生万物的宇宙观。宫殿建筑的阳刚和园林建筑的阴柔生动凝练了儒家阳刚和道家阴柔之美。建筑的最高境界——"和"，是艺术家将中华文化"和"的基本精神运用到固态艺术上的体现。

秉承保护方针，建设城镇文化。《威尼斯宪章》指出，世世代代人民的历史文物建筑，饱含着过去年月传下来的信息，成为人们古老的活的见证……把它们真实、完整地传下去是我们的职责。也就是说，建筑文化遗产的价值，根本在于它能见证历史，即它的历史价值。我国保护传统文化遗产秉承着"保护为主、抢救第一、合理利用、加强管理"的方针，积极做好文物保护工作，加快新型城镇化进程。要坚守传统文化遗产保护原则，加强对传统文化建筑群的保护，建立历史文化名城、名镇、名村等特色文化传承区域，进行集中重点完善，发展文化特色区域旅游产业。目前，城镇化发展的蓝图依旧在更加清晰和细致地描绘，城镇化"望得见山、看得见水、记得住乡愁"的美好愿景正变为现实。但是，在城镇化高楼大厦平地起的光鲜外表下，人们在眼花缭乱中总是感到冰冷与陌生。工业文明标准化的追求，容易导致城市建筑的千篇一律、千城一面，城市发展中个性的缺失、文化的缺失让人们失去了熟悉的味道。"钢筋+混凝土+玻璃幕墙"的冰冷让建筑急需精神元素的注入，急需传统文化的支持。文化是一座城的灵魂，只有浸润在文化中，城市建筑才能彰显其魅力。因此，城镇建筑的建设必须与传统文化相结合，将文化元素、文化脉络融入建筑之中，搞好城镇文化生态，使建筑有灵魂，使城市有传统，使文化有自信。

2. 活动：活化文化，激发自信

传统是社会的一种生存机制和创造机制。借助它，历史才得以延续，社会的精神成就和物质成就才得以保存和发展。正因为如此，文化传统并非仅仅停滞于博物馆的陈列品和图书馆的线装书之中，它还活跃在今人和未来人的实践中。

首先，文艺创作实践活跃传统文化传承。《关于实施中华优秀传统文化传承发展工程的意见》（以下简称《意见》）强调，要"善于从中华文化资源宝库中提炼题材、获取灵感、汲取养分，把中华优秀传统文化的有益思想、艺术价值与时代特点和要求相结合，运用丰富多样的艺术形式进行当代表达，推出一大批底蕴深厚、涵育人心的优秀文艺作品"。只有自觉投身于人民生产生活的伟大实践中，才能从最真实的人民生活出发，发现人民喜怒哀乐，创作出持续满足人民精神文化需求的良作。传统与现代结合的文艺作品才是不失本来又能开拓未来的精品，才能成为宣传文化自信的号角。

其次，教育、宣传实践搞活传统文化传承。一方面，应将国民教育贯穿始终。围绕立德树人的根本任务，将中华优秀传统文化在广度上融入思想道德教育、文化知识教育、艺术体育教育各环节，在深度上贯穿启蒙教育、基础教育、职业教育、高等教育各领域。另一方面，应实现宣传教育全面覆盖。《意见》指出："综合运用报纸、书刊、电台、电视台、互联网站等各类载体，融通多媒体资源，统筹宣传、文化、文物等各方力量，创新表达方式，大力彰显中华文化魅力。"在家庭教育中应广泛开展文明家庭创建活动，挖掘家训、家书文化，为青少年营造良好家庭文化环境。在社会引导中应重视承接传统习俗、符合现代文明要求的社会礼仪，形成言行恰当、举止得体、礼让宽容的社会风尚。国家战略上加大对国家重要礼仪的教育宣传力度，彰显中华传统礼仪文化的时代价值，树立文化大国、礼仪之邦的自信形象。

最后，生产生活实践激活传统文化传承。一方面，用中华优秀传统文化的精髓涵养企业精神，培育现代企业文化。在静态企业文化管理中重点组织企业文化的培育和养成。组织内在精神的提升及展示，组织规章制度的制定和明示，组织文化设施的建设和维护，组织经营文化的设计与传播。动态企业文化管理中重点组织文化的传播和弘扬。开展技术技能型文化活动，提升工人劳动技能；开展生活福利型文化活动，增加工人劳动保障；开展文体娱乐型文化活动，增添工人劳动乐趣；开展制度创新型文化活动，保障工人劳动公平。另一方面，深入发展传统体育，抢救传统体育项目，把传统体育项目纳入全民健身工程。宣传体育健身意识，使公民形成个人健康意识；组织体育制度建设，完善体育竞赛、运动的法律法规；培养公民的体育行为习惯，使其养成持久、有序、渐进的健康行为。在个人层面营造健康体魄，在社会中形成健身文化理念，从而丰富文化自信的内容，彰显更广泛的文化自信。

3. 精神：升华文化，敬畏自信

传统敬畏涵养对中华优秀传统文化的敬畏之心。孔子有云："君子有三畏：畏天命、畏大人、畏圣人之言。"强调敬畏自然，顺应万物本性，敬畏在人性中充分展现人性光芒的典范形象，敬畏洞悉天地之道而穷其理、敦风化俗的圣人之言。敬畏在一般意义上表达的是人们对社会生活严肃、谨慎和认真的态度，是人在面对庄严崇高事物时所产生的带有害怕、尊敬的感受，是对文化超然性的意识。对传统文化的敬畏之心是人类最可贵的自信。因为人是文化的存在方式，任何人都无法回避"我从哪里来"这一形而上的问题，都强烈渴望"安身立命"的根性回归，而这一问题在个体生命中是不能充分被说明的，只有从世代延续的人类发展历程中才能得到有效的回答。传统保护着人们，划定人性的"圆周"。基于对民族传统的认同，人们才有安身的可能，才有自己的"文化身份"。基于社会生活，传统更维系着基本的社会秩序。因此，对自身民族文化传统抱有敬畏之心是文化自信最难得的初心。

自信缺失，会弱化文化自信底气。中华优秀传统文化当前面临的主要困境就是对传统文化本身自信的缺失。中华文明历史悠久，这种传统的厚重感让人们身居其中而不自知，历史的飞快向前更淡化了人们对民族传统的自觉意识。20世纪至今的百年流变中，中华优秀传统文化并没有在自觉中得到很好的传承。不可否认，文化建设依旧是短板。中国人时常感叹：中国是一个文化资源大国，文化事业和产业有待发展。

文化自信首先来源于信仰，人们因相信而有敬畏之心。只有拥有敬畏之心，才会有"虽不能至，然心向往之"的敬仰之情，才会有摒弃糟粕、坚守底线的畏惧之情。当今的部分民众缺少对传统文化的敬畏之心，这种自信的缺失会弱化优秀传统文化作为中华民族精神血脉、文化基因的价值，甚至使整个民族的独特性和存在的现实性受到一定的损害。

毛泽东同志在《忆秦娥·娄山关》中写道："雄关漫道真如铁，而今迈步从头越。"今天，文化建设的步伐依旧有待加快。为此，习近平总书记倡导"文化自信"，并将其与道路自信、理论自信、制度自信并列，认为文化自信是更基本、更深层、更持久的力量，体现了党和国家对文化建设的高度自觉。在文化自信建设中，不仅要脚踏实地，将传统文化置于实践生活中，着眼于具体政策的实施、具体方案的出台，而且要"仰望星空"，置传统文化于浩瀚星空，心存敬畏，做到"口诵而得其教，心维而明其旨，体行而匡其道"①，才能在文化自信建设中有所为、有所不为，坚守道德底线，呵护文化操守，从而坚守恒定的文化价值。

因此，要心中存敬畏，视传统为"立命"之根，在文化自信建设中敬畏尊重传统，严肃对待传统，这样才能找寻到传统文化传承发展的明确路径，这样中国的文化自信建设才不会迷失方向，中国文化发展的步伐才会更加矫健。

第三节 坚定文化自信，挖掘中华优秀传统文化中的优势与价值

习近平总书记在庆祝中国共产党成立 95 周年大会上的讲话中提出："在 5000 多年文明发展中孕育的中华优秀传统文化，在党和人民伟大斗争中孕育的革命文化和社会主义先进文化，积淀着中华民族最深层的精神追求，代表着中华民族独特的精神标识。"吸取着中华大地千百年来积累的文化养分，拥有着十几亿人民聚合的磅礴之力，中华民族走自己的路，有着无比深厚的历史底蕴，有着无比广阔的舞台，有着无比强大的前进动力，是最有理由对自己的文化充满信心的民族。"文化自信，是一个国家、一个民族、一个政党对自身文化价值的充分肯定，对自身文化生命力的坚定信念。只有对自己的文化有坚定的信心，才能获得坚持坚守的从容，鼓起奋发进取的勇气，焕发创新创造的活力。"②一个民族的文化，都是历史的、动态的，其中有这个民族固有的根本、既有的传统。中华民族能否实现文化自信，关键是能否客观认识中华传统文化，能否正确继承中华优秀传统文化，能否延续传承中华优秀传统文化的血脉。要做到文化自信，必须要做到不忘根本、弘扬传统、

---

① 邹广文.涵养对传统的敬畏之心[N].光明日报，2014-03-26（5）.
② 中共中央宣传部《党建》杂志社.力量中国：文化工作者谈文化[M].北京：人民出版社，2012：8.

传承基因，如此才能留住中华民族的根，保住中华民族的魂，发扬当今的优秀文化，强大中华民族的自信心。

在几千年的历史变迁中，中华民族创造了悠久灿烂的中华文化，其博大精深、源远流长令人叹服。"中国传统文化是指在长期的历史发展过程中形成和发展起来的，保留在中华民族中间具有稳定形态的中国文化。它包括思想观念、思维方式、价值取向、道德情操、生活方式、礼仪制度、风俗习惯、宗教信仰、文学艺术、教育科学等诸多层面的丰富内容。"① 中华优秀传统文化根植于中华传统文化中，是一个丰富的有机体，是中国传统文化的精华所在、气魄所在，体现着民族精神里的价值内涵。

一、中华优秀传统文化有着独一无二的连绵不断性

回溯世界历史，成熟的农耕文明均出现过异族入侵，结果就是尽享恒河流域滋润的南亚次大陆四分五裂，侵略者轮番而上，令人惊叹的哈拉帕文明早已湮没在漫漫黄沙中，与中古印度完全脱节；巴比伦和埃及，至今被7世纪才兴起的伊斯兰文明统治着，原生文明沦为博物馆里破译不了的谜团。直至现在，这些地方也总是战争频发，炮火不断，灾难连连。而中国有着多元一体的格局，在不同时期、不同地域、不同阶层都有各自的文化特色，这些文化在中华优秀传统文化中的"贵和"哲学熏陶下，原有的传统既表现出中国文化的共性又保留了各自的个性，其内容也更加丰满。当代中国，幼童学语时诵读着圣贤留下的哲言，少年读书时赏析着文人墨客挥毫写就的诗词歌赋，亲子共游时观览着工匠精雕细琢的石刻与画在墙上的壁画，垂暮昏昏时聆听着婉转的昆曲，这是多么有幸！

即便是在近代，西方列强入侵，中国面临着亡国灭种的危机，中国的文化依然没有走到衰败而消亡的悲惨境地。鸦片战争时期，林则徐为抗击英军，开始研究西方文化，他主持编译了《四洲志》；魏源在《四洲志》的基础上著成了《海国图志》，该书阐述了"师夷长技以制夷"的思想；晚清时期，出现了"中体西用"的文化观，尽管它强调的是西学的"用"法，但这种文化观对于冲破传统思想的禁锢、开阔当时人们的视野起到了十分积极的作用。并且，这些文化思想并不是对中国传统文化进行根本性的革除和改造，仅是一种观念上、认知上的转变。简言之，近代中国的传统文化是在与

---

① 马福贞.文化的信仰：中华传统文化讲座：修订版[M].北京：人民出版社，2017：279.

西方文化的冲击交融中曲折地延续和发展。

中华优秀传统文化有着独一无二的连绵不断性，纵观世界文明史，留存到今天、完整而昂然屹立的文明只有中华文明，这是中国人坚定文化自信的根基所在。

习近平总书记在第十二届全国人民代表大会第一次会议上指出："中华民族具有5000多年连绵不断的文明历史，创造了博大精深的中华文化，为人类文明进步作出了不可磨灭的贡献。"在中华优秀传统文化中"价值整合"精神的发展奠定下，坚定文化自信、弘扬中华优秀传统文化、了解中华文明无与伦比的历史延续性和文化稳定性，这是中国人民肯定自身文化史的一大优势。

二、中华优秀传统文化有着永不褪色的时代价值

中华优秀传统文化丰富多彩、涉猎广泛，除却前面所提到的思想文化，行为文化中的饮食、衣饰、建筑、戏曲等都应该被囊括其中，但是那些色味俱全的传统美食、做工精美的头钗步摇、曲径通幽的私家园林、神韵独具的青衣花旦，也是由相应的思维方式、价值取向和审美情趣所指导的，从中反映出人们对社会生活的理解、情感和理想，是蕴含着特定的精神内涵的。因此，从这个角度可以认为，中华优秀传统文化就是"在中华民族发展历程中，在中国思想文化发展历史上，曾经起过积极的作用，迄今仍有合理价值，能够为中华文化的现代传承和创新发展起到积极作用，能够促进社会进步和民族发展的文化"[①]。在这样的理解下，就可以从精神思想的层面发掘中华优秀传统文化的时代价值。

五千年绵延不绝的中华文明有着博采百家众长、兼及八方智慧的特点，在此基础上还有一种支撑着中华民族不断繁衍生息、不断自我更新的内在精神动力。于是在历史长河的千淘万漉下，一些思想观念和固有传统长期受到人们的尊崇，成为生活行动的最高指导原则，它们限定人们的思维方式，支配人们的行为习俗，控制人们的情感抒发，左右人们的审美情趣，在历史上起到了推动社会发展的作用，这就是中华优秀传统文化的基本内涵，其可以被概括为和谐统一的哲学意蕴、家国同构的伦理取向、贵和尚中的思维模式、内圣外王的修身理想、经世致用的科学意识、关怀现世的宗教引导、"得意忘形"的审美境界、崇德重义的高尚情怀、厚德载物的博大胸襟。

---

① 李宗桂.试论中国优秀传统文化的内涵[J].学术研究，2013（11）：38.

中华优秀传统文化昭示的精神思想，在现当代中国，依旧能为中国文化指引健康的精神方向，能够激励人们的精神信念，能够催生中华民族的理想，能够鞭策中华儿女奋斗，能够孕育中华儿女的精神品格。中华优秀传统文化在今天仍然具有强大的生命力与价值。

三、中华优秀传统文化有着深厚广泛的世界影响力

中华优秀传统文化影响力巨大，它超越了地域、阶级、党派、种族、时间的界限，哺育了每个中华儿女。从世界历史的范围来看，作为世界文化的重要部分的中华优秀传统文化也一直影响着其他民族，创造了遥遥领先于世界的灿烂历史。

从远古时代到16世纪，中国传统文化源源不断地向外辐射和传播：早在商周时期，中国文化就传入了朝鲜；西汉张骞出使西域，沿着丝绸之路，中国的丝绸陶瓷等自此远销中亚西亚；日本在隋唐时期派遣使者和学问僧前来中国学习中国文化；到了12世纪，出现了一批从欧洲来华的冒险家和旅行家，这些人回到欧洲后把在中国的所见所闻做了生动传奇的介绍，引起了更多欧洲人的无限向往，掀起了一股"中国风"。

中国古代科技成就更是灿若群星，是极为耀眼并值得自豪的。例如，中国很早就形成了独具特色的农学体系，成书于北魏末年、东魏年初的《齐民要术》提出了因地制宜、多种经营和商品生产的思想，它不仅奠定了我国农学发展的基础，在世界农业科技发展史中也占有重要地位；中国古代数学的丰厚成果更是熠熠生辉，中国人发明了完整而抽象的九九乘法口诀和沿用了约两千年的筹算法，在公元前1世纪左右成书的《周髀算经》内详细地介绍了勾股定理的公式与证明；中国古代的天文学也成就斐然，在《春秋》一书中便有了公元前613年发现哈雷彗星的文字记录，这个发现早于西方数百年。最能代表中国古代科技之博大精深的当数医药学，从甲骨文和商代遗址中出土的文物可以看出，当时的人们已经积累了较为丰富的医学知识；战国名医扁鹊编纂了医学文献《扁鹊内经》；唐代苏敬主持撰写的药典《新修本草》比欧洲的《佛罗伦萨药典》早了839年；明代时诞生的中药学巨著《本草纲目》于万历年间传至日本，之后被译成多种文字在欧洲传播，此书还创立了当时世界上最先进的分类法。中国还有许多其他方面的科技文化，包括地理、建筑、物理等学科的技术，其在相当长的时间内都处于世界领先水平。

中国古代科技的成就比比皆是、不胜枚举，这些成就在当时居于领先

地位，为人类文明的发展作出了卓越的贡献。马克思曾说："火药、指南针、印刷术——这是预告资产阶级社会到来的三大发明。火药把骑士阶层炸得粉碎，指南针打开了世界市场并建立了殖民地，而印刷术则变成新教的工具，总的来说变成科学复兴的手段，变成对精神发展创造必要前提的最强大的杠杆。"[1] 可以说，中国古代的科技在世界范围内广泛传播，并推动着世界文明与文化的演进。这样无出其右的伟大发明与令人惊异的世界影响，是中华优秀传统文化的鲜明特色，是促使中国人形成文化认同的有利因素。

习近平总书记在纪念孔子诞辰 2565 周年国际学术研讨会上指出："当代中国是历史中国的延续和发展，当代中国思想文化也是中国传统思想文化的传承和升华，要认识今天的中国、今天的中国人，就要深入了解中国的文化血脉，准确把握滋养中国人的文化土壤……只有坚持从历史走向未来，从延续民族文化血脉中开拓前进，我们才能做好今天的事业。"中华优秀传统文化以其对世界文化的卓越贡献和对中华民族绵延不绝的影响，以及它生生不息、薪火相传的历史延续性，为坚定文化自信提供了深厚的历史支撑。

第四节　坚定文化自信，理性对待中华优秀传统文化

任何一种文化都不可能与世隔绝，都需要从其他文化中汲取养分。在异域文化的冲击下，对中国传统文化过度肯定，在文化上自我满足、自我陶醉以致自我封闭，是一种不切实际的态度；对中国传统文化轻率否定，莽撞地切断自身的文化血脉，会使民族成为无根之木、无源之水。要把握好这一尺度，在面对中国传统文化时要做到客观诠释、理性对待。

近代以前，中华文明在中国人的心目中不是世界上文明的一种，而是世界上唯一的文明。这种文化自负，是以中华民族曾经领先的制度文明、科技水平、文学艺术、举世无双的国际地位以及无出其右的经济实力为基础的。历史上从区域国际政治格局来考察，在公元前 3 世纪形成直到公元 19 世纪末期衰败解体的朝贡体系中，中国始终处于核心或"共主"地位。到了 18 世纪末期的乾隆时期，清王朝依然对要求通商的英国马戛尔尼使团不屑一顾，要求该使团以"贡使"的身份觐见乾隆皇帝。当因礼节发生争执后，乾隆皇帝在写给英国国王的信中表达了这样的意思：天朝地大物博、物产丰盈、无所不有，不需要外族的货物，也不需要和外族通商贸易。这一方面反

---

[1] 马克思. 机器。自然力和科学的应用[M]. 北京：人民出版社，1978：67.

映出清朝统治者自外于世界发展潮流、对现代化理念的缺乏，另一方面暴露了封建王朝对中华文明的自负。文化自负是一种对待自身文化时的自满自足与妄自尊大。这种态度折射出了一种对外来文化的恐惧和戒备心理，以致自我封闭、处处设防。但与此同时，也要从中看到中国人强大的民族文化自信心。

近代以来，在西方列强的侵略下，中华民族的文化心理出现了一定的落差，不仅有了生死存亡的民族危机感，还有了睁眼看世界后倍感差距的挫败感。在面对中国传统文化的时候，国人由"骄矜自得"的文化自负变为"技不如人"的文化自卑。甚至，某些中国读书人还反用了社会进化论，认为是中国文化的落后造成了中国经济、政治、军事的整体落后。在民族危机的遮蔽下，这种文化危机一直潜藏至今。

文化自负带来的往往是因循守旧、依傍前人、阻碍创造的思维，文化自卑则往往会带来自愿接受别国一切改造并最终被控制思想的精神殖民。同时，在现代社会，对中国传统文化的肯定，并不意味着可以对传统文化进行过度的阐发。必须实事求是地看到中国传统文化中的不足之处，特别是科学精神与现代民主精神的匮乏，这使它可能无法在当代社会中焕发出曾经拥有的全部荣光。

不论是文化自负还是文化自卑，都是一种错误的认知。以怎样的态度对待外来文化和民族文化，考验着一个国家的文化自信。文化自信是一种基于理性认识上的成熟表现，也是一种文化上知己知彼的精确认知。建立文化自信，克服盲目的文化自负和盲从的文化自卑，既要有开放包容的胸怀，做到与时俱进、推陈出新，以宽容的态度和开放的心态积极应对世界文化的冲击，也要有辩证取舍的科学精神，能够以理性的态度吸纳外来文化，能够从客观的角度诠释自己的文化。文化越是自信，越是能守护住中华民族的精神支柱，越是能在世界文化激荡中站稳脚跟，越是能创造出属于中华民族的新辉煌。

第五节　坚定文化自信，大力弘扬中华优秀传统文化

毛泽东同志在谈到文化时指出："中国现时的新政治新经济是从古代的旧政治旧经济发展而来的，中国现时的新文化也是从古代的旧文化发展而来，

因此，我们必须尊重自己的历史，决不能割断历史。"① 因为有传统，所以才有现代；因为有了现代，所以必须对传统进行审视。文化自信的树立与传统文化是不可分割的、联系密切的，应该从它们的关联中发掘出合理积极的因素，为当代社会主义的发展、为建设社会主义文化强国提供应有的历史资源。

一、坚定文化自信，在中华优秀传统文化中汲取精神滋养

中华优秀传统文化作为一种物质性与思想性相结合的理论性和非理论性的、对整个社会具有正面性、积极性、稳定性和现实性意义的精神成果的聚合体，其以价值取向和思维方式为基础和核心，通过构建社会心理、伦理观念、行为习惯、价值观念、理想人格、思维方式以及审美情趣等，广泛地传播在中华大地上，深刻地影响着中华儿女。它作为中华民族集体而普遍的文明积淀，历经时代的变迁，始终保持着相当的稳定性和持久性，为中华民族打上了深刻的民族烙印。

在中华优秀传统文化中，有"民贵君轻"的民本思想；"天下兴亡，匹夫有责"的爱国精神；"言必信，行必果"的诚信态度；"鞠躬尽瘁，死而后已"的奉献意识；"民惟邦本，本固邦宁"的治国理念；"不以一己之利为利，而使天下受其利""不以一己之害为害，而使天下释其害"的无私情怀；"不以规矩，不能成方圆"的自律观念；"和而不同"的理性思辨。其中，所涉及、所包含的价值诉求与现当代社会倡导的社会主义核心价值观高度契合，均可从中华优秀传统文化中寻根问据。中华优秀传统文化发挥着"文以化人"的教化功能，把对个人、社会的教化同对国家的治理结合起来，达到相辅相成、相互促进的目的。

习近平总书记在纪念孔子诞辰2565周年国际学术研讨会上指出："中国传统思想文化中的优秀成分，对中华文明形成并延续发展几千年而从未中断，对形成和维护中国团结统一的政治局面，对形成和巩固中国多民族和合一体的大家庭，对形成和丰富中华民族精神，对激励中华儿女维护民族独立、反抗外来侵略，对推动中国社会发展进步、促进中国社会利益和社会关系平衡，都发挥了十分重要的作用。"文以载道，文以化人。他还指出："中华优秀传统文化中的丰富哲学思想、人文精神、教化思想、道德理念等，可以为人们认识和改造世界提供有益启迪，可以为治国理政提供有益启示，也可以为道德建设提供有益启发。"它给人们以理性的启迪、智慧的播撒、感

---

① 毛泽东.新民主主义论[M].上海：华东新华书店，1949：53.

性的熏陶、旷达的渲染，以此建立了一种受思维心理影响而形成的行为体系，其隐没在生活方式之中，"润物细无声"地影响着国民、社会和国家。

中华优秀传统文化发挥着一个民族、一个社会、一个国家的精神导向的作用，通过构建一个民族伦理道德的表率垂范、树立一个社会评判是非曲直的价值标准、彰显一个国家理想信念的追求取向等路径，建立了一个积极健康的人文环境和稳定和谐的社会环境。中华优秀传统文化通过树立相同的价值追求与精神导向、垂范中华民族的思想德行与伦理规范、协调国民的心理和行为，建立了坚定文化自信的思想支柱。

文化自信，就是对本民族优秀传统文化的自信。它源于对本民族优秀传统文化的必要尊重，源于对本民族文化特质和文化价值的准确判断和定位，更源于对本民族优秀传统文化的合理继承。中华民族文化自信的底气来自中华优秀传统文化，中华优秀传统文化是坚定文化自信的沃土。

二、坚定文化自信，在中华优秀传统文化中获取力量支撑

文化自信的建立，离不开人们有意识有目的的文化实践活动。凝聚全体国民的社会共识，增强人们的主观能动性，是坚定文化自信的必由之路。而中国社会共识的凝聚在一定程度上依靠的是国民基于中华优秀传统文化形成的文化共识。中华优秀传统文化是中华民族在长期共同生活中形成的具有本民族独特风格、独特气派的文化，能够跨越时空、超越国度，加强民族团结、振奋民族精神、增强民族向心力，它散发出的永恒魅力是中华儿女之间血脉相连的纽带。对同根同源文化的深度认可，能够凝聚成中华儿女的文化认同感与民族归属感，继而培养出传承、发扬、创新文化的精神动力，是坚定文化自信的关键。中华优秀传统文化留给当代中国人的文化资源，如文学、艺术、建筑、服饰、饮食等都是弥足珍贵的，如果能利用好、开发好这些文化资源，这无疑是对中华优秀传统文化的有效宣传，也是实现文化自信的一大助力。

文化自信旨在打造民族共有的精神家园，凝聚社会共识，建设社会主义文化强国，塑造国家形象，提高国际影响力。因此，要做到文化自信，不仅要让中国人从内心深处信仰并热爱自己的优秀文化，还要做到将立足本国又面向世界的当代中国文化传播出去，明确中华民族的精神标识，让世界各国领略中华文化的独特魅力，进而使中华文化在世界文化中具有感染力、吸引力，在国际舞台上具有号召力与影响力。这样，中国既能凝聚广大人民的价值共识和精神力量，又能回应西方文化话语的频频诘难，从容面对与世界范

围内不同文化的交锋,从而让世界了解中国文化、读懂中国文化、认识中国文化。

弘扬中华优秀传统文化,增强国民心理上的文化认同感和民族归属感,是涵养文化自信的具体要求;展现中华优秀传统文化,凭借其独特魅力在国际上获得更多认可与喜爱,是践行文化自信的现实需要。

三、坚定文化自信,积极推进中华优秀传统文化创新发展

任何一种传统文化,不论在历史上的影响力多么持久、多么深远,构成它的核心理念都产生于过去,这决定了传统文化在现代化的过程中,其固有的一些认知和观念必定会与现当代社会不兼容。而能够使中国人树立起文化自信的"传统文化",必定是经过现代性审视而仍然具有活力的那部分传统文化,是能够和当代社会衔接、能够给予中国人精神力量和价值指引的优秀传统文化。同时,必须明确的是,尽管中华优秀传统文化在民族文化自信的建设中有着不可替代的作用,但也必须清醒地认识到,一个民族将自身对文化的自信仅寄托于传统的复兴,而不是当代文化的蓬勃发展,这种想法是不切实际的。

"一种文化的活力不是抛弃传统,而是能在何种程度上吸收传统,再铸传统。"[①] 一种文化,能否经受住历史和实践的检验,被证明是先进且正确的文化,在一定程度上取决于其能否与不同文化在相比较中存在,在斗争中发展。

不忘历史才能开辟未来,善于继承才能善于创新。在结合新的时代环境,对传统文化进行重新提炼和发展,以期形成契合当前时代特征的文化的过程中,应当持有以下态度与行为:在理解中扬弃。即以历史为坐标观照传统文化的本来面目,尊重其历史作用,并以此为基础,再以时代性为现实关怀对传统文化进行科学的评判,在对传统文化的评判中寻找出民族文化繁荣发展的路径,从而对传统文化进行超越;而不是用时代性对它进行屏蔽、覆盖,更不是对它进行诋毁、全盘否定或涂抹、粉饰。

应在保护中传承。保护好传统文化才能更好地继承其中的优秀文化。同时,不仅要强调经典传统文化的传承,更要对民间的非物质文化给予更多的培植和保护。这将增强中华文化在世界上的竞争力,为我国甚至世界文化发展的多样性增光添彩,大力推动文化自信的建设。

---

① 陈先达. 当代中国文化研究中的一个重大问题[J]. 中国人民大学学报,2009(6):2.

应在交流中创新。交流是文化得以进步和发展的动力。只有在世界文化中与各个民族的文化在交流中碰撞，在冲突中融合，在学习中创新，才能真正做到"古为今用""洋为中用"，才能创造出面向现代化、面向世界、面向未来的，民族的科学的大众的社会主义文化。

真正的文化自信，首先是以对本民族文化进行客观分析、理性定位为基础的，在此基础之上，才能产生对自身文化价值的充分肯定，才能树起对自身文化发展道路和方向的坚定信念，才能做到推进优秀传统文化现代化，形成具有时代气息和民族特色的中国文化，最终使中华优秀传统文化在现实条件下能够自主发展。为中华优秀传统文化增添活力，就是为坚定文化自信注入蓬勃生机。

四、以坚定的文化自信传承和弘扬中华优秀传统文化

党的十八大以来，习近平总书记多次号召全党全国人民要坚定"四个自信"，特别是要坚定文化自信。他在哲学社会科学工作座谈会上强调："坚定中国特色社会主义道路自信、理论自信、制度自信，说到底是要坚定文化自信。文化自信是更基本、更深沉、更持久的力量。"民族若是一片森林，文化就像阳光、雨露和土壤，是民族形成、发展的必要条件。文化是民族的精神家园，其内涵丰富，从语言文字到饮食服饰，从家风民俗到节庆乡愁，从婚丧嫁娶到待人接物，从英雄传说到诗乐歌舞，以文化人，渗透于国家、民族的社会生活中，为全体社会成员提供着多层次多方面的精神滋养，是民族凝聚力的重要源泉。文化以价值观为精髓，融入社会生活、浸润思想道德。在我国，文化自信的要义，就是对中华优秀传统文化、革命文化、社会主义文化的自信，特别是对其中蕴含的核心价值观的自信。这是中华民族精神独立性的基本标志，是中华民族生生不息、发展壮大的精神支撑。

中华民族有五千多年的悠久历史，创造了灿烂的中华文明。在世界四大古老文明中，唯有中华文明延续至今，并保持着强大的生命力和创造力。中国作为一个文明古国，为人类文明进步作出了巨大贡献。坚定文化自信的一个重要方面，就是要科学总结历史文化遗产，把那些真正体现中华民族禀赋、特点、精神中的优秀传统文化继承下来，并根据新的时代条件在创造性转化、创新性发展中发扬光大。

（一）天下为公、以民为本

以坚定的文化自信传承和弘扬中华优秀传统文化中天下为公、以民为本

的价值取向和精神追求，我们党永远和人民血脉相通，全心全意为人民服务。

我国古代《书》中很早就提出"民为邦本，本固邦宁"，把人民作为国家的根本。周武王伐纣，师渡孟津而作《泰誓》，说"天视自我民视，天听自我民听""民之所欲，天必从之"，把"民之所欲"作为推翻商纣暴政的革命正义性的根本依据。春秋战国时期，以民为本是诸子百家的共识。管仲明确指出："政之所兴，在顺民心；政之所废，在逆民心。"老子说："圣人无常心，以百姓之心为心。"孔子提出"大道之行也，天下为公"的"大同"社会理想。孟子强调："民为贵，社稷次之，君为轻。"他对齐宣王说："乐以天下，忧以天下，然而不王者，未之有也。"对梁惠王说："老吾老，以及人之老；幼吾幼，以及人之幼。天下可运于掌。"天下为公、以民为本的思想博大精深，为中华传统文化种下了富有人民性和革命性的基因，在长期的历史发展中反复经受实践检验而不断丰富和发展，形成多层次的核心价值观和坚定的精神追求，举贤任能、讲信修睦、关心民瘼、重视民生、倾听民意、顺乎民心，成为促进国家兴旺发达、克服各种危机和挑战的强大正能量；公忠体国、公而忘私，重义轻利、先义后利，"先天下之忧而忧，后天下之乐而乐""天下兴亡，匹夫有责"，铸就了充沛天地的人间正气；"己所不欲，勿施于人"，推己及人，扶危济困，尊老爱幼，慈爱友善，促进着中华民族的社会和谐与进步。

在马克思主义指导下，中国共产党在领导中国革命、建设、改革的伟大实践中，把人民群众作为国家真正的主人，作为历史的创造者，一切为了人民，一切依靠人民，充分发挥人民群众的历史主动性，帮助人民推动历史前进。这是对中华优秀传统文化的继承和升华。在实现中华民族伟大复兴的奋斗中，坚定文化自信，必将使前人"天下为公"的理想和"以民为本"的传统在新的历史高度上得以发扬光大。

（二）保持中华民族精神的独立性、创造性和生命力

以坚定的文化自信传承和弘扬中华优秀传统文化中自强不息、勇于创新、善于学习、与时俱进的开放思维和开阔胸襟，永远保持中华民族精神的独立性、创造性和生命力。

中华民族自古铭记"满招损，谦受益"，对客观世界采取敬畏尊重、虚心学习的态度，是一个谦逊好学、求真务实的民族。老子提出"道法自然"的原则，承前启后，影响深远。古代哲人讲"日新之谓盛德"，讲"苟日新，日日新，又日新"，讲"天行健，君子以自强不息"，这些不仅是"道法自

然"的生动实践,而且培育了中华民族乐观进取的精神、开放创新的思维和开阔包容的胸襟。同时,中华民族历来反对叶公好龙、纸上谈兵,讥讽坐井观天、夜郎自大,批评刻舟求剑、囫囵吞枣、嘲笑邯郸学步、东施效颦,要求无论学习和创新,都要从自己的实际出发,都要注重实践、接受发展着的实践的检验。这种勇于创新又不忘初衷、谦逊好学又不失根本、乐于包容又拒绝迷信盲从的充满辩证精神的文化立场和态度,使中华优秀传统文化富有原创性、开放性、包容性,使中华民族自古以来就以"朝闻道,夕死可矣"的精神去执着地追求真理、实践真理,为真理而斗争。

这种文化立场和态度,在天下为公和以民为本的价值取向和精神追求的驱动下,使中华民族在强盛时能够亲仁善邻、海纳百川、取长补短、互学互鉴,在困顿与灾难中能够不屈不挠、励精图治、转益多师、探寻新路,形成了中华民族积极进取的巨大创造力和"多难兴邦"的强大修复力。玄奘西行、鉴真东渡这样历经艰辛、九死一生的文化交流传奇,是发生在国力强盛的唐朝的千古美谈。明朝郑和率领船队横跨波涛汹涌的太平洋、印度洋,到处传播友谊、互惠贸易,那是当时世界上最为强大的无敌舰队。而在1840年鸦片战争以后,中华民族进行了人类历史上最为伟大的海外学习运动、最大规模的社会变革试验、最为深刻的人民大革命,终于成功改变了民族命运。

自20世纪中叶以后,为了探寻救国救民的真理,中国一批又一批志士仁人去西方各国考察、学习,向国内介绍、宣传西方各种思想理论。但是,迷信西方、全盘向西方学习的结果,却总是"先生打学生"。最后,学习了马克思主义,中国人民才在精神上掌握了主动权,找到了前进的方向。为了探寻适合中国国情的制度,辛亥革命推翻封建王朝以后,中国把君主立宪制、议会制、多党制、总统制都拿来试过了,结果都行不通。最后,中国人民选择了马克思列宁主义,才走上了民族复兴的道路。而且,在中国共产党领导下,中国革命也没有简单照搬俄国十月革命首先在城市暴动的具体经验,而是探索出坚持武装斗争,以农村包围城市、最后夺取全国胜利的中国经验,取得了革命的胜利。中国在基本建立社会主义制度以后,在世界社会主义探索遭遇严重挫折的情况下,又确立了改革开放这个基本国策,创造性地探索出在社会主义制度下发展市场经济的中国特色社会主义道路,创造出举世惊羡的中国奇迹。可以相信,继续坚定不移地传承与弘扬这种以人民为中心的价值取向、从善如流又不失自我主体性和独立性的辩证思维,中华民族将能成功应对各种时代挑战,不断进行理论创新、制度创新,沿着中国特色社会主义道路奋勇前进。

（三）热爱和平、以德服人、向善向上

以坚定的文化自信传承和弘扬中华优秀传统文化中热爱和平、以德服人、向善向上的道德境界，践行亲仁善邻、和而不同、合作共赢的国际关系原则，构建人类命运共同体。

中国自古重视德。《尚书·大禹谟》中说："正德、利用、厚生惟和。"其把"正德"列为平治天下的三件大事之首。先秦时期的诸子百家共同塑造着中华文化重德尚义的传统。在老子看来，德就是"善"，他说："上善若水，水善利万物而不争。"在孔子看来，德的核心是"仁"，提倡"泛爱众而亲仁"。孟子也说："仁者，爱人。"这种观念渗透于"修身、齐家、治国、平天下"的各个层面。在这些层面上，都要重德、敬德，都要与人为善，都要践行"己所不欲，勿施于人""己欲立而立人，己欲达而达人"的原则。

中华优秀传统文化对于德的重视和认识，其重要特点和可贵之处在于不仅讲"利万物""泛爱众"，而且讲"和而不同""和为贵"。在长期的社会实践中，先哲对世界的多样性有着深刻的认识和概括。西周史伯说："夫和实生物，同则不继。以它平它谓之和，故能丰长而物生之，若以同裨同，尽乃弃矣。"他指出不同的东西彼此和谐才能生成世间万物，如果所有的东西都一样，世界就不再发展了。由此形成了中华优秀传统文化中"和而不同"的思想。《周易》所谓"地势坤，君子以厚德载物"，《礼记·中庸》所谓"万物并育而不相害，道并行而不相悖"，都是讲"和而不同"是自然之道，也是君子之德。这就是要承认差异，包容差异，尊重差异，以求同存异、互学互鉴去和谐相处，并推动事物的积极发展。人与人相处、国与国相交、民族与民族相友，都要遵循这个原则。这是个人和顺、家庭和睦、社会和谐、民族团结、天下太平的通途。所以，中国自古反对霸道，反对穷兵黩武、对外扩张，主张"远人不服，则修文德以来之"，强调"得道多助，失道寡助"，践行亲仁善邻、协和万邦。这些，正是"和而不同"的观念在处理国家关系、民族关系上的运用。

中华民族是在历史进程中逐渐形成并经过数千年历史风雨考验和洗礼的一个多民族的大家庭。这些民族之间的关系不是征服者与被征服者的关系，而是相互尊重、平等相待、情深谊长的同胞兄弟关系。中华文化是这些民族共有的精神家园，中国是这些民族共同的祖国，是这些民族的命运共同体，各个民族各自独有的文化特点、风俗习惯和权益得到了充分的保障和尊重。

这本身就是"和而不同"的一个成功典范。

中国自身的历史经验使中国从来都拒绝扩张野心,也从来没有为扩张领土而发动过侵略战争。中华人民共和国成立后,一直奉行独立自主的和平外交政策。经过70多年的奋斗,中国正在强大起来。而那些殖民主义、军国主义的文化传统和精神追求,必然被抛进历史的垃圾堆。中国将坚定文化自信,传承和弘扬中华优秀传统文化,亲仁善邻、以德服人,追求和而不同、合作共赢,努力构建人类命运共同体,造福于中国人民,造福于全世界。

历史和现实都正在强有力地证明,一个强大、自信的社会主义中国在世界东方蒸蒸日上,不会重复西方资本主义发展的老路,将打破"国强必霸"的西方逻辑,不是世界的"威胁",而是世界的机遇。它将为应对各种全球性挑战和加强全球治理提供重要的中国方案,为世界各国人民谋和平求发展奉献有益的中国智慧,在推动世界构建人类命运共同体方面作出独特的贡献。

第六节 中华优秀传统文化的创造性转化和创新性发展

2017年,中共中央办公厅、国务院办公厅印发了《关于实施中华优秀传统文化传承发展工程的意见》(以下简称《意见》),把中华优秀传统文化的传承与发展放在国家总体战略的高度,作出了战略部署,具有重大的理论意义与现实意义。《意见》坚持党的十八大以来中央与习近平总书记有关弘扬优秀传统文化、加强文化自觉与文化自信意识的系列指示精神,在理论与实践的结合上,阐释了中华优秀传统文化是中国现代社会与现代人的根本与灵魂的观点,全方位、多层面地指导了传统文化的研究与普及、继承与创新、传承与发展工作,尤其对中华优秀传统文化在今天社会生活中的转化与融合方面,在基础教育乃至全民教育中的地位与作用方面,有重要的提示与部署。

一、增强对中国核心价值理念的体认

2013年11月,习近平总书记去曲阜考察了孔府和孔子研究院,表达了对历史文化和圣贤人格的高度敬意。2014年2月,在中共中央政治局第十三次集体学习时,习近平总书记指出,"深入挖掘和阐发中华优秀传统文化讲仁爱、重民本、守诚信、崇正义、尚和合、求大同的时代价值,使中华

优秀传统文化成为涵养社会主义核心价值观的重要源泉。"用"讲仁爱、重民本、守诚信、崇正义、尚和合、求大同"来总结归纳中华优秀传统文化,很有意义。这种概括具有以下四个特点:一是民族性。这十八个字是在中华民族长期发展进程中积淀而成的,至今仍为广大群众所接受,有着强大的生命力、亲和力。二是时代性。以"仁爱"为中心的仁爱、民本、诚信、正义、和合、大同,作为价值理念,具有超越民族、地域、历史的普遍性。中外文明交流史表明,中华民族完全可以秉持这些核心价值,与世界各国人民及其文化沟通对话。三是实践性。上述价值理念,要么针对的是宇宙人生的根本问题,要么具有强烈的现实意义,譬如和合观念之于生态危机、资源危机,大同观念之于世界和平等。四是简易性。在经历了两千多年的大浪淘沙之后,这些价值理念已经融入人民大众的性情心理之中,内化为中华民族的民族性格,成为全世界华人共同的文化信仰。

这些源远流长的优秀传统文化核心理念,如"五常"(仁、义、礼、智、信),"八德"(孝、悌、忠、信、礼、义、廉、耻),"己欲立而立人,己欲达而达人""己所不欲,勿施于人""老吾老以及人之老,幼吾幼以及人之幼""亲亲而仁民,仁民而爱物",天理人心,良知良能,知行合一,天人合一,道法自然等,不仅对百姓日常影响较大,还作为中国精神与智慧影响远及东亚、欧洲,参与了今日世界文明秩序的建设。优秀传统文化是核心价值观的源头活水,核心价值观是优秀传统文化的当代发展,两者间的关系是不可否认的。

2014年以来,习近平总书记多次提出要"增强文化自信和价值观自信"。在他看来,文明,特别是思想文化,是一个国家、一个民族的灵魂。文化自信的前提是文化自觉,即真正认识、体悟中国文化的根本与灵魂。提高文化软实力,事关国运。

二、经典与经典教育的系统性

《意见》指出,优秀传统文化的教育要"贯穿国民教育始终"。就基础教育而言,语文、史地、德育、思政,甚至体、音、美等各课程、教材与读本中,应多一些传统文化的因素,包括民族、地区特色的文化因素。还可以专门设置一门关于优秀传统文化的课程并编好教材。编好教材,编者首先要有正确的目的、理念,其次要有相当的国学修养,最后要遵守循序渐进的原则。

中国传统文化中的经史子集、诸子百家、蒙学读物、家训,乃至诗词歌赋、琴棋书画，还有民族与地方习俗文化等素材，丰富多彩，应充分照应到多样性，特别关注各种生动活泼的材料，选取具有可读性、趣味性的内容。传统文化的教育不能碎片化，而应有其系统性、整体性。要在强调多样性的同时注重统一性，这些教材的编撰一定要有理念的指引，即不忘价值理性，不忘教育目的；从不同侧面对学生进行多方面、多维度的文化传统教育，一以贯之地让学生逐步理解中国文化的根本精神。"人之所以为人"与"中国人之所以为中国人"的根本道理与核心价值，是中心的中心。

当然，不能硬性地灌输，而应采取春风化雨的浸润方式。选取反映中国精神的形式俱佳、情文并茂的范文，特别有意义。可以学习姚鼐编《古文辞类纂》，曾国藩编《经史百家杂钞》，吴楚材、吴调侯编《古文观止》，蘅塘退士（孙洙）编选《唐诗三百首》的经验，甚至可以直接选用其中的内容。上述姚编、曾编还特地选了古代不同的文体，如论著、辞赋、序跋、诏令、奏议、书牍、哀祭、传志、杂记、典志等，这对学生理解传统文化的特色，也十分重要。

钱穆在论及国民必读的国学经典时，开了7种书：《论语》《孟子》《老子》《庄子》《六祖坛经》《近思录》《传习录》。这7种书是从儒释道与宋明道学的基础典籍中选出的。就"国学入门书目"，开得比较全面的是梁启超，他开了28种。其中，经部有《大学》《论语》《孟子》《中庸》《易经》《书经》《诗经》《礼记》《左传》；史部有《战国策》《史记》《汉书》《后汉书》《三国志》《资治通鉴》（或《通鉴纪事本末》）及《宋元明史纪事本末》；子部有《老子》《墨子》《庄子》《荀子》《韩非子》；集部有《楚辞》《文选》《李太白集》《杜工部集》《韩昌黎集》《柳河东集》《白香山集》。梁启超开的书目，涵盖四部，是从经史子集的基本经典入手的。黄侃指出的国学要籍有23种，包括13种经，再加上《国语》《大戴礼记》，以及小学的《说文》《广韵》，史学的《史记》《汉书》，子学的《荀子》《庄子》，文学的《文选》《文心雕龙》。他说："此廿余书中，若深研而详味之，谓之专门可，谓之博学亦可，如此则不致有主伴不分之失。"黄侃的书目立足于后学的训练。

什么叫经典？经典之所以成为传之久远的经典，一定有其精义，对我们国家民族的长治久安有价值指导的意义。刘勰《文心雕龙》说："经也者，恒久之至道，不刊之鸿教也。"可见，经者，长也、久也，是记载长久之道的书，其中有价值系统与信仰信念系统。

为什么要读经典？如上所说，因为经典中有中华民族的常经、常道。有人说，中华文化的根源在"四书五经"之中，这是有一定道理的。因为这里面有中国人安身立命的根源与根据，也有当代价值。"四书五经"不专属于儒学，而是中华各民族共同、普遍、公共性的精神资源、道德资源。这里面有中国人一以贯之之道，即做人、治世的常道。经典教育是奠定中国文化主体性的常道的教育。

三、传统文化的学科建设与师资培养

现在讲授传统文化课程最缺乏受过基础训练的教师。建议各高校的国学与文史哲院系，广为开办长短不一的训练班，培训当地幼儿园与中小学的教师。建议各地职能部门组织好师资培训工作。从长计议，还是要有国学学科的设置，让国学有"户口"，名正言顺地培养师资。

中国现行的学科建制是学习西方的。即使有文、史、哲、艺等学科门类及所属一、二级学科等，其与中国古代学术仍然不能兼容。如果说，中国古代自然科学与技术不能用西方近代以来的学科分类来割裂的话，那么中国古代的人文与社会学术就更不能被西方学科的框架限定了。

近二十年来，各高校纷纷创办了国学班与国学院，培养了国学本科、硕士、博士生，现在全国已经有数十所高校设立了国学教学或研究机构。

尽管使用"国学"这一名词也有不周之处，但相对而言也不是不可以使用的。在现代西方，任何学科都有边界不清的问题，或许这恰好使学科有了发展的空间。

由国家层面设立"国学"学科门类，是刻不容缓之务。中国古典学术一直以经史子集四部之学为分野，以考据、义理、辞章、经世为一体之多面，而近百年来，我国高等学校将中国传统学术割裂，分别纳入文、史、哲、艺等学科，以至于今日，能够用融通的眼光通读、理解和论释中国经典者愈乏其人。例如，儒家五经是中华传统文化的源头经典，但是数十年来，日渐沦落为文史哲专业研究的语料和史料而被肢解。中国古代围绕着经典所展开的内容丰富庞大的小学、经学学术，就其考据方法和义理展开而言，普通文史哲相关专业的学生更是毫无了解和涉猎。只有创立"国学"学科门类，恢复中国古典学术的合理地位，才能培养出能融通并深刻和准确理解经典的人才；而培养出人才，才能完成习近平总书记提出的"讲清楚中华优秀传统文化"这一任务。

因此，国家有关部门应充分正视中国古典传统文化对于中华民族伟大复兴的源头意义和对于建设面向世界的中国的重要意义，本着对民族传统和子孙后代负责的立场有所作为，积极支持设立"国学"学科门类。"国学"学科应包含五大一级学科：经、史、子、集和中国的宗教。例如，把经学作为一个一级学科，那么经学下面可有单经研究、群经研究、经学史研究、今古文经学研究等二级学科的设置。其他学科（史、子、集和中国的宗教）可依此类推。"国学"学科的倡立，并非要替代现行的文、史、哲、艺等学科。"国学"学术的视野和方法，主要遵从中国古典学术的眼光和进路，如经史子集四部之学的基本格局，考据、义理、辞章三分的学问理路，以及由小学而入经学，由经学而入史、子、文章之学的路向等。它是对当下按照西学格局而设的文、史、哲、艺等学科的有益补充，而非替代。在当代西方学科体系中，神学、古典学都是独立于文、史、哲、艺等之外的重要学科。我国的国学，类似于西方的古典学领域。

目前中小学教育急需开设中华优秀传统文化课程，急需大量具有专业资质的师资，社会各界迫切需要正讲而不是歪讲、俗讲"国学"的人才，我国浩如烟海的典籍文献与历史档案也急需整理与研究的人才。国家文化战略的发展，也需要更多精通经史子集与中国古代科技、艺术、宗教文化的人才。国家、民族发展的现实需求，正是各校国学院存在的理由。

参考文献

[1] 毛泽东.新民主主义论[M].北京：人民出版社，1952.

[2] 黑格尔.哲学史讲演录：第1卷[M].北京大学哲学系外国哲学史教研室，译.北京：商务印书馆，1956.

[3] 中共中央马克思恩格斯列宁斯大林著作编译局.马克思恩格斯全集：第3卷[M].北京：人民出版社，1960.

[4] 中共中央马克思恩格斯列宁斯大林著作编译局.马克思恩格斯全集：第9卷[M].北京：人民出版社，1961.

[5] 中共中央马克思恩格斯列宁斯大林著作编译局.马克思恩格斯全集：第19卷[M].北京：人民出版社，1963.

[6] 中国人民解放军总政治部.毛泽东同志论政治工作[M].北京：人民出版社，1964.

[7] 钱穆.国史大纲：上册[M].北京：商务印书馆，1972.

[8] 鲁迅.华盖集续编[M].北京：人民文学出版社，1973.

[9] 马克思.机器。自然力和科学的应用[M].北京：人民出版社，1978.

[10] 人民出版社编辑部.马克思 恩格斯 列宁 斯大林 论科学技术[M].北京：人民出版社，1979.

[11] 黎澍.马克思 恩格斯 列宁 斯大林 论历史科学[M].北京：人民出版社，1980.

[12] 汤因比，池田大作.展望21世纪：汤因比与池田大作对话录[M].荀春生，朱继征，陈国梁，译.北京：国际文化出版公司，1985.

[13] 中共中央马克思恩格斯列宁斯大林著作编译局.列宁全集：第39卷[M].北京：人民出版社，1986.

[14] 毛泽东.毛泽东著作选读：下册[M].北京：人民出版社，1986.

[15] 黎澍，蒋大椿.马克思恩格斯论历史科学[M].北京：人民出版社，1988.

[16] 毛泽东.毛泽东选集：第1卷[M].2版.北京：人民出版社，1991.

[17] 中共中央马克思恩格斯列宁斯大林著作编译局.马克思恩格斯选集：第1卷[M].2版.北京：人民出版社，1995.

参考文献

[18] 毛泽东. 毛泽东选集: 第2卷 [M]. 2版. 北京: 人民出版社, 1991.

[19] 谢龙. 马克思主义哲学与当代现实 [M]. 北京: 人民出版社, 1991.

[20] 李连科. 哲学价值论 [M]. 北京: 中国人民大学出版社, 1991.

[21] 邓小平. 邓小平文选: 第3卷 [M]. 北京: 人民出版社, 1993.

[22] 中共中央马克思恩格斯列宁斯大林著作编译局. 马克思恩格斯选集: 第3卷 [M]. 2版. 北京: 人民出版社, 1995.

[23] 谢龙. 马克思主义哲学原理 [M]. 北京: 人民出版社, 1995.

[24] 王付昌, 郭文亮. 中国近现代发展史论 [M]. 广州: 中山大学出版社, 1997.

[25] 中共中央马克思恩格斯列宁斯大林著作编译局. 马克思恩格斯全集: 第12卷 [M]. 2版. 北京: 人民出版社, 1998.

[26] 梁启超. 梁启超全集: 第7册 [M]. 北京: 北京出版社, 1999.

[27] 许明龙. 欧洲18世纪"中国热" [M]. 太原: 山西教育出版社, 1999.

[28] 中共中央马克思恩格斯列宁斯大林著作编译局. 马克思恩格斯全集: 第25卷 [M]. 2版. 北京: 人民出版社, 2001.

[29] 梁漱溟. 梁漱溟全集: 第1卷 [M]. 济南: 山东人民出版社, 2005.

[30] 颜晓峰, 李建平, 朱光泽, 等. 当代中国马克思主义哲学思想研究 [M]. 北京: 人民出版社, 2005.

[31] 莱布尼茨. 中国近事: 为了照亮我们这个时代的历史 [M]. 杨保筠, 译. 郑州: 大象出版社, 2005.

[32] 刘海藩, 万福义. 毛泽东思想综论 [M]. 北京: 中央文献出版社, 2006.

[33] 徐宗华. 现代化的政治文化维度 [M]. 北京: 人民出版社, 2007.

[34] 孙熙国, 刘志国. 全球化与中国传统文化的现代转换 [M]. 济南: 山东大学出版社, 2009.

[35] 中共中央马克思恩格斯列宁斯大林著作编译局. 马克思恩格斯文集: 第1卷 [M]. 北京: 人民出版社, 2009.

[36] 涩泽荣一. 日本人读《论语》 [M]. 北京: 中国工人出版社, 2010.

[37] 中共中央文献研究室. 江泽民思想年编: 1989～2008[M]. 北京: 中央文献出版社, 2010.

[38] 亨廷顿. 文明的冲突与世界秩序的重建 [M]. 2版. 北京: 新华出版社, 2010.

[39] 吴东华. 传承与创新：马克思主义中国化新进展研究 [M]. 北京：人民出版社，2012.

[40] 中共中央宣传部《党建》杂志社. 力量中国：文化工作者谈文化 [M]. 北京：人民出版社，2012.

[41] 《马克思主义历史理论经典著作导读》编写组. 马克思主义历史理论经典著作导读 [M]. 北京：人民出版社，2013.

[42] 胡适. 胡适文选 [M]. 北京：中国长安出版社，2013.

[43] 中共中央马克思恩格斯列宁斯大林著作编译局. 马克思恩格斯全集：第35卷 [M].2版. 北京：人民出版社，2013.

[44] 朱谦之. 中国思想对于欧洲文化之影响 [M]. 太原：山西人民出版社，2014.

[45] 陈先达. 马克思主义和中国传统文化 [M]. 北京：人民出版社，2015.

[46] 赵洪恩. 中国传统文化通论 [M]. 北京：人民出版社，2016.

[47] 孙杰. 当代中国社会主义核心价值观研究 [M]. 北京：人民出版社，2016.

[48] 肖冬松. 马克思主义及其中国化研究散论 [M]. 北京：人民出版社，2016.

[49] 陈先达. 文化自信与中华民族伟大复兴 [M]. 北京：人民出版社，2017.

[50] 马福贞. 文化的信仰：中华传统文化讲座：修订版 [M]. 北京：人民出版社，2017.

[51] 中共中央马克思恩格斯列宁斯大林著作编译局. 共产党宣言 [M]. 北京：人民出版社，2018.

[52] 陈学明. 重读《共产党宣言》[M]. 北京：人民出版社，2018.

[53] 王怀超. 中国特色社会主义基本问题 [M]. 北京：人民出版社，2019.

[54] 任仲文. 共产党人的必修课：学习马克思主义理论 [M]. 北京：人民日报出版社，2020.

[55] 颜旭. 新时代中国共产党文化观 [M].4版. 北京：人民日报出版社，2021.

[56] 中共中央党史和文献研究院. 习近平关于注重家庭家教家风建设论述摘编 [M]. 北京：中央文献出版社，2021.

[57] 于铭松. 文化自信：中华文明的当代价值和世界意义 [M]. 北京：人民出版社，2021.

[58] 李宗桂. 试论中国优秀传统文化的内涵 [J]. 学术研究，2013（11）：35-39.

[59] 殷忠勇.社会主义核心价值观与中国优秀传统文化[J].思想理论教育导刊，2014（9）：73-76.

[60] 李敏.文化自信与习近平关于中华优秀传统文化的新论述[J].黑龙江史志，2015（11）：199-200.

[61] 黄蓉生.坚定高校意识形态工作队伍的文化自信[J].文化软实力，2016，1（3）：36-40.

[62] 赵建驰.中国优秀传统文化视域下高职院校校园文化的重塑[J].山西财政税务专科学校学报，2016，18（4）：72-76.

[63] 李影，韩喜平.中华优秀传统文化之于中国式民主的力量[J].广西社会科学，2016（2）：193-197.

[64] 吴雪.坚定文化自信弘扬中华优秀传统文化[J].福建省社会主义学院学报，2017（1）：67-75.

[65] 许门友.文化自信的学理与增强路径[J].长安大学学报（社会科学版），2017，19（2）：13-19.

[66] 郭建宁.文化自信与民族复兴[J].前线，2017（3）：49-54.

[67] 孙代尧,李健.中国特色社会主义文化自信的生成逻辑[J].前线，2017(3)：38-42.

[68] 解安妮.试论革命文化对文化自信的作用[J].文学教育（下），2017（5）：84-85.

[69] 周银珍.习近平总书记文化自信及其当代意义研究：基于马克思主义哲学视角[J].江汉大学学报（社会科学版），2017，34（6）：82-87，120.

[70] 邢华平.中华优秀传统文化融入中医院校思想政治教育探析[J].医学教育研究与实践，2017，25（6）：865-867，901.

[71] 王尧.在传承与创新中建立文学的"文化自信"：关于中国当代文学与优秀传统文化关系的考察[J].中国社会科学，2017（11）：140-150.

[72] 刘鑫，韩丽华.以文化自信助推中华民族伟大复兴[J].才智，2017（31）：196.

[73] 邵芳强，魏晓文.习近平文化自信思想探析[J].思想教育研究，2017（10）：50-54.

[74] 解梦晗.立足优秀传统文化，厚植文化自信根基[J].中共济南市委党校学报，2017（5）：84-89.

[75] 权麟春. 文化自信的哲学意蕴 [J]. 广西社会科学, 2017（9）: 17-22.

[76] 陈中. 优秀传统文化视野下的当代中国文化自信培育 [J]. 学校党建与思想教育, 2017（18）: 95-96.

[77] 陈泽环, 李艳峰. 传承中华优秀传统文化与增强文化自信: 基于张岱年文化哲学的阐发 [J]. 思想理论教育, 2017（9）: 18-22.

[78] 白翠红. 坚定文化自信的前提和路径 [J]. 岭南学刊, 2017（5）: 122-126.

[79] 梁润文. 论中国特色社会主义文化的特征及自信路径 [J]. 福建省社会主义学院学报, 2017（3）: 19-23.

[80] 刘润为. 红色文化与文化自信 [J]. 红色文化学刊, 2017（1）: 109.

[81] 陈立旭. 文化自信是推动浙江实践更深沉的力量 [J]. 人民论坛, 2017(15): 111.

[82] 周琳娜, 赵冰梅. 文化自信: 21世纪中国马克思主义文化理论的基点 [J]. 江西师范大学学报（哲学社会科学版）, 2017, 50（3）: 3-11.

[83] 张克兵. 习近平关于当代中国文化自信力量源泉的三维审视 [J]. 湖湘论坛, 2017, 30（1）: 19-23.

[84] 冉昌光. 中国文化何以自信 [J]. 邓小平研究, 2017（1）: 88-112.

[85] 李庚香, 王喜成. 关于打造文化高地的若干思考 [J]. 河南社会科学, 2017, 25（5）: 1-6.

[86] 马彦彦. 文化自信的内涵与培育研究 [J]. 四川职业技术学院学报, 2017, 27（2）: 4-6, 15.

[87] 郭齐勇. 优秀传统文化的传承与发展 [J]. 孔子研究, 2017（1）: 5-8.

[88] 王志民. 文化之基与文化自信 [J]. 东岳论丛, 2017, 38（5）: 5-10.

[89] 胡偌菲, 王晓荣. 习近平文化自信思想论析 [J]. 中学政治教学参考, 2017（21）: 8-10.

[90] 汪琴. 中国优秀传统文化与高校思想政治教育 [D]. 南昌: 南昌大学, 2012.

[91] 李超. 我国优秀传统文化传承机制研究 [D]. 石家庄: 河北师范大学, 2013.

[92] 张琦. 论青年毛泽东的中西文化观(1912—1921)[D]. 大连: 大连理工大学, 2013.

[93] 刘桂荣. 大学生负性情绪问题的文化调适研究: 基于中国优秀传统文化

资源 [D]. 芜湖：安徽师范大学，2014.

[94] 张传民. 中国特色社会主义文化发展道路研究 [D]. 济南：山东大学，2014.

[95] 李惠娥. 马克思主义视域下中国优秀传统文化的传承困境研究 [D]. 福州：福建师范大学，2014.

[96] 潘昊辉. 论中国优秀传统文化在大学生思想政治教育中的意义和应用 [D]. 开封：河南大学，2014.

[97] 周文平. 我国优秀传统文化在中医药文化建设中的作用及其实现路径 [D]. 石家庄：河北师范大学，2015.

[98] 刘惠惠. 社会主义核心价值观的中国传统文化优秀资源研究 [D]. 大理：大理学院，2015.

[99] 郑玲. 大学生文化自信的培养研究 [D]. 成都：成都理工大学，2015.

[100] 于玲. 中国优秀传统文化融入大学生思想政治教育的有效路径研究 [D]. 济南：山东大学，2015.

[101] 刘昊. 中国传统文化与中国共产党的思想建设 [D]. 荆州：长江大学，2015.

[102] 万云云. 中华优秀传统文化在大学生思想政治理论课程学习中的推进研究 [D]. 合肥：安徽大学，2015.

[103] 张彤阳. 中国优秀传统文化对促进公民道德建设的价值研究 [D]. 齐齐哈尔：齐齐哈尔大学，2016.

[104] 胡丽华. 中华优秀传统文化教育常态化研究 [D]. 南昌：江西师范大学，2016.

[105] 张亚琼. 中国优秀传统廉政文化融入当前廉政建设研究 [D]. 成都：西南石油大学，2016.

[106] 张峰铭. 新形势下习近平对中国优秀传统文化的继承与创新研究 [D]. 西安：陕西师范大学，2016.

[107] 李海晶. 习近平的传统文化观研究 [D]. 南昌：南昌大学，2016.

[108] 董成雄. 中国优秀传统文化的系统解读和传承建构 [D]. 泉州：华侨大学，2016.

[109] 邓斌. 中华优秀传统文化与社会主义核心价值观建设 [D]. 长春：东北师范大学，2016.

[110] 董庆强. 社会主义市场经济与传统文化关系探究 [D]. 济南: 山东财经大学, 2016.

[111] 杜鹏敏. 中华优秀传统文化在党的作风建设中的作用研究 [D]. 南京: 中共江苏省委党校, 2017.

[112] 江运东. 中国特色社会主义文化自信研究 [D]. 成都: 电子科技大学, 2017.

[113] 梁晨. 中国特色社会主义文化自信研究 [D]. 成都: 西南石油大学, 2017.

[114] 李健. 马克思主义与中国优秀传统文化的融合研究 [D]. 沈阳: 中共辽宁省委党校, 2017.

[115] 郑品晶. 社会主义核心价值观的中华优秀传统文化底蕴研究 [D]. 大连: 大连海事大学, 2017.